承袭与僭越

——中国共产党对社会民主党及民主社会主义的认知历程

舒 新 ● 著

中国社会科学出版社

图书在版编目（CIP）数据

承袭与僭越：中国共产党对社会民主党及民主社会主义的认知历程／
舒新著．—北京：中国社会科学出版社，2013.4
ISBN 978 - 7 - 5161 - 2341 - 6

Ⅰ.①承…　Ⅱ.①舒…　Ⅲ.①民主社会主义—研究　Ⅳ.①D091.6

中国版本图书馆 CIP 数据核字（2013）第 061539 号

出 版 人	赵剑英
责任编辑	冯　斌
特约编辑	丁玉灵
责任校对	孙洪波
责任印制	戴　宽

出　　版	中国社会科学出版社
社　　址	北京鼓楼西大街甲 158 号（邮编 100720）
网　　址	http://www.csspw.cn
	中文域名：中国社科网　　010 - 64070619
发 行 部	010 - 84083685
门 市 部	010 - 84029450
经　　销	新华书店及其他书店

印　　刷	北京君升印刷有限公司
装　　订	廊坊市广阳区广增装订厂
版　　次	2013 年 4 月第 1 版
印　　次	2013 年 4 月第 1 次印刷

开　　本	710×1000　1/16
印　　张	16.25
插　　页	2
字　　数	265 千字
定　　价	55.00 元

凡购买中国社会科学出版社图书，如有质量问题请与本社联系调换
电话：010 - 64009791

目　录

绪　　论

一　本书的研究视阈

中国共产党具有 90 多年的历史，在 90 多年的发展历程中，中国共产党已经从一个领导人民为夺取全国政权而奋斗的党，成为一个领导人民掌握全国政权并长期执政的党。中国共产党本着解放思想、实事求是、与时俱进的思想路线，不断适应新的政治经济形势，将马克思主义理论和中国的具体实际相结合，不断推进马克思主义中国化的历史进程，毛泽东思想和中国特色社会主义理论体系是马克思主义中国化的理论成果。同时，中国共产党的自身建设也不断发展，组织不断扩大，影响日益增强。如今，中国共产党是当今世界最大的政党，也是当今世界最大的社会主义国家的执政党，在世界政党政治的版图上占据重要的地位。

社会民主党是一个统称。它是一个复杂的群体，其中包括社会党、社会民主工党、工党乃至使用其他名称的政党。尽管使用的名称不同，但都信奉民主社会主义或社会民主主义。社会民主党是西方社会的传统主流政党之一。第一次世界大战后，社会民主党逐渐接受了西方资本主义国家多党议会民主制度，积极参与了西方国家的议会选举，成为西方资本主义国家重要的参政党；第二次世界大战后，社会民主党曾通过推行社会福利国家制度而长期雄踞欧洲政坛的执政地位。1951 年社会党国际《法兰克福宣言》的发表，标志着传统的民主社会主义理论走向了现代化。完成了自身理论构建的社会民主党在战后成功地走向执政和参政，并成为世界政坛举足轻重的左翼力量。从 20 世纪 80 年代起，社会民主党虽然不断遭遇到右翼政党的严峻挑战，苏东剧变对社会民主党的冲击尤其巨大，但社会民主党通过适应新形势的政治变革，将传统的民主社会主义理论进行了新的发展，实现了从传统政党向现代政党的转变。从这几年世界政党政治发展的态势来看，社会民主党的政治影响力越出欧洲，在亚非拉地区持续上升，引起了世界范围的广泛关注。可以预见，在21世纪，社会民主党作为一支重要的政治力量，仍将对世界政坛产生重大影响。

民主社会主义，也称社会民主主义，是世界各国社会民主党、社会党、工党所信奉的思想体系与意识形态。19世纪中叶，在欧洲工人运动中进行活动和发挥影响的，不仅有以马克思、恩格斯为代表的共产主义者，还有其他非马克思主义思潮的代表，社会民主派、社会民主主义者就是其中之一。马克思曾经指出，社会民主派的特殊性质表现在它要求民主共和制度并不是为了消灭资本和雇佣劳动这两极，而是为了缓和这两者之间的对立并使之变得协调起来。此时的社会民主主义是一种小资产阶级的社会主义。从19世纪70年代到90年代中期，即从第一国际建立至第二国际后期以前，社会民主主义作为欧美发达资本主义国家工人运动和社会主义运动的直接产物，与科学社会主义有着共同的思想内容和目标战略，是科学社会主义的同义语，马克思、恩格斯一度自称为社会民主主义者或社会民主党人，列宁也曾直接把社会民主主义与科学社会主义等同起来。随着19世纪末20世纪初欧洲工人运动和社会主义运动中以伯恩施坦等人为代表的修正主义思潮的出现和扩大，社会民主主义开始与科学社会主义分道扬镳，并在日后的发展演进中逐步拉大了距离。

19世纪末20世纪初，在伯恩施坦主义的影响下，社会民主主义逐渐演变为社会改良主义。第二国际分裂后，"社会民主主义"成为社会民主党的意识形态标志，与共产党的"共产主义"的信仰和意识形态相区别。在民主主义前面冠以"社会"，是为了表达与以前的民主主义有所不同。这个不同在于，传统的民主主义仅仅关心普选权、自由选举制度等政治方面的民主；而社会民主主义则更多关心的是社会的平等，关心如何消除由于不公正的分配而带来的经济剥削。20世纪50年代，社会民主党人为了凸显社会民主主义的"民主性"，而将"社会民主主义"改为"民主社会主义"。在英国工党和德国社会民主党的积极推动下，"社会党国际"于1951年6月30日在德国法兰克福的大会上重建。

大会通过《民主社会主义的目的和任务》的宣言，简称《法兰克福宣言》，正式将实现"民主社会主义"确定为自己的奋斗目标，明确宣布"民主社会主义"是社会民主党人的意识形态。20 世纪 50 年代以后"民主社会主义"中的"民主"主要是针对"无产阶级专政"而言，目的是与当时苏联等国的社会主义相区别。社会民主党人虽然强调的是对资本主义进行"改良"，而不是要彻底"推翻"，但并没有完全放弃要以新的制度来替代资本主义。民主社会主义这时的社会主义观，依然可以看作"制度替代的社会主义观"。20 世纪 90 年代，在苏联解体、东欧剧变后，社会民主党人又把其思想体系的名称从"民主社会主义"再次改为"社会民主主义"。意在和苏联东欧的"现实社会主义划清界限"。这种改变意味着，它并不是一种"民主"的"社会主义"，而是一种"社会"的"民主主义"。社会民主党人认为，不应再追求对资本主义的超越，不再把社会主义视为一种社会制度，而是把社会主义看作通过对现存社会的不断调整，以实现平等与互助的价值，实质上完全放弃了对资本主义进行"制度替代"的目标。

由社会民主主义到民主社会主义再到社会民主主义，每一次名称的改变，都使得社会民主党人迎来了新的发展机遇。但无论是民主社会主义还是社会民主主义，社会民主党人的"自由、公正、互助"的基本价值观是恒定的。在社会民主党人看来，只有基本价值是最终目的，其余的都是为基本价值服务的手段。下文为了叙述方便，除了特定需要之外，将社会民主党人的意识形态统称为民主社会主义。

中国共产党对社会民主党及民主社会主义政治态度的变化，对世界政治经济形势的影响是举足轻重的，因此也是非常值得关注和研究的。最能体现中国共产党认知社会民主党、民主社会主义历程的特征与实质的，是 1949 年后走过的风雨历程。1949 年中华人民共和国成立后，中国共产党成为执政党，从此，中国共产党对社会民主党、民主社会主义的认知具有了与以前不同的意义。新中国成立前，中国共产党致力于领导中国人民进行新民主主义革命、构建新民主主义革命理论，对社会民主党、民主社会主义的认知和评价，完全属于思想理论建设范畴的问题，且与中国共产党理论建设和政治实践的中心问题联系并不十分紧密，此时中国共产党对社会民主党、民主社会主义的认知态度无论是对中国革命还是对世界社会主义运动的影响都十分有限。而成为执政党后的中国共产党对社会民主党、民主社会主义的认知，与中华人民共和国的内政外交政策紧密相连，无论是对中国的社会主义建设还是对世界社会主义运动的发展态势，均具有重要影响。这说明，新中国成立后中国共产党对社会民主党、民主社会主义的认知具有了最全面的政治含义。因此，新中国成立后中国共产党对社会民主党、民主社会主义的认知是最值得研究的阶段。本书的研究视阈涵盖了中国共产党成立后对社会民主党、民主社会主义认知发展的整个过程，但重点是新中国成立后中国共产党对社会民主党、民主社会主义的认知态度、认知水平的演进以及其中所涉及的理论问题。

二　本书的研究目的、意义及研究动态

新中国成立前，中国共产党致力于领导中国人民进行新民主主义革命，对存在于西方政治生态环境中的社会民主党及其理论，缺乏在接触、了解的基础上进行自觉认知的条件。新中国成立初期，中国共产党奉行"一边倒"的战略决策，对于西方社会的一切政党（除了共产党）及其理论，都采取坚决批判的态度。20世纪60年代后，在"打倒帝国主义、打倒现代修正主义和各国反动派，支持各国的革命运动"的极"左"路线指导下，中国共产党以意识形态划线，对与自己政见不同的共产党及其理论，一律划归"修正主义"范畴进行批判，对社会民主党的理论和实践更是全面否定。20世纪70年代后，随着亚非拉民族解放运动的低落，社会主义和资本主义两种社会制度处于共处时期；经济全球化、信息网络化趋势的日益发展，使中国的政治经济发展与世界紧密联系起来。这就要求中国共产党的执政行为必须顺应世界历史潮流。十一届三中全会后，中国共产党审时度势，重新确立了实事求是的思想路线，对党的执政体制进行全面的改革，将党的工作重心转移到经济建设上来。中国的改革开放和社会主义现代化建设事业，必须吸收西方发达资本主义国家创造的一切文明成果，必须同西方国家进行经济技术交流与合作。于是恢复和发展同发达国家政党的关系，通过党际关系推动国家间的经济技术交流与合作，成为中国共产党外交工作的重要内容和任务。由于社会民主党是发达资本主义国家最有影响力的主流政党和主要执政党之一，因此，发展与社会民主党的关系对中国的改革开放事业

来说是至关重要的。20 世纪 80 年代初，中国共产党开始同社会民主党进行广泛接触与交往，并开始探讨在党的关系中注入经济因素以推动中国的改革开放和社会主义现代化建设事业的发展。此时，在接触、合作基础上重新认识和评价社会民主党和民主社会主义成为中国共产党政治生活中不可回避的问题。以邓小平同志为核心的党的第二代中央领导集体在科学判断国际形势和时代特征的基础上，总结国际共运历史上正反两方面的经验教训，提出了"超越意识形态差异，谋求相互了解与合作"的党际交往原则及"尊重各国社会党探索符合本国国情的社会主义道路的努力"的指导方针，重新定位了意识形态在党际交往和处理国际事务时的地位。这实际上表明中国共产党走上了运用马克思主义立场、观点、方法认知社会民主党及民主社会主义的轨道。20 世纪 90 年代，随着社会主义市场化改革及民主政治建设的不断深入，中国共产党对长期引领民主社会主义运动的主要社会民主党的理论和实践给予了极大关注。如对"瑞典模式"、"德国模式"的关注和研究。进入 21 世纪，随着中国共产党十六大、十七大的召开，中国进入了前所未有的高速发展时期。在这个时期，中国共产党面临的问题不仅多，而且新。要解决这些问题，一方面要靠中国共产党和中国人民自己的探索，在探索中总结经验，在创新中解决问题，这是主要的方面、基本的方面。另一方面，要靠向他人学习。在建设社会主义市场经济、社会主义民主政治的过程中，中国共产党如今所面临的许多问题都是社会民主党在资本主义社会发展过程中早已碰到并已经比较成功解决了的。正是基于吸取和借鉴社会民主党的治党治国经验的需要，中国共产党加强了对社会民主党、民主社会主义的研究。十七大指出，改革开放以来中国取得一切成绩和进步的根本原因，归结起来就是：开辟了中国特色社会主义道路，形成中国特色社会主义理论体系。中国特色社会主义道路，既是中国共产党领导中国人民长期探索开辟出的伟大道路，也是在同其他社会主义道路比较鉴别的过程中发展而来的。民主社会主义是世界社会主义运动中具有悠久历史和广泛政治影响力的一支力量，对民主社会主义进行科学的认识和评价，鉴戒民主社会主义的理论与实践，理所当然是中国共产党建设中国特色社会主义、构建中国特色社会主义理论体系题中应有之义。改革开放以来，中国共产党借鉴并实行了一些民主社会主义的政策措施，但是中国共产党的一系列政策主张的出发点和落脚点与民主社会主义是完全不同的。中国共产党以巩固和发展中国特色社会主义为出发点，以更好地发挥社会主义制度的优越性，实现共同富裕为落脚点，代表了中国最广大人民的利益。

从社会民主党的指导思想和政治实践来看，社会民主党信奉民主社会主义，主张对资本主义社会的弊端进行改良，致力于提高工人的生活水平和维护中下层劳动者的利益，建设社会福利国家。虽然社会民主党的"改良"缓解了资本主义社会的阶级矛盾，维护了资本主义制度，但是社会民主党对资本主义社会制度的"维护"是在"改良"的前提下进行的，在两种制度和平共处的历史时期，这种"维护式的改良"不能说没有任何进步因素。自 20 世纪 90 年代以来，随着全球化浪潮对世界政治与经济所造成的影响加深，全球化成为国际社会中大多数政治讨论和经济辩论的焦点话题。社会党国际积极参与了关于全球化的探讨和研究，其进步立场日益凸显。社会党国际 1996 年召开的二十大、1999 年召开的二十一大的主题均为"讨论全球化和制定应对全球化的纲领"。2003 年社会党国际召开的二十二大的主题为"政治的回归：为了公正负责的全球治理——实现人民对全球化的治理"。通过这三次代表大会，社会党国际制定了应对全球化挑战的全球治理纲领，表达了其全球治理思想。2008 年社会党国际召开了二十三大。大会提出了"全球团结：变革的勇气"的主题，通过了《立即行动应对气候变化：实现可持续发展的世界社会》等五个重要文件，对社会党国际未来的工作作出了部署，强调将继续以推进全球治理为工作主线。至此，社会党国际的全球治理思想更系统、更深化了。它呼吁建立正义与和平的全球政治秩序、主张建立公正负责的全球经济新体系，实现人民对全球化的治理，表示要为保持可持续发展而努力。社会党国际的全球治理思想是其传统价值观在应对全球问题时的体现，它在政治经济新秩序方面的一些做法和提法以及对国际社会责任心的呼吁具有一定的进步性。在此背景下，社会党国际和大部分社会民主党表示，愿意在探讨全球治理的有效途径方面加强与中国共产党的合作。社会党国际二十二大通过的文件积极评价了中国共产党改革开放取得的成就，认为中国共产党在国际政坛上发挥了很大的积极作用，并希望中国共产党在新世纪继续在国际政坛发挥重要作用。二十二大还指出，为了共同维护世界和平与发展，推进国际政治的民主化，欢迎社会党国际成员党与中国共产党进行对话合作，社会党国际也希望与中国共产党建立长久的战略对话机制，就联合国和国际金融体制改革、世界贸易组织谈判、建立世界新秩序等问题开展经常性对话与合作。二十二大后，社会民主党专门召开会议讨论进一步在新世纪发展与中国共产党的关系问题，并成立了对华关系工作小组，具体负责研究、落实与中国共产党合作事宜。大部分社会民主党充分认识到，在实现国际政治民主化过程中，需要充分发挥各国政党的作用，尤其是像中国共产党这样的不属于任何国际政党组织的大国政党将起到举足轻重的作用。社会党国际二十三大进一步指出，中国在应对全球气候变化等问题上是一个负责任大国，强调加强同中国共产党在全球治理方面合作的重要性，中国共产党对此也表示了积极响应的态度。2009年5月，中国共产党与社会党国际在北京共同举办了"可持续发展问题"研讨会。中国共产党的领导人李克强表示，中国共产党与社会党国际自1982年开始交往以来，交流与合作不断深化。此次在华举办可持续发展问题研讨会，是双方进一步加强和深化战略对话的积极举措，具有重要意义。①

可见，自20世纪80年代以来，尤其是在全球化问题凸显的背景下，中国共产党与社会党国际及大部分社会民主党之间的关系发展十分迅速。今后，随着中国共产党与社会党国际及社会民主党相互交流与合作领域的不断拓宽，中国共产党及社会民主党进行政治合作的内容将不断丰富。而相对于政治合作的发展来说，学术界对社会民主党、民主社会主义的理论研究却相对滞后。改革开放前，受极"左"路线的影响，学术界对社会民主党、民主社会主义的研究极少涉及。改革开放后，尤其是1991—1995年间，中国学术界出现了一个研究民主社会主义的小高潮，大量关于民主社会主义的论文和专著面世。此后，学术界对民主社会主义的关注度有所下降。2007年，中国学术界展开了一场关于"民主社会主义与中国前途"的大争论，这场争论在国内外引起了广泛关注，各种有关民主社会主义的错误观点通过争论暴露出来。比如，在民主社会主义和马克思主义、列宁主义的关系上，有人认为"德国社会民主党是马克思主义的嫡传，列宁主义是马克思主义的超民粹主义化"；在对民主社会主义绩效的评价上，有人对北欧民主社会主义的实践成就

---

① http://news.qq.com/a/20090515/001178.htm.

推崇备至，甚至认为民主社会主义的理论和实践具有普世性。这场争论表明，随着中国共产党与社会民主党合作领域的扩大、合作程度的加深，民主社会主义思潮对中国的负面影响力开始显现。此次争论引发了对民主社会主义研究的又一个小高潮。但与 20 世纪 90 年代不同，此次研究的重点在于对民主社会主义与中国特色社会主义的比较研究，关注于民主社会主义思潮对中国主流意识形态构成的威胁，并致力于加强对主流意识形态的创新性构建。在这场争论进行的过程中，学术界许多人士深感对民主社会主义研究的相对滞后，导致了许多亟待廓清的理论问题。比如：如何评价民主社会主义的理论和实践？如何看待民主社会主义与马克思主义的关系？如何看待民主社会主义与中国特色社会主义的关系等。本书的作者正是基于这一背景，产生了为学术界廓清关于民主社会主义的种种疑虑尽微薄之力的愿望。2008 年 5 月，笔者申报的"中国共产党对社会民主党及民主社会主义的认知历程研究——基于党际关系的视角"项目有幸获得国家社科基金立项。课题立项以来的前半期，课题组查阅了大量的资料，并做了一些阶段性研究。2010 年 5 月，在总结阶段性成果的基础上形成了本课题的最终成果，本书稿是在课题最终成果的基础上精炼而成。

从目前学术界已有的论著来看，要么是从思想史的角度整体观照民主社会主义的变革与创新，要么是对社会民主党的发展状况进行考察，缺乏将中国共产党与社会民主党联系起来进行比较研究的著作。至于中国共产党认知社会民主党及民主社会主义的历程问题，学术界更是鲜有涉及。姜琦的著作《国际共产主义运动中的党际关系史》，主要论述的是信奉共产主义的共产党和工人党在国际共产主义运动中关系的演进，总结了它们之间进行党际交往的经验教训，主要是反对大党主义、大国主义，提倡独立自主的和平外交和把马克思主义基本原理与各国实际相结合走各国特色的社会主义道路，反对教条主义。其中将共产党和社会民主党联合起来进行考察的部分所占篇幅很少，论述得很概括，不是该书的主要内容。黄宗良和林勋健主编的《共产党和社会民主党百年关系史》一书对共产党和社会民主党的关系进行了纯史实性的梳理，为进一步对这个问题进行研究提供了丰富的史料。但是该书没有涉及中国共产党与社会民主党的之间的关系问题。林建华的《社会党国际论纲》中设专章论述了中国共产党和社会党国际的关系，对中国共产党与社会党国际的交往史进行了梳理。但是该书主要论述的是社会党国际的理论和政策变迁以及社会党国际的组织发展，中国共产党对社会民主党及民主社会主义政治态度的演进问题不是该书的重点。林建华的新著《比较与借鉴——东西方社会主义的理论与实践》，将东西方社会主义各自发展的脉络分为上下两篇分别论述，概述了近半个世纪以来社会主义在东西方的各自演变，展望了未来社会主义发展将是模式创新、百态纷呈的局面，提到必须联合民主社会主义等流派共同实现社会主义模式创新的观点，但该书对共产党认知民主社会主义的问题没有涉及。2008 年笔者发表了拙著《中国共产党对外交往的理论与实践——以当代社会民主党的关系为例》，全书侧重于从政党政治和党际外交的角度解读新中国成立后中国共产党与当代社会民主党党际交往的历程，研究视阈与本课题有区别，但为本课题的研究奠定了一定的基础。总之，对中国共产党认知社会民主党、民主社会主义的历程进行研究，对其中所涉及的理论问题进行分析，有利于澄清长期存在于学术研究中的种种模糊认识，进而抵御民主社会主义思潮的侵袭、维护中国主流意识形态的主导地位。

三　本书研究的基本原则

在研究民主社会主义时，学术界一向存在着两种截然相反的倾向：要么全盘肯定，认为民主社会主义是完美无缺的社会主义模式；要么全盘否定，认为民主社会主义是完全反动的资产阶级思想，必须加以无情批判。这两种倾向均不利于对民主社会主义的性质和历史地位进行准确评价和认知，也不利于中国特色社会主义正确吸收和借鉴民主社会主义中的有益成果。本课题研究坚持以下三项原则：

第一，党性原则是研究民主社会主义问题的最高准则。在当代世界，各国和各种政治力量都相当重视意识形态斗争。西方敌对势力从未放弃对社会主义国家进行和平演变的企图。坚持党性原则，是基于庄严的政治信仰，基于对中国共产党的忠诚，基于对中国特色社会主义道路必然胜利的信心和敢于追求真理的勇气。在对民主社会主义的研究中，党性原则显得尤为突出。既要对过去民主社会主义政党同中国共产党的严重对立作出客观公正的评价，也要对当今民主社会主义政党对中国共产党和社会主义中国的友好态度持审慎态度。只有坚持党性原则，才能撇清理论研究中的"左"的、右的干扰，使理论研究服从于、服务于创造性构建中国主流意识形态的政治需要，具有鲜明的政治性。

第二，将历史研究与现实研究结合起来。中国共产党对社会民主党、民主社会主义的认知历程，呈现出明显的阶段性特征，每个阶段都具有其突出的特征。既要将问题放到当时的历史条件下进行客观考察，又要将问题放到世界历史的大时代和当今世界社会主义运动的全貌中去考察，全面而科学地总结中国共产党在认知社会民主党、民主社会主义历程中的经验和教训，为中国共产党今后正确处理有关社会民主党、民主社会主义的问题提供借鉴，从而增强研究成果的客观性、科学性、前瞻性。

第三，将对基本理论问题的研究与对有关民主社会主义错误认识的批判结合起来。本书探讨了中国共产党认知社会民主党、民主社会主义历程中所涉及的基本理论问题，并将这些问题与批判当前存在于中国的"民主社会主义才能救中国"等错误观点结合起来，增强了研究成果的针对性和现实性。

四　本书的基本思路和基本框架

在中国共产党的文献中，直接对社会民主党和民主社会主义发表评论的非常少。本书从中国共产党与社会民主党之间关系发展的视角入题，根据党际关系发展的起伏，透视中国共产党对社会民主党、民主社会主义认知态度的演进和认知水平的发展，进而展示中国共产党对社会民主党、民主社会主义的认知历程，并对相关问题进行了思考。

除绪论部分外，本书分为三大部分。

第一部分（第一章和第二章），探寻了中国共产党认知社会民主党、民主社会主义的渊源和前提。20世纪初，社会民主党出现分化局面：其左派改称为"共产党"，建立了共产国际，在理论上坚持列宁主义和马克思主义一脉相承的传统，在实践中主张通过暴力革命夺取政权，沿着科学社会主义的道路发展；其右派承袭了社会民主党既有的名称和伯恩施坦"修正的社会主义"，在实践中主张通过多党竞选而执政参政，沿着民主社会主义的道路发展。列宁、俄国党以及共产国际对社会民主党和伯恩施坦修正主义的批判，对中国共产党认知社会民主党和民主社会主义起了重要的启蒙作用。首先，中俄两国国情的相似性，使中国共产党容易接受列宁及俄国共产党的无产阶级革命理论，不容易接受社会民主党的改良主义理论。其次，以西方资本主义民主政治为背景的民主社会主义思潮，在中国不存在滋生和蔓延的土壤，近代中国没有出现具有政治影响力的社会民主党。中国共产党既不存在处理与本国社会民主党的关系问题，也基本上不与西欧社会民主党接触，因此缺乏在接触与了解基础上自主认知社会民主党及民主社会主义的条件。再次，共产国际是俄国共产党直接领导和掌控的世界共产党，各国共产党是它的一个个支部，这从思想上和组织上保证了俄国共产党的各项决议在共产国际各成员党中的贯彻推进，年幼的中国共产党对此是无法抵制的。所以，中国共产党从诞生时起，便承袭了列宁、俄国党及共产国际的观点，对社会民主党和伯恩施坦修正主义持全面批判的态度。这对中国共产党来说，具有双重意义。一方面它使中国共产党在建党问题上完全避免了社会民主党改良主义思潮的影响，成为革命性政党，为中国共产党带领中国人民通过新民主主义革命走上社会主义的道路奠定了一定的思想基础；另一方面，列宁及共产国际在世界革命框架下对社会民主党及民主社会主义所进行的带有"左"倾色彩的批判，成为中国共产党正确认知社会民主党及民主社会主义难以但必须突破的思维定式。

第二部分（第三章、第四章、第五章）展示了中国共产党对社会民主党、民主社会主义的认知历程。第一阶段：从中国共产党成立至20世纪70年代末，中国共产党对社会民主党、民主社会主义持全面批判、全盘否定的态度。新中国成立前，中国共产党承袭了共产国际的观点，对社会民主党及民主社会主义持全面批判的态度。从一大至六大，中国共产党均表明了反对社会民主党及第二国际、拥护共产国际的立场。新中国成立后，中国共产党将承袭的共产国际的思维定式在内政外交上进行了现实演绎。新中国成立初期，中国共产党积极参与了苏联共产党在国际政治及意识形态领域展开的针对社会民主党的批判运动。中苏论战期间，中国共产党对苏共的所谓"现代修正主义"进行了言辞激烈的批判。中苏论战结束后，在对"社会民主党"、"修正主义"缺乏科学界定的基础上，中国共产党以意识形态划线，将不同政见的共产党的理论划归"修正主义"范畴，对其进行了"坚决斗争"。

纵观此间，中国共产党理论研究的视阈其实并没有真正涉及西方阵营的社会民主党和民主社会主义，其对"社会民主党"、"民主社会主义"及"修正主义"的批判，主要是针对社会主义阵营共产党的理论路线的。对共产国际思维定式的承袭、冷战初期严紧的阵线及中国共产党的极"左"路线共同促成了这一现象的产生。

第二阶段：从20世纪80年代至90年代，中国共产党开始了自主认识社会民主党及民主社会主义的历程。20世纪80年代，中国共产党和西方大多数国家的社会民主党建立了党际关系。为了扫除合作中的障碍，中国共产党提出了"超越意识形态差异，谋求相互了解与合作"的党际交往原则及"尊重各国社会党探索符合本国国情的社会主义道路的努力"的指导方针，重新定位了意识形态在党际交往和处理国际事务时的地位。这实际上表明中国共产党突破了共产国际的思维定式，走上了运用马克思主义立场、观点、方法认知社会民主党及民主社会主义的轨道。实事求是思想路线的恢复、中国改革开放事业的推进、中国共产党与社会民主党党际关系的建立与发展，是促使中国共产党走上自主认知社会民主党和民主社会主义历程的重要原因。

第三阶段：从20世纪90年代至今，中国共产党对社会民主党及民主社会主义的认知进一步走向理性与科学。20世纪90年代至今，由于历经苏东剧变，社会民主党与中国共产党的关系发展呈现出"逆转—恢复—发展"的轨迹。这表明，社会民主党从未放弃将民主社会主义向中国推进的企图，在共产党的事业遇到挫折时，社会民主党随时有可能单方面将意识形态利益引入党际关系和国际关系中。但只要中国社会主义建设事业不断取得胜利，以实用主义为原则的社会民主党必然会放弃其对立的立场，重新回归与中国共产党合作的立场。

冷战后，中国共产党着重从比较与借鉴的角度，对民主社会主义进行界定和认知。中国共产党认为，中国特色社会主义和民主社会主义具有不容抹杀的本质区别，中国必须坚持中国特色社会主义道路，民主社会主义道路不适合中国国情。在当代中国，只有中国特色社会主义道路，才是维护统一、走向富强、实现和谐的正确道路。中国特色社会主义道路，既是中国共产党领导中国人民长期探索开辟出的伟大道路，也是在同其他社会主义道路比较鉴别的过程中发展出来的。民主社会主义是世界社会主义运动中具有悠久历史和广泛政治影响力的一支力量，鉴戒民主社会主义的理论与实践，理所当然是中国共产党建设中国特色社会主义、构建中国特色社会主义理论体系题中应有之义。改革开放以来，中国共产党借鉴并实行了一些民主社会主义的政策措施，但是中国共产党的一系列政策主张的出发点和落脚点与民主社会主义是完全不同的。中国共产党以巩固和发展中国特色社会主义为出发点，以更好地发挥社会主义制度的优越性，实现共同富裕为落脚点，代表了中国最广大人民的利益。

第三部分（第六章、第七章），理性探讨了相关问题。第一，在中国共产党认知社会民主党、民主社会主义的整个历程中，意识形态斗争及现实政治需要，是贯穿始终的两大重要因素。意识形态斗争既是历史因素也是现实因素。在历史上，意识形态斗争曾经影响中国共产党对社会民主党、民主社会主义作出全面而科学的判定；在当今，意识形态斗争依然是中国共产党正确评价社会民主党、民主社会主义必须把握好的要素。中国共产党提出"超越意识形态差异，谋求相互了解与合作"的原则，并不表示"意识形态斗争熄灭论"，"超越差异"不是"泯灭差异"，而是在坚持各自意识形态的基础上，搁置争论而求同存异。现实政治需要是影响中国共产党认知社会民主党、民主社会主义的又一重要因素。当今，社会民主党是发达资本主义国家中的主要执政党，中国共产党是中国法定的执政党。作为执政党的社会民主党和中国共产党，在制定内政外交政策时，不可能只考虑政党的意识形态利益，还要兼顾国家经济的发展和民族的利益等因素。这决定了中国共产党和社会民主党在内政与外交的需求面前有走向合作的趋势。这就要求中国共产党处理好意识形态的原则性和现实政治需要的灵活性的关系。既要看到社会民主党从未放弃将民主社会主义向中国推进的企图，也要看到只要中国社会主义建设事业不断取得胜利，以实用主义为原则的社会民主党为了获取经济发展等现实政治利益的最大化，具有暂时搁置其意识形态利益，谋求同中国共产党合作的倾向。因此，中国特色社会主义事业的不断胜利，是中国共产党与社会民主党关系良性发展的决定性因素。

第二，准确认识社会民主党是一个复杂的问题，必须从多层次、多维度进行分析。划清中国共产党与社会民主党的意识形态界限是首要问题。20世纪以来，中国共产党开辟了中国特色社会主义道路，推进了科学社会主义理论与实践的发展。社会民主党在"自由、公正、互助"基本价值观的指导下，经历了三次理论变革，放弃了对资本主义进行制度替代的目标，由以推翻资本主义为目标的体制外政党转变为以接受和改造资本主义为目标的体制内政党，中国共产党和社会民主党在意识形态方面的原则差异越来越大。从当代政党政治图谱中定位社会民主党是准确认识社会民主党的重要途径。社会民主党主张对资本主义社会进行改良，在一定程度上代表了资本主义社会工人阶级的利益，在国际政治中，大部分社会民主党是维护和平、保护生态环境的重要力量。相对于共产党，社会民主党是左翼的右翼；相对于新自由主义政党，社会民主党是右翼的左翼。在当前"资强社弱"的大环境下，中国共产党和社会民主党的合作，有利于增强国际政坛上的左翼政治力量。从政党文化的角度评析社会民主党是准确认识社会民主党的科学方法。社会民主党政党文化的结构是由民主社会主义意识形态，自由、公正和互助的基本价值，崇尚理性和具有较高政党认同的政党心理，左翼变革的政党形象等要素构成的。社会民主党政党文化发展的机制是压力与回应、冲突与整合。必须把社会民主党政党文化放到其产生和发展的社会生态环境中去认识，随着社会生态环境的变迁不断创新是社会民主党生存和壮大的重要原因。

　　第三，正确看待民主社会主义在当今世界的发展。民主社会主义在当今世界的广泛发展，对中国的主流意识形态构成了重大威胁。加强中国共产党主流意识形态的构建及推进中国特色社会主义事业不断胜利，是抵御民主社会主义的必胜武器。对民主社会主义的性质的界定，必须坚持"两点论"。既要看到它维护资本主义的一面，也要看到它批判资本主义一面；既要看到它增强资本主义生命力的一面，也要看到它在资本主义社会中积累进步因素的一面；既要看到它不可能找到一条"和平长入社会主义"道路的一面，也要看到在资本主义向社会主义过渡的大历史背景下，民主社会主义者的实践有利于推进世界社会主义运动复兴的一面。因此，从"对资本主义进行批判的理论与实践"这一广义层次上来说，民主社会主义属于资本主义社会中的社会主义思潮，在非本质问题上，与科学社会主义具有有限的一致性。但从科学社会主义的基本原理和社会主义制度的基本原则角度来看，民主社会主义属于反科学社会主义和社会主义制度的反动思潮。实事求是地承认民主社会主义政治文明的两重性，努力发掘出其中属于人类政治文明范畴的优秀成果并加以借鉴，是中国共产党正确借鉴人类政治文明有益成果、推进中国特色社会主义事业的关键。借鉴而不照搬，这是一个必须遵循的重要原则。民主社会主义在当今世界的广泛传播，原因是多方面的。发达资本主义国家在世界政治经济体系中所处的"优势地位"所造成的大众心理取向，资产阶级对暴力革命道路和现实社会主义国家影响力增长的惧怕，民主社会主义部分顺应了世界历史进步潮流是主要原因。当共产党执政国家崛起、世界历史进入社会主义时代，民主社会主义定会走向衰亡。

第一章　问题的缘起：共产党与社会民主党兄弟阋墙

　　考察中国共产党对社会民主党、民主社会主义的认知发展问题，既要对中国及西方的不同的社会历史背景、不同的政治经济形势做出判断，还要联系世界历史、国际关系及世界共产党与社会民主党之间关系发展的整体趋势进行分析。这是因为，自19世纪末20世纪初以来，随着工业革命和资本主义的发展，全世界的经济乃至政治活动紧密联系起来。人类社会发展进入世界历史时代。马克思、恩格斯在《共产党宣言》中指出："过去那种地方的和民族的自给自足和闭关自守状态，被各民族的各方面的互相往来和各方面的互相依赖所代替了。物质的生产是如此，精神的生产也是如此。各民族的精神产品成了公共的财产。民族的片面性和局限性日益成为不可能，于是由许多种民族的和地方的文学形成了一种世界的文学。"在这样一个进程中，"它（指资产阶级——引者注）使未开化和半开化的国家从属于文明的国家，使农民的民族从属于资产阶级的民族，使东方从属于西方。……各个相互影响的活动范围在这个发展进程中越是扩大，各民族的原始封闭状态由于日益完善的生产方式、交往以及因交往而自然形成的不同民族之间的分工消灭得越是彻底，历史也就越是成为世界历史"[①]。在世界历史的背景下，民族国家内的工人阶级政党的活动，既具有民族性质，又具有世界性质。所以，对社会主义运动及其政党的任何问题进行考察，既需要对特定民族的具体政治、经济形势做出判断，还必须联系到它们所处的社会历史背景和国际关系条件。

　　20世纪初，社会民主党出现分化局面：其左派改称为"共产党"，建立了共产国际，在理论上坚持列宁主义和马克思主义一脉相承的传统，在实践中主张通过暴力革命夺取政权，沿着科学社会主义的道路发

---

① 《马克思恩格斯选集》第1卷，人民出版社1995年版，第276—277页。

展；其右派承袭了社会民主党既有的名称和伯恩施坦"修正的社会主义"，在实践中主张通过多党竞选而执政参政，沿着民主社会主义的道路发展。迄今，科学社会主义和民主社会主义在东西方各自发展已经有了100多年的历史。从某种意义上来说，科学社会主义和民主社会主义在东西方的发展状况决定了世界社会主义运动的总体格局和走向。以史为鉴，全面客观地认识和总结共产党对社会民主党、民主社会主义认知态度的嬗变及其经验教训，有利于当今世界和平与发展的主题的解决，有利于世界社会主义运动的前进。中国共产党对社会民主党、民主社会主义认知历程的嬗变，深受世界共产党对社会民主党、民主社会主义总体认知水平的影响，同时又具有很强的独立性和特殊性。因此，对世界共产党认知社会民主党、民主社会主义的渊源进行探寻，是研究中国共产党对社会民主党、民主社会主义认知历程的必要前提。

一　19世纪末20世纪初的欧美社会主义运动及修正主义的出现

（一）欧美社会主义运动的状况及成果

19世纪末，欧洲出现第二次科技革命和产业革命。德、美、意、奥等国，以其先驱者英、法为榜样，相继在60—80年代完成了产业革命。美国学者麦格劳对第二次科技革命作过生动地描述，他说："通讯和交通发生了革命性变化，首先出现了电报和铁路，接着又出现了电话、汽车、卡车、飞机等工具。生产越来越多地以电动机和内燃机为动力。公司得到广泛发展，遍及了所有资本主义国家。大众市场兴起。国际经济结合更紧密了；'大企业'出现了，有些公司建立了复杂的机构，拥有半独立的分支和多层管理体制。在几种产业中有些特大公司每个公司的雇佣人数都达到几万。在大多数产业中，传统的小店铺和中型工厂与新兴的产业巨头齐头并进，这种模式至今依然存在。从19世纪中期起，在铁路业中首先出现了管理人员职业化的倾向；第一批商学院出现于19世纪和20世纪之交。"① 的确，由于电力的应用，一些新的工

---

① ［美］托马斯·K.麦格劳：《现代资本主义——三次工业革命的成功者》，赵文书、肖锁章译，江苏人民出版社1999年版，第15页。

业部门，如电机制造业、电力工业和化学工业蓬勃发展起来。科技革命还给一些旧有的工业部门带来了新工艺、新设备，生产技术和生产管理上的革新迅速进行，标准化、自动化和流水作业等新的生产方法开始被许多工业企业采纳，大大提高了工作效率。在19世纪的最后30年中，世界工业总产值增长了两倍多，钢产量猛增55倍，铁路线长度增长近4倍。重工业在整个工业中开始占主导地位。新科技的发展，尤其是交通与通信技术的新进展，使世界范围内的分工与合作越来越细密，整个世界日益联结成一个不可分割的整体，世界贸易额急剧增长。生产技术发生的深刻变革，进一步提高了生产社会化的程度，使资本主义真正建立在机器大工业的物质基础上，并极大促进了生产力的发展。

在生产力的迅猛发展的同时，欧美资本主义国家的生产和资本不断集中，并逐步走向垄断。以卡特尔、托拉斯为主要形式的垄断组织，于19世纪70—80年代首先在德、美两国形成；90年代，美国各主要部门已经普遍建立了托拉斯。垄断代替了自由竞争，成为引人注目的时代特征，资本主义由自由资本主义转变为垄断资本主义。

资本主义由自由资本主义转变为垄断资本主义，呈现出了与自由资本主义时期不同的新特点，欧美的社会主义运动也呈现出与以前不同的特点。

第一，工人运动蓬勃高涨，并取得了巨大的成就。由于生产力的增长，尤其是重工业的长足进步，增强了国际工人阶级的实力。从数量上来看，19世纪70年代，英、法、美三国共有1200万—1300万名产业工人（另有农业工人为3000万人）；到了90年代初，仅工人（包括商业工人）的数量，已达到3306万人，占自立人口10087.7万人的32%。[①] 其中，重工业部门的工人数量，更是成倍地增长。除了数量上的增长外，这一时期工人的集中程度也有显著的提高。工人阶级数量的巨大增长和工人集中程度的提高，使得国际工人运动出现了前所未有的高涨局面。这个时期，除了经济性质的罢工外，已经出现纯粹的政治罢工和政治斗争。工人阶级开始认识到争取政治权力是国际工人运动的重要内容。到90年代，以争取普选权为内容的工人运动浪潮席卷欧美。

蓬勃发展的工人运动，在19世纪最后30年间取得了巨大的成就。

---

① 参见周海乐《第二国际史》，上海社会科学院出版社1989年版，第50页。

工人阶级的劳动条件和生活状况得到很大的改善。工人实际工资的提高率为30%—50%。工人先前恶劣的居住条件也得到改善，特别是在英国，许多工人到19世纪末都有了自己的小型单独住宅。各国工人的实际劳动时间由平均每周74小时缩减到61小时。与工人的工资和劳动条件改善相伴随的是工人受教育程度的提高和政治权利的扩大。英、法、德等国都实现了普及初等教育。尤其是，经过50多年不懈的斗争，到20世纪初，西欧诸国终于实现了普选制。工人运动和工人阶级政党在各国先后取得了合法地位，工会、合作社、妇女及青年运动也得到广泛发展。

第二，欧美工人普遍建立了工人阶级政党，科学社会主义成为工人阶级政党和工人运动的指导性思想。从70年代中期起，欧美工人进入了普遍建立工人阶级政党的时期。1889年第二国际成立时，已经有20个国家或民族建立了35个社会主义团体或政党。到20世纪初，英、法、德等西欧主要国家的工人组织和政党都为法律所承认，它们参加议会，拥有强大的议会党团，发行数量可观的报刊，成为国家政治生活中的重要力量。总的来说，这些工人政党普遍接受了科学社会主义的影响，在一系列基本原则问题上坚持马克思主义立场。在它们所制定的纲领、宣言、章程之中，明确宣称坚持消灭资本主义私有制、确立社会主义公有制这一最终目的。如，德国社会民主党在爱尔福特纲领中明确指出："只有对于生产资料——土地和耕地、矿井和矿山、原料、工具、机器、交通工具——的资本主义私有制变为社会所有制，把商品生产变为社会主义的、为了社会，而且通过社会而经营的生产，才能够使大企业以及不断增长的社会劳动收益能力从迄今为止的被剥削阶级经受苦难、压迫的根源成为获得高度的富裕和实现全面的、和谐的完美的泉源。这种社会变革不仅仅意味着无产者的解放，而且意味着经受现存状况折磨的整个人类的解放。"[①] 德国社会民主党的爱尔福特纲领得到了恩格斯的高度评价，在19世纪末欧洲工人运动中具有很大的威信和影响，并成为第二国际制定纲领时的重要参照。1889年，第二国际在其成立大会上宣布："只有作为一个阶级组织起来的无产阶级在国际上共

① 张世鹏译、殷叙彝校：《德国社会民主党纲领汇编》，北京大学出版社2005年版，第21页。

同努力，只有无产阶级取得政权，剥夺资本家阶级的生产资料并把它变为公有财产之后，劳动和人类才能获得解放。"① 在实践中，第二国际各政党将马克思主义与工人运动相结合，使得科学社会主义理论成为工人运动中的主导思想。布劳恩塔尔在其所著的《国际史》中明确承认："第二国际绝大多数党在纲领上都以马克思的思想体系、他的哲学观点、经济学理论、阶级斗争理论、国家学说和革命理论为依据。因此，第二国际在其意识形态方面是一个革命的国际。"② 因此，19 世纪末的工人运动，基本是在科学社会主义指导下的、以实现社会主义为最终目标的社会主义运动。

（二）修正主义的出现

19 世纪末蓬勃发展的工人运动所取得的巨大的成果，对社会主义运动和社会主义理论发展的影响却是复杂的，多元的。

第一，在科学社会主义思潮得到广泛传播的同时，国际工人运动和社会主义运动却埋下了不和谐的种子。一方面，由于工人运动的发展，工人的劳动和生活条件改善了，工人阶级的政治权利扩大了，工人阶级政党迅速发展起来，科学社会主义的思潮得到了广泛传播。但另一方面，由于这一时期的工人运动偏重于向横广方面发展，大量在垄断竞争面前破产的小资产阶级流入无产阶级队伍。小资产阶级思想对工人阶级团体和政党的影响也在不断滋长。大部分工人政党的党纲、宣言、章程虽然依然是马克思主义的，但在斗争策略和革命道路等问题上，逐渐地接受和坚持了小资产阶级社会主义的主张。其中包括工联主义、拉萨尔主义、蒲鲁东主义、巴枯宁主义以及俄国民粹主义的理论和主张。虽然此时小资产阶级思想对工人政党的影响，主要体现在斗争方式、革命道路等非原则性的策略问题上，但却给未来的国际工人运动和社会主义运动埋下了不和谐的种子。

第二，合法的议会斗争所取得的巨大成就，反而成为滋生改良主义的温床。欧美由自由资本主义进入垄断资本主义后，资本主义发展逐步

---

① ［俄］伊·布拉斯拉夫斯基：《第二国际》，中国人民大学出版社编译室译，三联书店1964 年版，第4—5 页。

② ［奥］尤利乌斯·布劳恩塔尔：《国际史》第1 卷，杨寿国、孙秀民、汤成永、桂乾元译，上海译文出版社1985 年版，第231 页。

步入了成熟期。这种"成熟"，不仅表现在经济发展和科技进步上，还表现在资产阶级政治经验的圆熟上。面对蓬勃发展的工人运动，各国政府对工人政党和工人运动的策略发生了转变。资产阶级统治者开始认识到，仅有暴力政策的严酷镇压，是无法达到目的的。他们开始采取"暴力政策"与"怀柔政策"相结合的"双重政策"。普鲁士的古斯塔夫·施莫勒尔曾在普鲁士上院的演讲中明确道出了资产阶级统治者推行"双重政策"的叵测居心。他说，仅用暴力政策，"只会给社会民主党的磨坊注水，使其内部得到加强和巩固，只会得到类似非常法的结果"。必须在"镇压任何起义和制止任何革命运动发生"的同时，"用公正的手向工人表示，政府会关心他们的幸福"，让工人们感觉到帝国"是一个公道的道义的最高权威"，"没有这种双重政策，和解的目的就无法达到"①。在"双重政策"思想的指导下，资本主义国家政府采取了一系列措施，极力将自己打扮成凌驾于各阶级之上的公正的政府。在此背景下，工人政党纷纷获得合法地位，并参与到政党竞选中。各国社会民主党经过不断努力，逐步建立了自己的议会党团，扩大了选票和议席，使议会成为自己的重要活动场所。在议会中，社会民主党对政府政策进行批评，支持政治民主运动，维护工人及其他劳动群众的利益，直接推进了政治和社会的进步。议会斗争自然而然地成为 19 世纪末 20 世纪初欧美社会民主党政治活动的中心。

　　议会斗争所取得的重大成就，超出了人们的预测。这势必对社会民主党的观念产生影响。对于议会中的社会民主党团来说，争取更多的选票和议席意味着它们可以有更多的机会来贯彻自己的意图和计划。大部分社会民主党便沉迷于对选票的追逐，陷入了复杂的国家政治法律事务和程序之中，日渐偏离革命的目标。虽然社会民主党的纲领是完全马克思主义的，但是，由于长期以议会斗争为主，党逐渐将主要的精力、主要组织力量和成员放在议会中。党的议会党团集中了党的重要领导人和活动家。社会民主党的思维方式和行动方式日益受到议会活动家的影响。这样，是坚持遥远的革命纲领还是在现有的政治制度下参与现实的政治活动而完成点点滴滴的改良成为各国社会民主党必须面临选择的问题。在矛盾的处境中，各国社会民主党不自觉地陷入了日常烦琐的政治

———————————

① 转引自赵永清《德国民主社会主义模式研究》，北京大学出版社 2005 年版，第 23 页。

活动中，选择了改良主义。最后的革命理想让位于现实改良主义的需要，渐进的改良代替了彻底的革命，社会民主党议会斗争的政治实践与其崇尚社会革命的纲领渐行渐远。随着社会民主党议会斗争的日益加强，入阁和组织联合政府成为社会民主党议会斗争逻辑的必然结果。1899 年米勒兰入阁事件将这一逻辑推论的结果变成了现实。至此，合法的议会斗争对于社会主义运动的价值，已经发生了根本转变。事情的发展与原先预想的恰恰相反：议会斗争日渐脱离社会主义革命的最终目标，成为社会民主党改良主义政治活动的唯一目的，具有了在资本主义现存社会秩序下谋求进步的独立价值。于是，越是议会斗争取得成功的地方，越成为滋生"议会主义"情绪和改良主义的温床。

19 世纪末 20 世纪初工人运动的巨大成就所产生的悖论，使得第二国际各成员党在各条战线上取得显著成果的同时，在第二国际内部出现了社会革命主义和社会改良主义的对立，并在短短十几年时间里，以改良主义为核心的修正主义吞食了社会民主党意识形态的革命内核，使得社会民主党沦为改良主义、机会主义政党的代名词。从此，欧美的社会主义运动开始朝着另一方向发展。由于议会斗争日渐脱离社会主义革命的最终目标，成为社会民主党改良主义政治活动的唯一目的，具有了在资本主义现存社会秩序下谋求进步的独立价值，那么，社会民主党的革命纲领与其日常的改良主义政治实践越来越不同步。随着改良主义政治实践的发展及其成就的不断扩大，解决这一不同步的问题，成为社会民主党理论家们的任务。伯恩施坦的修正主义理论正是在这时出现的。

1896 年，伯恩施坦以"社会主义问题"为题，在德国社会民主党理论刊物《新时代》杂志上开始发表系列文章，开始全面"修正"马克思主义。1899 年，伯恩施坦出版了他的修正主义代表作《社会主义的前提和社会民主党的任务》一书。在这本书中，伯恩施坦全面阐述了他的观点。他从分析资本主义发展的新现象入手，认为资本主义社会由于广泛地使用信息和信贷制度以及在资本主义制度内经济组织（如卡特尔、托拉斯等）的建立，经济危机以及由危机所带来的影响在不断减弱，资本主义矛盾不是日益尖锐而是不断缓和，因此资本主义绝不会像马克思预言的那样走向"崩溃"。伯恩施坦宣称，资本主义的新发展并没有加剧无产阶级的贫困化，相反还使无产阶级的境况有了明显的改善；资本主义大工业的发展，也没有进一步激化资本和雇佣劳动之间的阶级对立和阶级斗争，相反改善了社会的物质条件和精神条件。在政治上，伯恩施坦认为，"随着工人数目和知识的增长"，普选权会使资产阶级国家从人民的主人变成人民的仆人。他说："民主是以多数者的决议来决定事情的，各个人都须承认多数者所决定的法律"，所以"民主即使还没有达到实际消灭阶级，在原则上已经意味着阶级统治的消灭"①。由此，伯恩施坦指出，马克思关于无产阶级暴力革命的学说已经过时，在资本主义制度条件下，通过议会斗争可以解决一切问题。他明确指出："通向彻底、完全的政治自由的道路是经过议会政治的，而不是绕过那议会政治的。议会政治尽管有种种缺陷，它在今天的德国仍是一切公共设施中最具现代化的，任何学理异议的理由都不能使我们忽视这一点。"② 宣称"有着严格等级制的封建制度，几乎在任何地方都不得不用暴力来破坏。近代的各种自由制度，在它们具有伸缩能力、变形能力和进化能力这一点上是同封建时代的制度绝对不同的。因此这些制度不应加以破坏，而应使之进化。为此就需要有组织和有效的活动。二者是不一定需要革命的专政的"③。由此，伯恩施坦得出结论："一百年前需要进行流血革命才能实现的改革，我们今天只要通过投票、示威游行和类似的威逼手段，就可以实现了。"④ 社会民主党的任务，就是促进进化和改良，"促成和保证社会制度在不发生痉挛性爆发的情况下，过渡到一个更高的制度"。总之，在伯恩施坦看来，资本主义社会经济、政治上的基本矛盾已经消失，资本主义从此完全可以平稳地向前发展了。社会主义运动的任务就是积极地"发展"资本主义的民主、自由制度，完全"和平地"而不是借助于"暴力"、"专政"达到建立社会主义社会制度的目标。与此相适应，社会民主党应从革命性质的政党转变为"改良的党"、"和平的党"、"民族的党"。

伯恩施坦理论的诞生，使伴随着改良的成就而滋生的改良主义获得了理论形态，解决了各国社会民主党纲领与实践之间不同步的问题。伯

---

① ［德］伯恩施坦：《社会主义的前提和社会民主党的任务》，舒贻上等译，三联书店1958年版，第87—88页。

② 参见《社会民主党人报》1890年第21期（5月24日）。

③ ［德］伯恩施坦：《社会主义的前提和社会民主党的任务》，舒贻上等译，三联书店1958年版，第100页。

④ 同上书，第200页。

恩施坦本人也曾声言：他"一点不想去改变党的实际政策"，而只是想"努力追求理论和现实、言语和行动的一致"①。在伯恩施坦看来，各国社会民主党只是在纲领上、理论上和言语上是革命的，而实际上却从事着改良的政治实践，而改良的政治实践所取得的成功是过去的革命所不能比拟的。既如此，何不对马克思主义的革命理论进行修正，放弃空洞的革命理想，一心一意、表里如一地崇尚改良主义？于是，正在纲领和实践之间两难徘徊的各国社会民主党纷纷抛弃革命的纲领，而接受了伯恩施坦的修正主义。

（三）欧美马克思主义者对修正主义的斗争及其失败的历史命运

对于社会民主党是不是应该运用议会斗争这种合法形式，恩格斯曾做出了肯定的回答。他指出，19世纪末工人阶级斗争的条件与1848年相比，发生了重大变化。在资本主义和平发展时期，社会主义运动应该向横广方向发展。宣传科学社会主义思想，壮大工人阶级队伍是工人阶级斗争的当前任务。因为"欧洲大陆经济发展的状况还远没有成熟到可以铲除资本主义生产的程度；……它（指工人阶级大军——引者注）还远不能以一次重大的打击取得胜利，而不得不慢慢向前推进，在严酷顽强的斗争中夺取一个一个的阵地"②。在这种社会背景下，议会斗争方式取代1848年的"巷战方式"，成为主要的斗争手段是符合时代发展要求的。恩格斯说："在资产阶级用来组织其统治的国家机构中，也有东西是工人阶级能利用来对这些机构本身作斗争的。工人参加各邦议会、市镇委员会以及工商业仲裁法庭的选举；只要在安排一个职位时有足够的工人票数参加表决，工人就同资产阶级争夺每一个这样的职位。结果弄得资产阶级和政府害怕工人政党的合法活动更甚于害怕它的不合法活动，害怕选举成就更甚于害怕起义成就。因为这里斗争的条件也已经发生了根本的变化。"③

但值得着重强调的是，恩格斯在高度肯定议会斗争的重要意义的同时，始终没有放弃社会主义革命的最终目标。在恩格斯看来，合法斗争

①　《德国社会民主党关于伯恩施坦问题的争论》，三联书店1981年版，第64页。
②　《马克思恩格斯选集》第4卷，人民出版社1995年版，第512页。
③　同上书，第517页。

是为了使革命群众受到教育，得到锻炼，使革命的力量不断增长，有利于在革命的关键时刻发挥更加积极的作用。或者可以说，恩格斯一向坚持合法斗争是事物的量的积累，而暴力革命则是事物的质的飞跃。正如恩格斯所说："我们的主要任务就是不停地促使这种力量增长到超出现政府制度的控制能力，不让这支日益增强的突击队在前哨战中被消灭掉，而是要把它好好地保存到决战的那一天。"① 这里所说的"决战的那一天"，当然指的是社会主义革命所带来的质的飞跃。遗憾的是，这是恩格斯对社会主义运动和第二国际的最后指导性意见，不久，全世界无产阶级和第二国际便失去了这位伟大的革命导师。恩格斯晚年对合法议会斗争在工人运动中作用的肯定，反而成了伯恩施坦分子修正马克思主义的口实。伯恩施坦借口恩格斯晚年对德国社会民主党在大选中所取得的成就的赞赏，大肆宣传修正主义在理论上、实践上的合理性与必然性。

伯恩施坦修正主义出现后，立即遭到了第二国际各党，特别是德国社会民主党的批判。在反对伯恩施坦修正主义的斗争中，罗莎·卢森堡站在最前列，而考茨基对伯恩施坦理论谬误的揭示比其他理论家更为彻底。

卢森堡在伯恩施坦的《社会主义的前提和社会民主党的任务》一书发表后，立即撰写了《社会改良还是革命?》一书，旗帜鲜明地批驳了伯恩施坦的修正主义理论。她指出，第一，在理论基础上，"伯恩施坦的理论是要把社会主义纲领从物质基础上举起来放到唯心主义基础上去"②；第二，在理论方法上，伯恩施坦是以资本家的理解方法来进行理论概括的，即像庸俗经济学的方法一样，犯有把个别资本家眼中的经济现象当作资本主义整体的现象来理解的错误；第三，在实际结论上，伯恩施坦彻底否定了无产阶级革命和夺取政权的可能性与必然性，社会主义制度只能通过单纯的合法斗争才能建立起来。卢森堡深刻意识到同伯恩施坦思潮作斗争的必要性和迫切性，多次要求德国社会民主党和第二国际召开代表大会，统一认识，制订无产阶级革命的策略。在她的带

① 《马克思恩格斯选集》第4卷，人民出版社1995年版，第523页。
② ［德］卢森堡：《社会改良还是革命?》，《卢森堡文选》上卷，中央马列著作编译局译，人民出版社1984年版，第102页。

动下，各国社会民主党和第二国际开展了反对伯恩施坦修正主义的斗争。

作为第二国际和德国社会民主党主要理论家的考茨基，从阐明马克思主义方法论入手，提出了工人阶级政党怎样进行理论创新的方法论问题。他指出，工人阶级必须在坚持马克思主义基本原理的基础上，结合新的政治经济形势进行理论创新，既不能借口政治经济形势的变化而否认马克思主义，认为马克思主义"过时了"；也不能对变化了的政治经济形势置若罔闻，固守马克思恩格斯的个别理论，犯教条主义的错误。考茨基将马克思恩格斯的理论分为两个层次，即"方法"层次和"结论"层次。他说："在马克思主义的社会主义中，决定性的是方法，而不是结论。结论是能够改变的，有些结论就已经改变，还有些结论在发展过程中还会继续改变。发展过程不仅提供研究的新的事实，而且还提出了研究的新的手段。社会民主党人在某些方面做出不同于马克思和恩格斯在制订《共产党宣言》时的判断，这是理所当然的；但是，《共产党宣言》用以得出结论的方法，却愈益光辉地被证明是正确的。"对于"方法"层次，必须始终不渝地坚持。对于"结论"层次，不能只停留在马克思已有的理论结论上，要联系资本主义世界出现的新情况进行理论创新，推进马克思恩格斯的某些"结论"①。考茨基指出，伯恩施坦正是借口资本主义社会出现的新情况，从"方法"这一根本层次上"修正"马克思主义的唯物史观和辩证法，因此他对马克思主义的"修正"，不是在坚持马克思主义基本"方法"的基础上对马克思主义具体"结论"的发展，而是彻底背离了马克思主义。针对伯恩施坦提出的"运动就是一切，结果是微不足道的"的信条，考茨基说："（社会主义代替资本主义）应该被当作历史进程来理解它的到来是不可避免的，但是它到来的形式和速度是难以确切预测的。我们要确定马克思理论的正确性，既不取决于这种灾变的或大或小的概率，也不取决于或快或慢的发展速度，而是取决于它所遵循的方向。预测在什么情况下或者在什么时候发生政治的或社会的灾变，这不是马克思主义理论的必然结论，而

① 中国人民大学马列主义发展史研究所编：《马克思主义史》第2卷，人民出版社1995年版，第37页。

是要从一定的政治的和社会的态势中推断出来。"① 考茨基进一步指出：伯恩施坦把资本主义社会发展出现的新情况与资本主义生产方式的历史趋势混为一谈，用资本主义现实经济社会发展中出现的现象，来否定资本主义生产方式的内在矛盾和社会主义社会历史必然性，是十分荒谬的。正因为如此，考茨基对伯恩施坦的批判显得更为彻底。

可以说，在反对伯恩施坦主义的论战中，正统马克思主义者的队伍是强大的。卢森堡、考茨基、帕尔乌斯、普列汉诺夫、倍倍尔等人都投入了论战。然而，以"急先锋"卢森堡和"理论权威"考茨基为代表的社会民主党的左翼理论家均未战胜伯恩施坦，反而使得伯恩施坦和他的修正主义理论不断蔓延扩大，迅速发展成为国际势力，并在历史上获得了重要地位。这其中的原因是深刻的。学术界曾简单将原因归结为社会民主党对修正主义没有进行坚决的斗争，这显然是不符合历史现实的。冷静客观地反思一个世纪以前社会民主党的左翼理论家在这场思想交锋中的失败，可以看出，社会历史的发展、左翼理论家在理论斗争中的教条主义缺陷、在组织原则上的调和主义错误、伯恩施坦主义所包含的一定的合理性等因素，是造成修正主义在欧美逐步扩大影响的多重因素。

在同伯恩施坦修正主义进行论战时，左翼理论家没有认识到，一方面，合法改良活动是当时现实条件下所许可的主要斗争方式，另一方面，这一斗争方式又不断地滋生改良主义的情绪。怎样将无产阶级革命理论与合法改良的日常政治实践结合起来，使合法的改良斗争必然地过渡到未来的社会主义革命，避免改良主义的侵害，是当时的社会历史现实提出的新问题，这就必须对资本主义出现的新现象进行深入研究和分析，用马克思主义的立场观点和方法去回答这些新问题，用发展的马克思主义与改良主义作斗争。然而左翼理论家却未能思考这些问题，他们继续简单地确信经济危机必然导致资本主义矛盾的激化，资本主义社会更大的紧张状态一定会像马克思预计的那样到来。无产阶级必须立即实行世界革命，与资本主义社会进行最后决战，这明显地带有教条主义的倾向，与西欧的社会历史现实格格不入。这就决定了卢森堡、考茨基等

---

① 中国人民大学马列主义发展史研究所编：《马克思主义史》第 2 卷，人民出版社 1995 年版，第 41 页。

只能以既定的理论结论为立足点来批驳伯恩施坦，而不能以发展的理论原则来对付伯恩施坦。从卢森堡和考茨基等正统马克思主义者批驳伯恩施坦的言论中可以看出，他们对伯恩施坦的批判，主要集中于揭露伯恩施坦理论的自相矛盾以及对马克思主义一般原理的背叛。虽然考茨基承认资本主义社会发生了新变化，认为联系资本主义的新变化，对马克思主义进行发展是必要的，但同时他又认为这些新变化无关宏旨，认为借口这些新变化来否定马克思主义的无产阶级革命理论，是绝对错误的。在同伯恩施坦争论时，左翼理论家们对马克思主义的无产阶级革命理论的论证，始终停留在抽象的原理分析上，完全忽视了社会民主党当前的合法斗争的实践，以及资本主义阶级矛盾的逐步缓和以及自我调节能力的不断增强的现实。卢森堡曾经指出："归根结底说来，社会民主党的日常实际斗争，同社会主义根本没有任何关系。工会斗争和政治斗争的伟大的社会主义意义，在于它使无产阶级的认识和意识社会主义化，把无产阶级作为阶级组织起来。"[1] 言下之意就是，合法的政治斗争只是传播马克思主义、组织工人阶级的手段，是为未来社会主义革命准备条件的手段。但是"手段"向"目的"转变的结合点究竟在哪里？也就是说，怎样将社会民主党的日常合法斗争与社会主义革命的目的联系起来？卢森堡等左翼理论家未能做出科学的回答。面对社会民主党人日益沉陷于合法的改良活动的现实，卢森堡等左派对此充满了愤怒。他们不断要求社会民主党组织工人进行大规模罢工，希望用激烈的斗争方式鼓起社会民主党人和工人们的阶级意识和革命意识。这种立场确实使他们同伯恩施坦主义划清了界线，并成为在改良主义日益泛滥的潮流中，唯一敢于坚定地高喊革命声音的力量。然而，理论上的缺陷使他们难以真正影响广大的工人群众，最终成为孤立的一支。可见，19世纪末20世纪初，欧美社会历史的变化，对于马克思主义理论家们来说是一次巨大的考验。卢森堡等坚定的左派，在理论和实践上坚持恩格斯所主张的"由改良向革命过渡"的策略，但难以找到改良与革命之间的结合点。当他们为了维护革命的纯洁性而干脆摈弃改良时，他们只能脱离实际、脱离群众。

另外，社会民主党的左翼理论家虽然在思想上同伯恩施坦主义进行

---

[1] 《德国社会民主党关于伯恩施坦问题的争论》，三联书店1981年版，第120页。

了坚决斗争，但在组织上却一直将伯恩施坦主义问题看作党内的派别问题，主张"在党的范围内"解决分歧。在代表大会上，社会民主党的左翼理论家一方面主张在思想上反对伯恩施坦主义，另一方面却又强调组织调和，主张与伯恩施坦主义分子"统一"和"团结"。西欧社会民主党左翼理论家主张同伯恩施坦分子搞组织调和，是导致西欧工人阶级政党最终彻底沦为改良主义政党又一重要原因。

反观被卢森堡和考茨基等左翼理论家批驳为"浅薄的理论"的伯恩施坦主义，却恰恰抓住了他们的贫弱之处。首先，伯恩施坦确实抓住了资本主义社会出现的重大变化，主张根据这些变化，更新、修正马克思主义；其次，伯恩施坦主义并不像卢森堡所说的是个别党内"小资产阶级分子的动摇和背叛"，而是以欧美工人阶级及其政党普遍趋向改良主义为强大的社会依托的；再次，伯恩施坦实际上提出了在变化了的历史条件下欧美社会民主党的理论与实践的发展问题，提出了如何将马克思主义原理与发展的现实相结合，推进理论发展的问题。伯恩施坦说：他"一点不想去改变党的实际政策"，而只是想"努力追求理论和实际、言语和行动的一致"[1]。意思是：他认为西欧社会民主党虽然在理论上、纲领上是革命的，在实践中却是以改良主义为指导的。既然如此，社会主义政党应该放弃对革命目标的追求，将党由革命政党调整为"民主的社会的改良"党。在伯恩施坦看来，这种转变和调整，是党适应新的社会历史条件的必然举措。他说："如果社会民主党有勇气从实际上已经过时的一套惯用语中解放出来，并且愿意表现为它今天实际上的那个样子，即一个民主的社会主义的改良政党，那它的影响将比今天更加大得多。"[2] 尽管伯恩施坦主义在理论上是肤浅的，但却包含了一定的历史合理性。它抓住了资本主义经济和社会的新变化，依托了社会民主党日常的改良实践，尖锐地揭露出在新的历史条件下社会民主党的理论与实践相脱节的矛盾，实质上提出了必须使西欧社会民主党的革命纲领与改良实践结合成一体的问题。这恰恰是社会民主党的左翼理论家的致命弱点。伯恩施坦主义虽然在第二国际和各国党的代表大会上被打败了，但

---

[1]　中共中央马克思恩格斯列宁斯大林著作编译局国际共运史研究室：《德国社会民主党关于伯恩施坦问题的争论》，三联书店1981年版，第64页。

[2]　[德] 爱德华·伯恩施坦：《社会主义的前提和社会民主党的任务》，殷叙彝译，上海三联书店1965年版，第31页。

是在实践中却成功地得到贯彻。在修正主义不断蔓延的同时，社会民主党左翼政治家的队伍也不断分化。分化后的队伍，愈加难以抵御修正主义的传播，于是，修正主义、改良主义代替马克思主义的科学社会主义，成为欧美社会主义运动的主流指导思想和意识形态。

二　19世纪末20世纪初的俄国国情、俄国革命与列宁主义

（一）俄国国情

19世纪与20世纪之交的俄国，情况与欧美截然不同。从19世纪50—60年代起，俄国进行了封建制度的变革，走上了资本主义发展道路；到19世纪末20世纪初，俄国已经发展成为一个资本主义因素占重要地位的国家，并进入了垄断阶段。但是，此时的资本主义俄国，与欧美先进的资本主义国家相比，其国情有着许多显著的不同。俄国国情的特殊性主要有：

第一，19世纪末20世纪初的俄国，仍然是一个小农占优势、封建自然经济成分占主导的国家。直到1897年，俄国资本主义工商业较为集中的城市居民只占总人口的13.4%，各类工人约占总人口的11%。从20世纪初俄国国民经济固定资产的构成看，1914年农业资产占53.7%，工商贸、交通、通信加在一起，一共才占46.3%；从1914年国民收入构成来看，农业占了53.6%，其余仅占46.4%。①

第二，19世纪末20世纪初的俄国，农奴制的残余广泛存在，沙皇专制制度原封不动，资产阶级严重依附于沙皇专制制度。由于俄国的农奴制废除和资本主义的发展，是通过沙皇"自上而下"的"改革"实现的；因此，封建的沙皇专制制度不但没有废除，而且不断得到加强。新生的资产阶级严重地依附于沙皇专制制度，许多资本家本身就是从封建地主演变而来的。比如，俄国工业中心城市的规模庞大的工业集团，都是以封建家族为核心的；20世纪初俄国还出现了官资结合的垄断金融财团。

第三，19世纪末20世纪初的俄国，虽然也进入到垄断资本主义发

---

①　陆南泉、姜长武等主编：《苏联兴亡史论》，人民出版社2004年版，第151页。

展阶段，但是，由于封建专制制度的存在，严重阻碍了俄国生产力的发展。与欧美发达资本主义国家相比，俄国的经济发展水平非常落后。经济技术落后的首要表现就是农业落后。俄国直到十月革命前，还保留着封建农奴制的残余，保留着半封建半农奴制的地主土地占有制，还普遍存在着农民的小商品生产，而且在边远地区还存在着宗法制的自然经济，因此俄国的农业生产水平大大低于其他西方资本主义国家。到第一次世界大战前，俄国的农业机械化水平只有德国的 1/9，美国的 1/2；在工业方面，俄国的工业总产值只相当于美国的 7%、德国的 16.7%、英国的 21.7%、法国的 40%；从劳动生产率方面来看，1913 年，俄国工业的劳动生产水平只有美国的 1/10，从时间上来看，俄国的劳动生产率落后美国半个多世纪。①

第四，19 世纪末 20 世纪初的俄国，广大人民群众深受资本主义和农奴制残余的双重压迫，社会矛盾十分尖锐，工人运动兴起并发展迅速，罢工斗争接连不断，农民暴动频繁发生。随着俄国资本主义大工业的发展，俄国工人阶级的人数激增，工人阶级与资产阶级矛盾日益加剧，工人阶级维护自身经济和政治利益的运动蓬勃兴起。特别是 19 世纪 90 年代，由于世界性经济危机的影响，俄国社会经济发展的一切矛盾暴露得十分尖锐：工业停滞、经济萧条、中小企业纷纷倒闭、资本加速集中、工人大批失业、农民在饥饿中挣扎。沙皇政府对人民的压榨和压迫更激起了人民的不满和反抗，俄国的工人运动开始从经济罢工转为政治罢工和示威游行。1905 年，俄国有 44 万工人参加了罢工，比过去十年的罢工总人数还多。在工人运动的影响下，农民暴动也频繁发生，1900—1904 年，俄国农村地区的暴动达到 670 余起，比过去十年多两倍。

第五，尽管 19 世纪末 20 世纪初的俄国经济发展十分缓慢，是欧洲最落后的国家之一；尽管俄国的社会矛盾十分尖锐复杂，但沙皇政府仍然积极实行领土扩张政策，与其他大国争夺势力范围。这个时期，沙皇俄国参加了 1900 年侵略中国的八国联军；1904 年，为了同日本争夺太平洋霸权和瓜分中国，沙皇俄国同日本发生了冲突，在中国境内与日本进行了一场战争。这些战争使发展水平本来就十分落后的俄国经济遭到

---

① 陆南泉、姜长武等主编：《苏联兴亡史论》，人民出版社 2004 年版，第 153 页。

了更加严重的甚至是致命的破坏，使原本就十分尖锐的社会矛盾更加尖锐，整个俄国社会陷入了深刻的危机。尤其是，1914 年沙皇俄国参加用武力重新瓜分世界的第一次世界大战，这使本已难以为继的俄国经济濒临崩溃的边缘。社会矛盾的尖锐、生活上的困境、战场上的失败使得俄国人民的反战情绪高涨，人民的反战情绪将沙皇政府推向了"革命的火山口"。

第六，马克思主义在俄国的传播。俄国马克思主义思潮兴起于 19 世纪 70 年代末 80 年代初。此时的俄国，虽然有资本主义的发展，但工人阶级尚未成为自觉的阶级。但是俄国先进的知识分子此时已经从曾盛极一时的民粹主义思潮中解放出来，转而学习和传播马克思主义。19 世纪 90 年代，马克思主义小组在俄国如雨后春笋，遍地丛生。列宁、马尔托夫、波特列索夫以及司徒卢威等人都已经成长为成熟的马克思主义者。高举马克思主义旗帜的俄国社会民主党已经成立。这使得当俄国自发的工人运动高涨起来时，便是在马克思主义理论家和俄国马克思主义政党的指导下进行的。正如列宁所说，俄国 19 世纪 90 年代发生了两个"重大的历史事件"，正是这两大历史事件，深刻地影响了俄国历史的进程。这两大事件，"一是工人阶级的自发的群众运动；另一个是接受马克思和恩格斯的理论，接受社会民主党的学说的社会思想运动"①。

总之，19 世纪末 20 世纪初的俄国国情，具有不同于欧美发达资本主义国家的深刻的特殊性。列宁将当时的俄国社会定义为"军事封建帝国主义"。

（二）俄国革命和列宁主义

俄国国情的特殊性是产生列宁主义的重要基础。俄国资本主义发展的特殊性和由此所产生的社会影响预示着 19 世纪末 20 世纪初世界工人运动将出现一种新的社会主义发展道路，它不像欧美的社会改良主义那样，主张用合法的社会改良取代革命，而是要求用革命的方法来解决阶级矛盾和社会矛盾。在对俄国国情进行科学分析后，列宁对俄国革命的可能性和现实性、俄国革命的道路等问题进行了探索。列宁关于俄国革命的理论是列宁主义的核心内容，主要包括俄国革命的性质、道路、任

---

① 《列宁全集》第 4 卷，人民出版社 1984 年版，第 215—216 页。

务、领导力量等问题。列宁对俄国革命问题的科学回答，创造性地坚持和发展了马克思主义，也为经济文化落后的国家走向社会主义开辟了道路。

第一，俄国革命的性质和任务。列宁认为，由于俄国社会中严重存在着阻碍生产力发展的农奴制和其他封建制度的残余，俄国革命的首要任务和目标是推翻专制制度和争得政治自由，并认为在此基础上才能谈论建立社会主义社会的问题。他明确指出："俄国除开资产阶级的和过时的农奴制的社会经济关系以外，过去和现在都没有任何其他的社会经济关系，因此，除了经过工人运动，是不能有别的道路通向社会主义的。"① "俄国经济制度是资产阶级社会，要摆脱这个社会只能有一条从资产阶级制度本质中必然产生的出路，这就是无产阶级反对资产阶级的斗争。"② 也就是说，俄国只有通过无产阶级的阶级斗争或者说只能通过无产阶级革命才能达到建立社会主义的目标，而无产阶级革命具有两种不同的使命，意即两种不同的性质——民主革命和社会主义革命。所以，列宁进一步指出："社会民主党人在实践活动方面给自己提出的任务是，领导无产阶级的阶级斗争，并把这一斗争的两种具体表现组织起来：一种是社会主义的表现（反对资本家阶级，目标是破坏阶级制度，组织社会主义社会），另一种是民主主义的表现（反对专制制度，目标是在各国争得政治自由，并使俄国政治制度和社会制度民主化）。"③ 总之，俄国革命的任务具有双重性质，它包括民主革命和社会主义革命两个阶段的不同内容。

对于如何处理民主革命和社会主义革命这两个不同性质的革命的关系问题，列宁既强调二者的根本区别但同时又强调民主革命任务与社会主义革命任务之间不可分割的联系。他指出，实现资产阶级民主革命是俄国革命的第一步，社会主义革命是俄国革命的第二步，二者是截然不同的，必须严格加以区分。但是在民主革命终结后，必须立即开始社会主义革命。他在许多场合和论述里多次强调这个问题。他说："在现代俄国，构成革命内容的不是两种斗争力量，而是两种不同性质的社会战

① 《列宁全集》第 1 卷，人民出版社 1985 年版，第 250—251 页。
② 同上书，第 129 页。
③ 同上书，第 429 页。

争：一种是在目前的专制农奴制度内部发生的，另一种是在未来的、正在我们面前诞生的资产阶级民主制度内部发生的；一种是全体人民争取自由（争取资产阶级社会的自由）、争取民主，即争取人民专制的斗争，另一种则是无产阶级为争取社会主义社会制度而同资产阶级进行的阶级斗争。"① 与此同时，列宁又指出了二者不可分割的联系："我们大家都认为资产阶级革命和社会主义革命是截然不同的东西，我们大家都无条件地坚决主张必须把这两种革命严格地区分开，但是，难道可以否认前后两种革命的个别的、局部的成分在历史上互相交错的事实吗？难道在欧洲民主革命的时代没有许多社会主义运动和争取社会主义的尝试吗？"② 因此，列宁明确指出："谁想不经过政治上的民主制度而沿着其他道路走向社会主义，谁就必然会得出一种无论在经济上或是在政治上都是荒谬的和反动的结论。"③

第二，俄国革命的途径——暴力革命。列宁继承了马克思和恩格斯关于暴力革命的思想，强调通过暴力革命推翻沙皇专制制度。这个思想贯穿列宁革命生涯的始终。列宁认为，由于俄国沙皇专制制度占据了统治地位，俄国无产阶级不可能像欧美其他国家的无产阶级那样，可以利用资产阶级民主政治制度进行合法的政治斗争，更不可能通过和平手段夺取政权。他指出："工人联合起来能够强迫资本家实行让步，能够反击他们，那么工人联合起来同样也能够影响国家法令，争取修改这些法令。其他各国的工人正是这样做的，但是俄国工人却不能直接影响国家。在俄国，工人的处境是，他们被剥夺了最普通的公民权利。他们既不能集会，也不能共同讨论自己的事情，既不能结社，也不能刊印自己的声明。换句话说，国家法令不仅是为了维护资本家阶级的利益而制定的，他们还直接剥夺了工人影响这些法令和争取修改这些法令的一切可能。这种情况的产生，是由于俄国（所有的欧洲国家中也只有俄国）直到现在还保存着专制政府的无限权力，也就是保存着这样一种国家机构，沙皇一个人能够任意发布全国人民必须遵守的法令，而且只有沙皇任命的官吏才能执行这些法令。公民被剥夺了参与发布法令、讨论法

---

① 《列宁全集》第 11 卷，人民出版社 1987 年版，第 284 页。
② 同上书，第 68 页。
③ 同上书，第 12 页。

令、提议制定新法令和要求废除旧法令的一切可能。他们被剥夺了要求官吏报告工作、检查官吏的活动和向法院提出控诉的一切权利。公民甚至被剥夺了谈论国家事务的权利：没有这些官吏的许可，他们不能集会结社。可见，官吏是完全为所欲为的。他们好像是一个骑在公民头上的特殊阶级。官吏的为所欲为、横行霸道和人民本身的毫无发言权，使这些官吏穷凶极恶地滥用职权和侵犯贫民百姓的权利达到了任何一个欧洲国家几乎不可能的地步。"正是由于俄国国情不同于欧美其他国家，俄国无产阶级的斗争环境和条件不同于欧美其他国家，因此，列宁进一步指出："工人阶级只有进行斗争，只有联合起来进行反抗，才能影响国家政权。"①

第三，俄国革命的领导力量是无产阶级及其政党。列宁在指出俄国民主革命的性质及其暴力革命的道路时，明确指出俄国革命的领导力量是无产阶级及其政党。首先，列宁指出，在俄国，只有工人阶级才是民主革命的领导阶级。因为，只有工人阶级"才是专制制度的彻底的势不两立的敌人，只有它才不可能和专制制度妥协，只有工人阶级才毫无保留、毫不犹豫、毫不返顾地拥护民主主义，其他一切阶级、集团和阶层，都不是绝对敌视专制制度，他们的民主主义始终是向后返顾的。资产阶级不可能不意识到专制制度阻碍工业与社会的发展，但它害怕政治和社会制度完全民主化，随时都能与专制制度结成联盟来反对无产阶级。小资产阶级就其本性来说具有两面性：一方面，它趋向无产阶级与民主主义；另一方面，它又趋向反动阶级，企图阻止历史进程，会折服于专制制度的种种试探和诱惑手段，……只有无产阶级，才能成为——而且按其阶级地位来说不能不成为——彻底的民主主义者，坚决反对专制制度的战士，而不会做任何让步和妥协。只有无产阶级，才能成为争取政治自由与民主制度的先进战士，因为第一，无产阶级受到的政治压迫最厉害，这个阶级的地位不可能有丝毫改变，……第二，只有无产阶级才能彻底实现政治社会制度的民主化，因为实行这种民主化，就会使工人成为这个制度的主人"②。因此，只有无产阶级才能高举反对专制制度的旗帜，领导广大人民群

① 《列宁全集》第11卷，人民出版社1984年版，第85页。
② 《列宁全集》第2卷，人民出版社1984年版，第435—436页。

众开展反对专制制度的斗争，从而成为俄国民主革命的领导力量。其次，列宁指出，无产阶级必须通过自己的政党实行对革命的领导权。俄国社会民主工党是马克思主义与俄国工人运动相结合的产物。作为俄国工人的先锋队，俄国社会民主工党必须代表无产阶级掌握民主革命的领导权，要实行以工人阶级为领导，工农联盟为基础，广泛利用资产阶级等各种暂时的、间接的同盟者的力量去进行反对沙皇专制制度的革命斗争。针对当时党内机会主义者受欧美改良主义思潮的影响，主张把党建成一个以改良主义的指导、以议会斗争为手段，只着眼于运动，不顾其目的的合法组织的观点，列宁进行了坚决的斗争。他强调指出，俄国社会民主工党要坚决摈弃工人运动中片面夸大经济斗争和合法斗争的意义，忽视和拒绝政治斗争、暴力革命的错误观点。因为在俄国，无产阶级的自由和政治权利受到了完全压制，必须始终将政治斗争和暴力革命提到首位。因此，俄国社会民主工党，应该是深刻了解俄国社会条件的、俄国革命性质和革命道路的俄国革命的领导力量。从这层意义上来说，列宁称俄国社会民主工党为"革命家组织"，并说"给我们一个革命家组织，我们就能把俄国翻转过来！"① 鉴于以上的观点，列宁在确定社会民主工党的具体组织形式时，主要是从俄国当时处在沙皇专制统治之下，无产阶级及其政党面临的任务是进行直接夺取政权的民主革命的艰巨任务出发的。所以，列宁建党理论的突出特点在于，要求俄国社会民主工党从组织结构、力量配置到运作方式都极大限度地有利于通过暴力革命的途径直接夺取政权。

第四，俄国革命与世界革命的关系。列宁的世界革命理论，源于他的帝国主义论。列宁认为，19 世纪末 20 世纪初，世界资本主义发展到帝国主义阶段。在帝国主义时代，世界领土已经被瓜分完毕。由于新老帝国主义国家之间政治经济发展不平衡所引起的实力对比的变化，必然导致帝国主义国家之间新的矛盾。这些新矛盾只有通过新的瓜分世界的战争去解决。这样，帝国主义成为了战争的根源。从"帝国主义是战争根源"这一观点出发，列宁认为，帝国主义大战将使资本主义固有的矛盾空前激化，从而使无产阶级革命的条件在世界范围内达到成熟。在第

---

① 《列宁全集》第 6 卷，人民出版社 1986 年版，第 121 页。

一次世界大战和俄国革命期间，列宁的这一观点空前成熟。他认为，世界大战使资本主义的矛盾达到了顶点，使改良主义丧失影响，俄国革命是世界革命的先导，欧洲国家的工人阶级必然会在俄国革命后抛弃改良主义，走上革命的道路，从而在世界范围内实现社会主义革命。可以看出，列宁的革命方程式是：帝国主义—世界战争—俄国等经济文化落后国家的革命—欧美发达国家无产阶级革命—社会主义在世界范围内战胜资本主义。列宁的方程式在今天看来，确实有些过于简单，但是，在当时却极大地鼓励了俄国以及其他经济文化落后国家的无产阶级进行革命的信心，有力地推动了世界历史的发展。

1917 年爆发的十月革命是在列宁主义的指导下，以夺取政权为直接目的的。十月革命后，俄国这个资本主义发展严重不足，专制统治和农奴制度残余相当强大的国度，进入了苏维埃社会主义发展时期。

苏维埃社会主义制度建立起来后，列宁从世界革命的观点出发，多次号召欧美发达国家社会民主党人使本国政府在第一次世界大战中失败，并领导本国工人阶级起来革命，建立世界范围内的、统一的无产阶级政党，在全世界实现社会主义。这对于已经全盘接受修正主义的欧美社会民主党人来说，显然是无法接受的。由于迟迟得不到欧美其他国家工人革命的支持，列宁及俄国不得不走上了"一国建设社会主义"的道路。

这样，世界社会主义运动出现了两种不同形式的发展道路。一种是以欧美发达资本主义国家的社会民主党为代表、主张通过社会改良走向社会主义的发展道路；另一种是以俄国布尔什维克党为代表、主张通过无产阶级革命和无产阶级专政实现社会主义的发展道路。

三　共产党与社会民主党兄弟阋墙

19 世纪末 20 世纪初，由于欧美与俄国等东方国家在国情上的巨大不同，导致了东西方社会主义思潮的差异，使得东西方社会主义运动呈现出不同的发展状态。这必然会导致东西方工人阶级政党在意识形态和对社会主义理解上的差异。20 世纪初，这种差异最终导致了东西方工人阶级政党的分裂和对峙。经过了一个多世纪，兄弟阋墙的共产党和社会民主党至今未能修补天裂。

（一）"共产党"和"社会民主党"曾经同义

成立于 1847 年的共产主义者同盟，是世界历史上第一个用"共产主义"命名的政党。同盟的目的是"推翻资产阶级，建立无产阶级统治，消灭旧的以阶级对立为基础的资产阶级社会和建立没有阶级、没有私有制的新社会"①。对于其他工人阶级政党或组织，同盟采取了既联合又没有放弃对其空想和幻想进行批判教育的态度。虽然只存在了五年时间，但同盟与其他工人阶级政党之间的关系及理论斗争的原则和实践，为工人阶级政党留下了宝贵的经验。不过，共产主义者同盟与同时期其他工人阶级政党之间的关系及理论斗争，还远远不是现代意义上的党际关系和意识形态之争。

世界上第一个在民族国家范围内建立的工人阶级政党是 1869 年建立的德国社会民主工党。19 世纪中后叶，欧美各国的马克思主义者先后以德国社会主义工人党为榜样，建立了工人阶级政党。此时建立的工人阶级政党均取名为社会民主党、社会民主工党或社会党、社会主义工人党等，没有一个党采用"共产党"的名称。此时的马克思和恩格斯有时称自己为社会民主主义者，也有时称自己为共产主义者。这是由 1848 年欧洲革命的性质决定的。1848 年的欧洲革命是无产阶级领导下的资产阶级民主革命，反对欧洲封建主义残余是革命的首要目的。当时的马克思和恩格斯曾设想，德国无产阶级在取得对资产阶级民主革命的领导权的条件下，将德国民主革命推进成为社会主义革命，以至于带动整个欧洲的社会主义革命。也就是说，欧洲的无产阶级首先必须完成民主革命的任务，然后将民主革命推进为社会主义革命。从这个意义上来说，为了团结欧洲的小资产阶级社会主义者和激进的民主主义者共同参加民主革命，马克思和恩格斯容忍了各国新成立政党取名为社会民主党，并称自己为社会民主主义者。

由于参加民主革命的小资产阶级社会主义者和激进民主主义者都自称为社会民主主义者，但他们只想反对大地主、大资产阶级，并不想反对私有制，只希望对现存社会进行一些有利于自己的改良，并害怕和阻挠社会主义革命，所以，马克思和恩格斯在团结这些人的同时曾多次批

---

① 《马克思恩格斯选集》第 4 卷，人民出版社 1995 年版，第 200 页。

判这些"社会民主主义者"。马克思指出，共产主义者与这些"社会民主主义者"在革命的最终目的上是截然不同的，共产主义者在与他们合作时，不要与这些"社会民主主义者"趋同，不要忘了将民主革命推向社会主义革命的使命。马克思首先说："民主主义的小资产者根本不愿为革命无产者的利益而变革整个社会，他们所要求的社会制度的改变，是想使现存社会尽可能让他们感到满意而舒服。因此，他们首先要求限制官僚制度以缩减国家开支，把主要税收负担转嫁到大土地占有者和资产者肩上。其次，他们认为，必须一方面用限制遗产权的方法，另一方面用尽量把各种事业转归国家经营的办法，阻挡资本的统治极其迅速的增长。至于工人呢？那么，首先毫无疑问的是他们还应当照旧做雇用工人，不过这班民主主义的小资产者想使工人有较高的工资和较有保障的生活；他们部分地想用国家保证工作的办法，部分地用各种慈善救济的措施来达到这点，——总之，他们希望用可以说是虚假的小恩小惠来收买工人，用暂时改善工人生活条件的方法来挫折工人的革命力量。"① 接着，马克思阐述了共产主义者与这些"社会民主主义者"在革命最终目的上的区别。他说："我们的利益和我们的任务却是要不间断地进行革命，直到把一切大大小小的有产阶级的统治都消灭掉，直到无产阶级夺得国家政权，直到无产者的联合不仅在一个国家内而且在世界一切占统治地位的国家内都发展到使这些国家的无产者间的竞争停止，至少是直到那些有决定意义的生产力集中到了无产者手里的时候为止。对我们来说，问题不在于改变私有制，而在于消灭私有制，不在于掩盖阶级矛盾，而在于消灭阶级，不在于改良现存社会，而在于建立新社会。"鉴于以上原因，恩格斯曾指出："我处处不把自己称作社会民主主义者，而称作共产主义者。这是因为在各个国家里那种根本不把全部的生产资料转归社会所有的口号写在自己旗帜上的人自称是社会民主主义者。……因此对马克思和我来说，用如此具有伸缩性的名称来表示我们特有的观点是绝对不行的。"② 所以，为了表示与这些"社会民主主义者"的区别，马克思和恩格斯有时又称自己为共产主义者。

可见，在1848年欧洲革命时期，马克思和恩格斯称自己为社会民

① 《马克思恩格斯选集》第1卷，人民出版社1995年版，第384—385页。
② 《马克思恩格斯全集》第22卷，人民出版社1965年版，第489—490页。

主主义者，是为了团结小资产阶级社会主义者和激进民主主义者共同进行民主革命，是统一战线的策略要求。但是马克思和恩格斯时时不忘共产党和无产阶级的历史使命，为了表达与小资产阶级的"社会民主主义者"在革命最终目的上的区别，马克思和恩格斯有时又称自己为共产党或共产主义者。因此，此时的马克思和恩格斯既称自己是社会民主主义者，又称自己为共产主义者，并不表明社会民主主义和科学社会主义（共产主义）的趋同，在核心意义和原则问题上，社会民主主义和科学社会主义（或共产主义）还是有区别的。

第一国际成立后，情况便不同了。经过对各种机会主义流派的斗争，各国的无产阶级政党在理论上逐渐成熟起来，纷纷制定了科学社会主义的纲领。此时的无产阶级政党，承袭了欧洲革命时期称自己为"社会民主主义者"的传统，在党的名称上都叫着社会民主党，称自己的实践为社会民主主义运动，社会民主主义也因此拥有了与科学社会主义同等的含义。也就是说，此时的社会民主党的纲领都是将共产主义作为最高奋斗目标，是符合科学社会主义原则的。在第二国际的成立大会上，各国社会民主党共同提出了"社会主义者的目标是从政治上和经济上剥夺资本家阶级，实现生产资料社会化"的口号。基于这一点，1894年，恩格斯重新论述了对"社会民主主义"这一概念的看法，他说："现在的情况不同了，这个词也许还过得去，虽然对于经济纲领不单纯是一般社会主义的而直接是共产主义的党来说，对于政治上的最终目的是消除整个国家因而也消除民主的党来说，这个词还是不确切的。然而，对真正的政党来说，名称总是不完全符合的；党在发展，名称却不变。"①恩格斯之所以接受这种"名不副实"的状况，恰恰说明，此时社会民主党的经济纲领和理论实质并"不单纯是一般社会主义的而直接是共产主义的"，他们在政治上的最高奋斗目标是"消除整个国家，因而也消除民主的"②。恩格斯在1867年10月22日写的《卡尔·马克思〈资本论〉第一卷书评》中，很明显地从正面意义上使用了"社会民主主义"一词。他说："社会民主主义的种子在青年一代和工人居民中间已经在

---

① 《马克思恩格斯全集》第22卷，人民出版社1965年版，第490页。
② 同上。

很多地方长出芽来了，所以他们也会在本书中找到充分的新的养料。"①
列宁也曾说，当时的社会民主党"实际上也是拿马克思主义作为自己的
纲领和策略基础的"②。

因此，完全有理由说，从第一国际到第一次世界大战爆发这一时
期，社会民主主义一词的内涵是和科学社会主义等同的，应该可以将这
一阶段看成是科学社会主义和社会民主主义的同义阶段。由于不存在以
"共产党"命名的政党，世界社会主义运动中所存在的是以实现共产主
义为最终目标的各社会民主党之间的关系。

因此，不管当代社会民主党如何否定其意识形态与马克思主义的渊
源，社会民主主义和科学社会主义曾经同义，"共产党"的名称和"社
会民主党"的名称曾经同义。

（二）共产党和社会民主党兄弟阋墙

科学社会主义和社会民主主义的同义阶段并没有持续很久。19 世
纪末，西方各国相继搭上了第二次工业革命的快车，先进的科学技术被
大规模地应用于生产实践。新技术和新机器的普遍使用从整体上提高了
工人阶级的文化素质，极大地促进了各国社会生产力的发展。于是，欧
美工人的物质生活水平有了一定的改善，工资有了一定幅度的增长，欧
美普通工人可以享用的生活消费品比以前丰富多了。与生活上的改善相
呼应，在 20 世纪初，绝大多数欧美国家已经实现或接近实现普选权，
工人政党开始获得合法地位，并在各国得到普遍的建立，到 20 世纪初
几乎所有的西欧国家都有了合法的工人政党。所有的这些因素都使工人
阶级参与合法的经济和政治斗争的能力和机会大大扩大了。由于工人阶
级政党通过普选参与到议会选举中去，并取得了很大的成就，使得工人
阶级政党日益对资本主义的多党议会民主制产生了"认同感"，改良主
义情绪在工人阶级中蔓延。第二国际后期出现的修正主义思潮，正是这
种改良主义情绪在理论上的反映。在改良主义理论的指导下，西欧的工
人阶级和社会民主党将对资本主义的改良斗争作为走向社会主义的主要
途径，致力于合法的议会斗争，完全告别了无产阶级革命的目的。改良

① 《马克思恩格斯全集》第 16 卷，人民出版社 1965 年版，第 242 页。
② 《列宁选集》第 2 卷，人民出版社 1995 年版，第 2 页。

的政治实践加上以改良主义为核心的修正主义理论相互促进，使得西欧的工人运动和社会主义理论完全脱离了世界革命和无产阶级专政的轨道，走上了另一条道路。所以，伯恩施坦此时所说的"社会民主主义"，是打着"修正"的旗号，曲解马克思科学社会主义的革命精神、抽调了其中革命内容的改良主义。从此，社会民主主义与修正主义、改良主义同义。伯恩施坦奠定了社会民主主义（民主社会主义）的理论基础，也拉开了社会民主主义（民主社会主义）和科学社会主义分道扬镳的序幕。

虽然第二国际的左派理论家对伯恩施坦理论进行了严厉批驳，但由于在理论原则和组织原则上的种种错误，使他们对马克思主义的捍卫，只能是一种"消极的捍卫"，而不是建立在发展基础上的"积极的捍卫"。这就决定了他们不但未能最终战胜伯恩施坦主义，反而越来越失去工人的支持，致使改良主义逐步在欧美工人运动和政党中占据了主导地位。自此，欧美各国的社会民主党继续承袭了社会民主党和社会民主主义的外壳，其内核却逐渐蜕变，由体制外的革命政党蜕变成与资本主义制度共生的改良主义政党。由于改良主义理论家占据了第二国际和各国党的领导地位，所以，工人的非合法性的抗议活动在取得若干成效后，便自然会在政府的安抚下趋于低落。虽然第一次世界大战给西欧带来了巨大的灾难，俄国革命也确实在西欧工人阶级中引起了广泛的支持，这两者加在一起，也曾经使西欧的工人运动高涨，但是欧美高涨的工人运动最终也没有走上俄国的十月革命道路。

1923 年，以社会民主党为主体，40 多个党派的代表在汉堡成立了社会主义工人国际。社会主义工人国际自称该组织的任务是"把处于分散状态的政党联合起来，争取实现国际社会主义运动的完全统一"。总部最先设在伦敦，1925 年迁至苏黎世，1935 年迁至布鲁塞尔。社会主义工人国际建立时各成员党共有 628.5 万党员，并得到 2560 万选民支持。在成立大会上，社会主义工人国际通过了旨在批评和反对俄国的决议，宣布社会主义工人国际推行与"专制的社会主义"相对立的"民主社会主义"。反对无产阶级革命和无产阶级专政，主张只进行议会合法斗争，争取立法实行 8 小时工作制，改善劳动条件，提高工资福利，完善并施行有关老人、病人和残疾人的保险法律，提高妇女地位，保护母亲和儿童，反对酗酒，对托拉斯和生产实行"社会监督"和"民主监督"，把银行和信贷机构交给国家掌握，等等。

反观俄国，以列宁为代表的东方马克思主义左派根据世界局势和俄国革命形势的发展，提出了帝国主义和世界革命理论。列宁认为，第一次世界大战的爆发使俄国的阶级矛盾更加尖锐，使俄国无产阶级夺取政权的斗争容易取得胜利。俄国革命可以成为世界社会主义革命的先导，引发世界社会主义革命。因此世界社会主义革命的条件已经成熟，无产阶级的任务是与修正主义决裂，将社会主义革命提上议事日程，变国际战争为国内战争，从而在国际、国内两个层次上进行社会主义革命，实现社会主义。列宁坚信，世界大战使资本主义的矛盾达到了顶点，使"私有经济关系和私有制关系已经变成与内容不相适应的外壳了；如果人为地拖延消灭这个外壳的日子，那它就必然要腐烂"[1]。"于是，在战争造成的全世界经济破坏的基础上，世界革命危机日益发展，这个危机不管经过多么长久而艰苦的周折，必然以无产阶级革命和这一革命的胜利而告终。"[2] 列宁因此断言："社会主义革命可能在最近的将来爆发。"[3] 列宁依据 1917 年世界大战给俄国带来的巨大灾难和俄国社会各阶级的力量对比，运用俄国民众特殊的反战情绪和反对沙皇政权的社会心理，使得俄国社会民主党通过一场革命夺取了政权。夺取政权后的俄国布尔什维克党在马克思主义理论的指导下，引导俄国走向了社会主义制度。

列宁从世界革命的思想出发，认为俄国党夺取政权只是世界革命的开始，要真正巩固政权，展开社会主义的全面变革，必须寄希望于西方工人阶级起来进行革命，只有西方工人阶级的革命胜利，才能保证社会主义在全世界的彻底胜利。列宁和布尔什维克党坚信革命的客观条件已经成熟，西欧工人阶级及其政党应当步俄国的后尘爆发革命。而这一革命之所以最终没有在西欧爆发，决定性因素不是客观条件不成熟，而在于西欧社会民主党的"叛卖性"的改良主义和机会主义。俄国和共产国际的领袖们对西欧社会民主党的领袖表示了极大的愤怒。列宁组织俄国社会民主工党左派对西欧的改良主义理论作了强烈的批判。1918 年，

---

① 《列宁选集》第 2 卷，人民出版社 1995 年版，第 687 页。
② 同上书，第 579 页。
③ 同上书，第 571 页。

俄国社会民主党更名为俄国共产党，用列宁的话来说，是彻底脱去了"社会民主党"的"肮脏衬衣"。接着，一些国家的社会民主党左派也纷纷从原组织中分裂出来，与其他共产主义者一起建立新党，新建的党均取名为共产党。这就是世界上第一批共产党的出现。

1919年，世界性的共产党组织——共产国际建立。总部设在莫斯科。来自21个国家的35个政党和团体的52名代表参加了成立大会。新成立的共产国际以布尔什维主义为指导，以俄国革命道路为榜样，它的任务是宣传马克思主义，团结世界各国工人阶级和广大劳动人民，推翻资产阶级的统治，在世界范围内推行世界革命、消灭剥削制度和建立无产阶级专政。它以民主集中制为组织原则，最高权力机关是代表大会，各国共产党是它的支部。代表大会闭会期间，由代表大会选出的执行委员会负责向各国支部发布指示和监督它们的工作。为了使共产国际的成员党在思想上和组织上与社会民主主义彻底划清界限，共产国际通过了《告国际无产阶级宣言》、《共产国际行动纲领》、《关于资产阶级民主和无产阶级专政的提纲》等文件，制定了非常严格的加入共产国际的条件，完全杜绝了信奉伯恩施坦主义的社会民主党加入共产国际的可能。

从此，世界社会主义运动出现了社会民主党和共产党的组织对立以及社会民主主义（或民主社会主义）和科学社会主义两大流派的分野。社会民主党承袭了"社会民主党"的名称，其内核却逐步变质，从信奉科学社会主义的政党沦为信奉以改良主义为实质的社会民主主义（或民主社会主义）政党，以社会民主主义运动来概括自己的实践活动；共产党脱去了"社会民主党"这件肮脏的衬衣，信奉以无产阶级革命和无产阶级专政为主要标志的科学社会主义，用共产主义运动来概括自己的实践活动。共产国际和社会主义工人国际的建立使世界社会主义运动有了两个对立斗争的国际性指导中心。社会主义运动史上一个中心、一种运动的时代一去不复返，取而代之的是两种社会主义理论、两种社会主义运动、两种社会主义政党的对立斗争。社会民主党和共产党之间的差别和分歧，是在不同的社会经济、政治、历史背景下，对19世纪末20世纪初资本主义发展新阶段的认识和对时代主题的不同把握，以及对什么是社会主义、怎样实现社会主义等问题的不同回答。俄国布尔什维克党从俄国火热的斗争形势出发，没有消极等待"社会主义革命条件的成熟"，而是抓住了夺取政权和阶级斗争的核心课题，坚持了革命立场，取得了十月革命的胜利。但是，列宁的理论带有明显的俄国和东方社会的特征，是根据东方社会的特殊条件，对马克思的社会主义革命理论的继承和发展。俄国布尔什维克党片面夸大了俄国革命的经验，忽视了西方资本主义发展的新情况和西方社会的不同特点，简单地认为西方工人阶级没有走上俄国革命的道路是社会民主党的"背叛投靠"所致。俄国布尔什维克党制定的世界革命的国际战略无疑具有一定的盲目性，运用于西方当然要碰壁。西欧的社会民主党大多从西方社会历史发展的现实出发，对马克思主义的世界革命理论提出质疑，在质疑的基础上，打着反对教条主义的旗号，对世界革命理论进行"修正"。由于社会民主党的修正主义理论依托的是西欧工人的改良实践和西欧社会发展的现实，对东方社会的特殊性缺乏足够的了解，所以，西欧社会民主党对列宁和布尔什维克党的理论和实践、对东方社会的适应性不但没有正确的认识，反而大加责难。列宁曾经说："在分析任何一个社会问题时，马克思主义理论的绝对要求，就是要把问题放到一定的历史范围之内。"[①]而东西方的社会主义者都没有将对方的理论和实践放到对方所处的一定社会历史范围中去考察，而是把自己的实践经验和理论当作放之四海而皆准的真理。双方都把对另一方的理论和实践的批判，作为纯洁自身意识形态和组织构成的重要手段，犯了严重的关门主义错误。这最终导致了东西方工人运动的分裂，严重削弱了工人阶级和社会主义运动的力量，在世界社会主义运动史上留下了诸多遗憾，同时决定了百年来共产党和社会民主党之间相互对立的党际关系状态，为中国共产党认知社会民主党、民主社会主义定下了矛盾与斗争的既定前提。

---

① 《列宁全集》第 2 卷，人民出版社 1984 年版，第 375 页。

第二章　承袭与僭越：对共产党认知社会民主党、民主社会主义思想前提的解读

　　列宁对伯恩施坦主义的批判，对于世界共产党来说，起到了重要的启蒙作用。要分析世界共产党认知社会民主党及民主社会主义的思想前提，解读列宁对伯恩施坦主义的批判是十分必要的。纵观列宁一生的革命实践，可分为两个阶段。十月革命前，以推进俄国革命为目标，列宁建立了坚定的马克思主义政党——布尔什维克党，领导了十月革命并最终取得胜利，建立了苏维埃政权。在此阶段，列宁着重批判的是伯恩施坦主义在俄国的"变种"，目的是使新建立的布尔什维克党免受伯恩施坦改良主义的污染，从而保证俄国革命走向胜利。十月革命后，以推进世界革命为目标，列宁建立了世界共产党——共产国际，在保卫、建设苏维埃俄国的基础上，努力发动世界无产阶级进入"决战"，以期迎来社会主义在全世界的胜利。在此阶段，列宁着重批判的是第一次世界大战后的伯恩施坦主义即社会沙文主义，目的是确保新成立的共产国际及其成员党与社会沙文主义、改良主义划清界限，以无产阶级国际主义原则推进世界社会主义革命。鉴于俄国革命的现实性和世界革命的非现实性，必须从俄国革命和世界革命两个角度去分析列宁对伯恩施坦主义的批判。列宁对伯恩施坦主义的批判对于世界共产党来说，起到了双重作用。一方面，它使得东方殖民地、半殖民地国家新成立的共产党（包括中国共产党）免受改良主义影响，基于本国国情和革命形势，抓住夺取政权的核心问题，勇于争取对本国资产阶级革命的领导权，进而在资产阶级民主革命胜利后引导本国人民走上了社会主义道路。第二次世界大战期间，东方殖民地、半殖民地国家民族解放运动风起云涌，极大地动摇了旧的世界殖民体系，一批社会主义国家建立起来。从这层意义上说，列宁的无产阶级革命理论及对伯恩施坦改良主义的批判、共产国际

以"世界共产党"的组织特征对成员党思想和组织的严格控制，对世界共产主义社会主义运动来说，是具有积极意义的。另一方面，列宁及共产国际领导人对伯恩施坦主义的批判，是以世界革命必然爆发并立即取得胜利为前提的，这就决定了他们的批判在很大程度上带有空想成分和"左"的色彩。他们对革命形势过分乐观的估计以及对工人阶级统一战线问题的长期漠视，最终促使他们将社会民主党看作工人阶级的敌人，将社会民主党的思想理论看作资产阶级理论加以猛烈批判。这构成了世界共产党（包括中国共产党）认知社会民主党、民主社会主义必须僭越的"左"的思想前提。

对于中国共产党来说，一方面，由于中俄两国国情的相似性，使得中国共产党容易接受俄国共产党和共产国际的无产阶级革命理论，不容易接受社会民主党的改良主义理论。中国共产党一成立，便树立了"以俄为师"的信念，走上了革命道路。另一方面，中国地处亚洲，远离西方文明，产生于西方民主政治体制下的改良主义理论在中国不存在滋生的土壤，中国历史上没有出现过有影响力的社会民主党。中国共产党既不存在处理与本国社会民主党的关系问题，又被共产国际完全阻断了与社会民主党进行接触和了解的机会，因此，中国共产党对社会民主党及其理论的认知，只能来自于共产国际。中国共产党从成立时起，便完全承袭了共产国际的观点，对社会民主党和社会民主主义（民主社会主义）持全面对立、全盘批判的态度。这种状况一直持续到 20 世纪 80 年代，随着实事求是思想路线的重新确立、中国特色社会主义理论体系的破题、中国社会主义建设事业新局面的开拓，中国共产党才僭越这一思想前提，走上自主认知社会民主党和民主社会主义（社会民主主义）的历程。

一　从俄国革命的角度解读列宁对
伯恩施坦主义的批判

19 世纪末，是俄国工人阶级政党理论和纲领的形成时期。从西欧接受了马克思主义革命理论的先进分子和接受了伯恩施坦主义的知识分子，同时在俄国党和工人运动内部进行着革命主义和改良主义的鼓动。因此，在俄国工人阶级政党理论和纲领形成之初，俄国党内便存在着马克思主义和伯恩施坦主义两条道路、两种思想体系的斗争。

（一）建党时期同经济派、孟什维克的斗争

列宁通过对经济派的清算，避免了改良主义对俄国社会民主工党的影响，使俄国党成为以马克思主义革命理论为党纲的政党。19 世纪 90 年代，经济派在俄国党内一度占了优势。经济派崇拜伯恩施坦改良主义，迷恋工人运动的自发性，认为工人运动本身能够产生社会主义思想体系，反对向群众宣传和灌输马克思主义，反对建立马克思主义政党。经济派醉心于进行经济斗争，反对进行政治斗争，宣扬走"阻力最小"的改良主义道路，反对无产阶级革命和无产阶级专政。经济主义思潮的泛滥，直接动摇着俄国社会民主工党的理论基础，成为建立新型无产阶级政党的严重障碍。

1899 年，列宁在流放地看到经济主义者的重要文件《信条》①后，马上起草了《俄国社会民主党人抗议书》，并召集流放地的马克思主义者开会通过了《抗议书》。这是列宁反对经济主义的第一个重要文献。在流放地，列宁还撰写了《我们的纲领》、《俄国社会民主党中的倒退倾向》等文件，同经济派进行论战。1900 年列宁创办了《火星报》。他在《火星报》上先后发表了《我们运动的迫切任务》、《从何着手？》、《同经济主义的拥护者商榷》等文章，进一步对经济主义进行批判。1902 年，列宁撰写了著名的《怎么办？》，对经济主义进行了全面的、系统的、深刻的清算。在以上的论著中，列宁首先深刻揭露了经济派崇拜改良主义、迷恋工人运动自发性的危害。他指出，自发的工人运动只能产生工联主义意识，而社会主义学说是在工人阶级反对资产阶级的斗争发展到一定程度的基础上，由有产阶级有教养的知识分子创造出来的。只有通过以先进理论（马克思主义）武装的党的活动，才能把社会主义意识灌输到工人阶级队伍中去，从而使工人阶级自觉地为实现社会主义而斗争。虽然工人阶级具有接受社会主义意识的自发内因，但是在资本主义社会里，资产阶级思想体系比社会主义思想体系的渊源更久远，它经过更加全面的加工，拥有更多的宣传工具，时时刻刻侵蚀着工人阶级。因而工人阶级同样存在着自发接受资产阶级思想体系的倾向。所以列宁说："既然谈不到由工人群众在其运动进程中自己创立的独立

---

① 见《列宁全集》第 4 卷，人民出版社 1984 年版，第 392 页。

的思想体系，那么问题只能是这样：或者是资产阶级的思想体系，或者
是社会主义的思想体系。这里中间的东西是没有的…… 因此，对社会
主义思想体系的任何轻视和任何脱离，都意味着资产阶级思想体系的加
强。"① "对工人运动自发性的任何崇拜，对'自觉因素'的作用即社会
民主党的作用的任何轻视，完全不管轻视者自己愿意与否，都是加强资
产阶级思想体系对于工人的影响。"② 列宁指出，经济派崇拜改良主义
和自发性的实质，就是轻视革命理论的作用，轻视党的作用，使党在两
种思想体系的斗争面前变得消极无为，把刚刚开始的工人运动变成资产
阶级自由派的尾巴，其结果必将导致俄国工人阶级在沙皇专制制度和资
产阶级面前解除武装。因此，对于俄国党来说，"没有革命理论，就不
会有坚强的社会党"③，对于俄国工人运动来说，"没有革命的理论，就
不会有革命的运动"。④ 所以，"社会民主党的任务就是要反对自发性，
就是要使工人运动脱离这种投到资产阶级羽翼下的工联主义的自发趋
势，而把它吸引到革命的社会民主党的羽翼下来"⑤。

　　列宁进一步揭露说，经济派言论是伯恩施坦主义在俄国的变种，其
目的是要将俄国社会民主工党降低为以庸俗的改良主义为纲领的政党。
他说："德国的伯恩施坦派，俄国的批评派（即经济派——引者注），
都成了一家弟兄，他们互相吹捧，彼此学习，一起攻击'教条式的'
马克思主义。"⑥ 经济派的重要代表人物"打起新的旗帜传播旧的资产
阶级思想"⑦，"掩盖着那种力求把社会民主主义的政治降低为工联主义
政治的传统意图！……实际上却把争取经济改良的斗争当作一种新东西
奉送给我们……我们称他们为暗藏的伯恩施坦派，这是不是诬蔑他们
呢？"⑧ 列宁呼吁俄国社会民主工党坚决抵制经济派，要求党纲明确规
定工人阶级进行斗争的目的"不仅是要争取出卖劳动力的有利条件，而
且是要消灭那种迫使穷人卖身给富人的社会制度"，党员的日常工作

---

① 《列宁全集》第 6 卷，人民出版社 1986 年版，第 38 页。
② 同上书，第 36 页。
③ 《列宁全集》第 4 卷，人民出版社 1984 年版，第 161 页。
④ 《列宁全集》第 6 卷，人民出版社 1986 年版，第 23 页。
⑤ 同上书，第 38 页。
⑥ 《列宁全集》第 6 卷，人民出版社 1986 年版，第 5 页。
⑦ 《列宁全集》第 4 卷，人民出版社 1984 年版，第 334 页。
⑧ 《列宁全集》第 6 卷，人民出版社 1986 年版，第 59 页。

"不能局限于经济斗争"，而是"积极地对工人阶级进行政治教育，发展工人阶级的政治意识"①。

在俄国社会民主工党在 1903 年第二次代表大会上，就要不要将无产阶级专政写进党纲的问题，列宁同经济派作了"短兵相接"的交锋。在讨论列宁起草的党纲草案时，出席大会的经济派分子说："关于夺取政权的一段条文写得跟其他各国社会民主党的纲领不大相同，……因此，我们的政治任务也就表述得完全和'民意党'的一样。"② 他们还不顾当时俄国的客观现实，说阶级矛盾已在缓和，只要逐渐改善工人群众的物质生活条件，不经过无产阶级专政阶段也可能走向社会主义。这表明，经济派完全不懂俄国国情，盲目地信奉伯恩施坦修正主义，主张改良主义，反对通过暴力革命建立无产阶级专政。经济派之所以将"民意党"扯出来，是企图借反密谋主义、反布朗基主义为名，反对无产阶级革命和无产阶级专政。这与伯恩施坦的语气也是一致的。所以列宁说：经济派在此问题上"不过是附和伯恩施坦派的一些关于雅各宾主义、布朗基主义等等的陈词滥调"③。还有一些经济派分子把民主和专政绝对对立起来，认为没有民主就没有专政，有专政就谈不上民主，企图借"民主"的空话来否定无产阶级专政的必要性。列宁在大会上坚决驳斥了经济派的种种言论，捍卫了无产阶级专政的思想和原则。经过斗争，列宁取得了胜利。大会通过的党纲指出：社会主义革命"必要条件就是无产阶级专政，即无产阶级夺取政权来镇压剥削者的一切反抗"④。同当时欧洲各国工人党的党纲相比，这是唯一表述了无产阶级专政思想的党纲，从而鼓舞了俄国无产阶级为准备夺取政权而斗争。

1903 年大会后，列宁面临着从组织上巩固新建立的布尔什维克党的任务。在这个过程中，列宁同以马尔托夫为首的孟什维克进行了斗争。通过同孟什维克的斗争，布尔什维克党成为以民主集中制为组织原则的政党。孟什维克崇拜西欧社会民主党的"自治制"，宣称党是各个自治委员会的总和，党的各个部分不应该服从整体，部分对于整体有自治权。为了扩大党的影响力，必须"把党员称号散布得越广越好"、"不

① 《列宁全集》第 6 卷，人民出版社 1986 年版，第 54 页。
② 《列宁全集》第 8 卷，人民出版社 1986 年版，第 381 页。
③ 同上书，第 382—383 页。
④ 《列宁全集》第 7 卷，人民出版社 1986 年版，第 426 页。

把靠近党的人抛在党外"。当时在德国、法国、意大利等国的社会党或社会民主党内，都存在着反对"集中制"，拥护"自治制"的倾向。第二国际中的著名代表人物考茨基也大力支持俄国孟什维克的活动。他曾明确表示："假如在你们的代表大会上，我必须在马尔托夫和列宁之间进行选择的话，那么根据我们在德国活动的全部经验，我将坚决赞成马尔托夫。"① 针对国内外崇拜"自治制"，反对"集中制"的各种论调，列宁1904年写了《进一步，退两步》一书。在这本书中，列宁系统提出了俄国布尔什维克党应该遵循的组织原则。他指出，党是组织的总和，是一个整体，它必须组织严密、纪律严格，成为由统一意志、统一行动和统一纪律团结起来的部队。集中制原则不但有利于统一全党的组织和思想，而且有利于俄国社会民主工党由狭隘的、分散的小组成为正式的有组织的政党。他说：集中制"正是为了用广泛的党的联系来代替狭隘的小组联系。……党的联系一定要以正式的，即所谓'用官僚主义态度'（在自由散漫的知识分子看来）制定的章程为基础，也只有严格遵守这个章程，才能保证我们摆脱小组的刚愎自用，摆脱小组的任意胡闹，摆脱美其名为思想斗争的自由'过程'的小组争吵"②。

由于孟什维克"把党员称号散布得越广越好"的做法，必将导致抹杀党同阶级的界限、将党与阶级混为一谈的结果，列宁坚决地驳斥了它。他指出，党同阶级是有密切联系的，但党是阶级中的先进部分，不能将党与阶级混为一谈，从而降低党的使命，将党变为阶级的尾巴。马克思主义政党是工人阶级的先锋队，不能无限扩大党的界限，否则非但不能加强反而会削减党对群众的影响。他说："我们是阶级的党，因此，几乎整个阶级都应当在我们党的领导下行动，都应当尽量紧密地靠近我们党，但是，如果一味在资本主义制度下，不论在什么时候，几乎整个阶级或者整个阶级都能把自己的觉悟程度和积极程度提高到自己先进部队即自己的社会民主党的水平，那就是马尼洛夫精神和'尾巴主义'。"③

列宁认为，孟什维克的观点，是伯恩施坦主义倾向在俄国建党问题上的体现。西欧各国社会民主党之所以组织松散以致瓦解，伯恩施坦主

---

① 转引自本书编写组《国际共产主义运动史》，人民出版社1977年版，第495页。
② 《列宁全集》第8卷，人民出版社1986年版，第392—393页。
③ 同上书，第255页。

义的"自治制"是其根本原因。孟什维克的组织原则，必然导致俄国社会民主工党的涣散，使俄国社会民主工党难以完成其历史使命，这就等于是为资产阶级的政治路线服务。经过斗争，布尔什维克党按照列宁的建党学说建立起来，这个党完全不同于欧美社会民主党，是以民主集中制组织起来的、以无产阶级革命和无产阶级专政为目标的新型政党。

（二）革命时期同取消派的斗争

从 1905 年革命起至 1917 年十月革命为止，马克思主义与伯恩施坦主义两条路线的斗争更加尖锐复杂，涉及无产阶级应不应该力争民主革命的领导权、是不断革命建立社会主义国家还是半途而废建立资产阶级共和国、是进行革命和还是实行改良等问题。孟什维克认为，俄国革命属于资产阶级民主革命，资产阶级是革命的领导者，无产阶级只能作为助手。革命胜利后，无产阶级应当把政权拱手让给资产阶级，建立资产阶级专政。孟什维克从改良主义的观点出发，以不能预计武装起义能否必然取得胜利为借口，主张放弃武装斗争，只进行合法斗争。为了换取进行合法斗争的机会，孟什维克不惜以取消党的纲领、策略与组织为代价。从这个意义上，列宁又称孟什维克为"取消派"。

首先，在革命的性质及革命的领导权问题上，列宁批驳了取消派的错误观点。在明确肯定了俄国革命的资产阶级性质后，列宁强调，无产阶级必须保证在资产阶级革命中的领导权。俄国资产阶级与封建的、军事的帝国主义国家联系在一起，已经失去了先进性。所以，俄国资产阶级在民主革命中必然表现出不彻底性。无产阶级的阶级地位必然使其成为彻底的民主主义者，无产阶级必须保证在革命中的领导权，才能将革命进行到底。列宁要求"无产阶级不要避开资产阶级革命，不要对资产阶级革命漠不关心，不要把革命中的领导权让给资产阶级，相反地，要尽最大的努力参加革命，最坚决地为彻底的无产阶级民主主义、为把革命进行到底而奋斗。"[1] 列宁还指出："革命的结局将取决于工人阶级是成为在攻击专制制度方面强大有力但在政治上软弱无力的资产阶级助手，还是成为人民革命的领导者。"[2]

---

[1] 《列宁全集》第 11 卷，人民出版社 1987 年版，第 34 页。
[2] 同上书，第 3 页。

针对孟什维克认为民主革命与社会主义革命之间隔着一道万里长城的论调，列宁反驳说，虽然必须明确区分资产阶级民主革命和无产阶级社会主义革命，但也不能割裂二者之间的联系。民主革命是第一步，社会主义革命是第二步。无产阶级必须尽快地走完第一步，建立无产阶级和农民的革命民主专政，为争取第二步打下基础、铺平道路。列宁说："我们将立刻由民主革命开始向社会主义革命过渡，并且正是按照我们的力量，按照有觉悟有组织的无产阶级的力量开始向社会主义革命过渡。我们主张不断革命。我们决不半途而废。"①

其次，在革命与改良的问题上，列宁强调，在俄国，社会民主党人不能片面谈改良，否则是极具危害性的。因为在"以议会形式粉饰门面的军事专制"统治之下的俄国，资产阶级与封建的、军事的帝国主义国家联系在一起，一方面它们希望追求自由，另一方面它们又害怕失去自己的既得利益和特权，害怕彻底的人民运动，所以就产生了改良主义的幻想。取消派在工人队伍中鼓吹的改良主义口号正是资产阶级自由派分子所希望鼓吹的东西，其结果会导致将无产阶级革命目的下降到追求改良的水平。有鉴于此，无产阶级必须将革命的策略提到首位，坚决反对用改良的议会活动来限制和缩小工人运动的任务和规模。列宁明确地指出："对资产阶级更有利的是要资产阶级民主方面的改革比较缓慢地、渐进地、谨慎地和不坚决地进行，即用改良的办法而不用革命的办法进行"，而"对工人阶级更有利的是要资产阶级民主革命的种种必要的改革恰恰不是经过改良的道路，而是经过革命的道路来实现"②。因此，"革命的社会民主党一方面绝不拒绝利用改良来发展革命的阶级斗争，另一方面绝不能把不彻底的资产阶级改良主义口号'变成自己的口号'。那样做，就是完全照着伯恩施坦的样子干，就是把社会民主党变成'民主社会改良党'"③。

最后，列宁指出，取消派与西欧伯恩施坦修正主义有着思想上的密切联系。他说："把争取改良的斗争同争取最终目的的斗争割裂开来，这就是伯恩施坦的说教实际上将导致的结果。把争取改善状况、结社自

---

① 《列宁全集》第11卷，人民出版社1987年版，第223页。

② 同上书，第33页。

③ 《列宁全集》第15卷，人民出版社1988年版，第103页。

由等等的斗争，同反对改良主义的斗争，同保卫马克思主义的斗争，同马克思主义的精神和方向割裂开来，这就是唐·以及其他取消派分子的说教实际上将导致的结果。"① 所以，"俄国的取消派自然是拥护修正主义的。他们从西欧的机会主义那里吸收了一切最糟糕的东西"②。

通过同"伯恩施坦主义在俄国的变种"的斗争，列宁在俄国建立了坚强的马克思主义政党，并通过党引导俄国革命走向了胜利，建立了世界历史上第一个社会主义国家。

（三）列宁取得胜利的原因

列宁在俄国反"伯恩施坦修正主义变种"的斗争之所以取得了彻底的胜利，主要原因有以下两点。

第一，在组织上全面地、不断地清党，是列宁战胜伯恩施坦主义的重要原因。列宁认为，"清党"应该作为无产阶级革命政党反伯恩施坦修正主义所必需的组织行为和组织措施。只有不断地将党内的伯恩施坦分子清除出党，才能清除党内"异质"，保证党对社会主义革命事业的正确领导。布尔什维克反对任何分裂党的行为，希望达到党的团结和统一。但布尔什维克主张在马克思主义革命思想的基础上实行真正的组织统一，坚决反对无原则的调和，反对将党"调和"成一个既非布尔什维克又非孟什维克的、面目全非的"第三党"。列宁明确地说："我们不愿意以'统一'的名义把一个由各色各样的人拼凑的不定形的大杂烩奉献给工人阶级，而愿意实现工作上的真正统一。"③ 列宁认为，与修正主义者和机会主义者谈调和，不但不能使工人政党达到真正的统一，反而会使党内派别斗争复杂尖锐，从而加剧党的分裂。他说："把机会主义看作一种党内现象，是可笑的，荒谬的！……同机会主义讲统一，就是要无产阶级同自己国家的资产阶级讲统一，即服从资产阶级，就是使国际革命的工人阶级陷于分裂。"④

在俄国党内的布尔什维克和孟什维克的斗争问题上，第二国际始终站在支持孟什维克的一方，竭力打击布尔什维克。这一时期，第二国际

① 《列宁全集》第24卷，人民出版社1990年版，第15页。
② 同上书，第159页。
③ 同上书，第255页。
④ 《列宁全集》第27卷，人民出版社1990年版，第108页。

和德国社会民主党的领袖常常支持、鼓动孟什维克在德国党的《前进报》上发表文章，诽谤列宁和布尔什维克。他们还给孟什维克以经费支持，试图帮助孟什维克重建一个新党。即使是著名的左翼理论家如卢森堡，也对列宁和布尔什维克提出了批评。她认为："无数派别之间的派别斗争的'混乱状态'笼罩着俄国，其中最坏的派别'列宁派'最热衷于制造分裂，事实上意见分歧根本没有排除共同工作的可能性。通过各种流派和派别的协议或妥协是可以达到统一的。"[①] 1913 年，孟什维克取消派在国内遭到彻底失败后，求助于第二国际，诬陷列宁和布尔什维克是"分裂者"，乞求第二国际干涉所谓"俄国事件"。第二国际居然答应了取消派的要求，并于年底伦敦会议上讨论了所谓"俄国人的统一"问题。1914 年 7 月，第二国际领导机构在布鲁塞尔召开了"交换意见"的会议。列宁亲自为出席布鲁塞尔代表会议的布尔什维克代表团起草了报告。在报告中，列宁表示，布尔什维克和孟什维克取消派之间的问题，"不是组织问题、即如何建设党的问题上的意见分歧，而是关系到党的存在问题的分歧。这里根本谈不上什么调和、协议或者妥协"[②]。但在布鲁塞尔会议上，考茨基以社会党国际局的名义提出了关于俄国社会民主工党统一的决议案，断言俄国社会民主工党不存在妨碍统一的任何重大分歧。决议案在大会上以多数票通过。布尔什维克表示拒绝服从布鲁塞尔会议决议。会后，在国际社会党执行局主席王德威尔得的组织和参与下，各国代表联合组成了"布鲁塞尔联盟"，企图依仗"多数"来压服布尔什维克。对于德国党和第二国际支持孟什维克和敌视布尔什维克的活动，列宁和布尔什维克党中央没有屈服，而是进行了针锋相对的斗争。在列宁和布尔什维克党的斗争下，"布鲁塞尔联盟"不久就瓦解了。

在俄国革命胜利后，列宁依然坚持清党的原则，甚至要求将清党的范围进一步扩大。他认为，在全世界反动势力围攻苏维埃俄国的严峻形势下，俄国共产党的一点点小动摇便会造成无法挽回的后果，这就对俄国共产党的革命坚定性提出了更高的要求。因此，列宁主张在坚决批判修正主义、机会主义思想的同时，将不与机会主义作坚决斗争的、对机

---

①　转引自《列宁全集》第 25 卷，人民出版社 1988 年版，第 378 页。

②　《列宁全集》第 25 卷，人民出版社 1988 年版，第 379—380 页。

会主义抱同情态度的共产党人开除出党，或至少是从党的重要岗位上撤下来。他明确地说："在这样的关头，不仅把孟什维克、改良主义者、屠拉梯分子驱逐出党是绝对必要的，而且把那些会动摇的和正在倒向同改良主义者'统一'的优秀共产党员从一切重要工作岗位上撤下来，甚至也可以说是有益的。……在革命的前夜和为争取革命的胜利而进行最激烈斗争的时刻，党内的最小的动摇都能葬送一切，都能破坏革命，都能使无产阶级丧失政权，因为这个政权还不巩固，因为对这个政权的压力还非常大。如果那些动摇的领袖在这样的时刻离去，那么无论是党、是工人运动、是革命都不会因此削弱，而只会加强。"①

列宁清党的组织措施，巩固和保障了俄国党内反伯恩施坦修正主义的思想成果，俄国党也因此由建党之初小组习气浓厚的、思想涣散的"大杂拌"成长为具有坚定的革命精神和革命意志的无产阶级政党。

西欧社会民主党的左翼理论家虽然在思想上同伯恩施坦主义进行了坚决斗争，但在组织上却一直将伯恩施坦主义问题看作党内的派别问题，主张"在党的范围内"解决分歧。列宁认为，西欧社会民主党左派主张同伯恩施坦分子搞组织调和，是其"最坏的消极面"，是导致西欧工人阶级政党最终背叛革命的重要原因。所以，列宁要求俄国布尔什维克党一定要"完全摆脱德国社会民主党人，即使是左派社会民主党人的'环境'"，坚决同俄国的伯恩施坦分子决裂，从而保证"彻底地说出革命的口号"②。

第二，立足于俄国国情，将俄国党的革命纲领与俄国党的日常政治斗争紧密结合，是列宁战胜伯恩施坦主义的根本原因。

由于沙皇专制制度在俄国占据了统治地位，俄国工人阶级不可能像欧美工人阶级那样，可以利用资产阶级民主政治制度进行合法的政治斗争，更不可能通过和平手段夺取政权。这决定了俄国无产阶级及其政党能够坚定地信仰马克思主义革命理论，俄国党成为当时唯一以无产阶级专政为目标的革命政党。俄国党的日常政治斗争也是以"提高群众的革命意识和发展群众的革命斗争"为目的的。列宁说："在至今没有政治

---

① 《列宁全集》第 39 卷，人民出版社 1986 年版，第 414—415 页。
② 《列宁全集》第 28 卷，人民出版社 1990 年版，第 14 页。

自由的俄国，这一点现在对我们要比对欧洲有大得多的直接意义。"①
也就是说，俄国党的革命纲领与党的日常政治斗争具有一致的性质和目
的，不存在脱节的问题。欧美社会民主党革命性的纲领与改良的日常政
治实践之间的矛盾在俄国并不存在。

为了在组织上进一步保证俄国党的纲领与党的日常政治斗争相结
合，列宁要求布尔什维克党编织一张"革命家组织之网"，并确保这张
"组织之网"成为"领导者组织"与基层党员、"先锋队"与外围群众
相结合的纽带。他指出，党的中央机关必须处于"组织之网"的核心，
全部权力归根结底要集中到党的中央机关。党的中央机关负有执掌运动
航向、制定行动纲领和策略的责任，下面的层层组织网络则必须有效地
执行中央机关制定的路线，以保证公开合法斗争与秘密非法斗争、平时
活动与革命时期活动等的联系和转换。列宁将这一"革命家组织之网"
的存在视为生命线，视为俄国革命成败的最重要环节。

在列宁的指导下，俄国党不但成长为思想统一的革命政党，更是一
张巨大的"革命家组织之网"。通过这张"网"，俄国党实现了党的革
命纲领与党的日常工作的紧密结合，从纲领上和日常工作上都彻底避免
了伯恩施坦主义的影响，义无返顾地走向了无产阶级革命并取得了伟大
的胜利。

列宁立足于俄国国情，依托俄国现实存在的革命形势，以推进俄国
革命、建立无产阶级专政为目的，对"伯恩施坦主义在俄国的变
种"——孟什维克进行了坚决斗争。就是说，列宁反"伯恩施坦主义在
俄国的变种"的斗争具有客观现实的基础和前提。而"伯恩施坦主义
在俄国的变种"——孟什维克派却不懂俄国国情，无视俄国社会矛盾的
尖锐复杂、俄国革命一触即发的现实，盲目崇拜西欧社会民主党的改良
主义理论，要求俄国党和工人阶级只进行合法的改良斗争，这种论调与
群众日趋高涨的革命情绪格格不入，与俄国革命形势日趋逼近的现实相
去甚远，最终只能被俄国党和群众所抛弃。列宁对"伯恩施坦主义在俄
国的变种"所进行的批判，对东方落后国家的工人阶级及其政党起到了
重要的启蒙和鼓舞作用。它使东方国家的工人阶级及其政党在建党和革
命问题上免受伯恩施坦主义的影响，勇于争取对本国资产阶级民主革命

---

① 《列宁全集》第 25 卷，人民出版社 1988 年版，第 381 页。

的领导权，并在革命胜利后引导本国人民走上了社会主义道路。20世纪上半叶，从资本主义最薄弱点打开缺口并掀起波澜壮阔的世界无产阶级革命的理想，成为各国共产党为之奋斗的伟大目标。第二次世界大战后民族解放运动高涨，一批社会主义国家建立起来，社会主义迎来了凯歌行进的时期。列宁的理论和实践为这个时期的到来作了重要的思想准备和组织准备。从这个意义上说，列宁对伯恩施坦主义的批判，对包括中国共产党在内的东方落后国家工人阶级政党成长为革命性政党是具有积极意义的。

二 从世界革命的角度解读列宁对
伯恩施坦主义的批判

（一） 列宁的世界革命理论

列宁是坚定的世界革命论者。列宁的世界革命论源于他的帝国主义论。列宁的帝国主义论形成于20世纪初，代表作是《帝国主义是资本主义的最高阶段》、《打着别人的旗帜》、《论面目全非的马克思主义和帝国主义经济主义》等。在这些著作中，列宁从不同的角度对帝国主义问题进行了论述。在深刻剖析帝国主义的本质特征及其对人类社会发展变革影响的基础上，列宁提出了"帝国主义是无产阶级社会革命的前夜"的论断。列宁认为，19世纪末至20世纪初，资本主义由自由竞争发展到垄断阶段，即帝国主义阶段。帝国主义的本性就是掠夺，掠夺必然会导致战争。第一次世界大战就是帝国主义列强为了重新争夺原料、市场和世界霸权所发动的战争。在帝国主义时代，无产阶级世界革命是不可避免的。因为"帝国主义战争造成惨祸、灾难、破产和粗野——这一切就使目前所达到的资产阶级发展阶段称为无产阶级社会主义革命时代。这个时代已经开始。只有无产阶级社会主义革命才能把人类从帝国主义和帝国主义战争所造成的绝境中解救出来"①。在他的思想上，十月革命是全欧洲以至全世界社会主义革命的"序幕"和"阶梯"，它的最根本的、最重要的作用和意义在于推进欧洲社会主义革命和世界社会主义革命，以利于世界无产阶级进行反对资本主义的"决战"，所以，

---

① 《列宁全集》第29卷，人民出版社1985年版，第484页。

俄国革命胜利的意义在于"尽力做到在一个国家所能做到的一切，以便发展、援助和激起世界各国的革命"①。十月革命爆发前夕，列宁在《给瑞士工人的告别信》中说："俄国是一个农民国家，是欧洲最落后的国家之一。在这个国家里，社会主义不可能立刻直接取得胜利。但是，在贵族地主的大量土地没有触动的情况下，在有 1905 年经验的基础上，俄国这个国家的农民性质能够使俄国资产阶级民主革命具有巨大的规模，并使我国革命变成全世界社会主义革命的序幕，变成进到全世界社会主义革命的一级阶梯。"② 列宁认为："俄国无产阶级单靠自己的力量是不能胜利地完成社会主义革命的。但它能使俄国革命具有浩大的声势，从而为社会主义革命创造极好的条件，这在某种意义上说就意味着社会主义革命的开始。这样，俄国无产阶级就会使自己主要的、最忠实的、最可靠的战友——欧洲和美洲的社会主义无产阶级易于进入决战。"③ 列宁坚信："俄国无产阶级一旦夺得政权，就完全有可能保持政权，并且使俄国一直坚持到西欧革命的胜利。"④ 基于这种思想，从布尔什维克党在俄国取得胜利起，列宁等布尔什维克领导人便把消灭资本主义当成自己的历史使命，真诚地想推进世界革命。1918 年后，世界革命纲领频繁出现在俄共（布）和苏俄政府的文献中。1919 年，在俄共（布）第八次代表大会上，季诺维也夫说："俄国共产党第八次代表大会坚定不移地相信，共产主义即将取得胜利。共产国际将作为国际苏维埃共和国联盟而取得胜利。为了实现这个伟大的目标，全世界共产主义无产阶级向资产阶级宣布进行革命战争。首先在本国夺取了政权的俄国无产阶级，在本国社会主义红军的帮助下已经开始了这场战争。"⑤

为了尽快实现世界革命，列宁认为各国无产阶级革命者必须尽可能快地建立起能够把在社会民主党影响下的群众争取过来的共产党，而且需要使新建立的共产党在国际范围内团结起来，协调行动，建立一个全新的革命国际，并使其成为世界革命的中心和指挥部。共产国际因此应

---

① 《列宁全集》第 35 卷，人民出版社 1985 年版，第 294 页。

② 《列宁全集》第 29 卷，人民出版社 1985 年版，第 90 页。

③ 同上书，第 91 页。

④ 《列宁全集》第 32 卷，人民出版社 1985 年版，第 179 页。

⑤ ［苏］季诺维也夫：《论共产国际》，中共中央马恩列斯著作编译局国际共运史研究所译，人民出版社 1988 年版，第 40 页。

运而生。可见，共产国际的创立，列宁对它寄予了实现世界革命的重要历史使命。

但是，十月革命并没有得到西方国家的回应。中东欧一些国家曾发生革命，但持续的时间都不长：匈牙利社会主义联邦共和国存在133天；斯洛伐克的苏维埃政权存在3个星期；巴伐利亚的苏维埃政权存在2个星期；在芬兰、爱沙尼亚和波兰爆发的以苏俄为榜样的革命很快就被扼杀。1919年8月，随着匈牙利革命被镇压，中东欧的革命浪潮完全回落，各国资产阶级及其政府逐渐得以稳固并由防御转为进攻，被战争破坏的经济生活也逐渐得到恢复和发展。面对这种局面，列宁对世界革命进程的估计由乐观转向谨慎。他认为，从整体上看，世界革命不存在"一条明确、笔直和最容易走的路"①，世界革命的进程绝非无产阶级不断进攻的过程，而是充满了冲突和战争、进攻和退却、胜利和失败的过程。在这个过程中，绝不能一味地"使劲挥舞小红旗"②。但这并不表明列宁放弃了世界革命的理想，只能说列宁暂时放弃了对世界革命在短期内取得胜利的企盼。同时，列宁把目光从西方资本主义国家转向东方殖民地、半殖民地国家，认为虽然西方资本主义国家的革命浪潮已经低落，而东方人民的革命运动正在发展，力量不断增强，作用不可限量。在《宁肯少些，但要好些》一文中，他说："东方许多国家，如印度、中国等等，正是由于最近这次帝国主义战争的影响而完全被抛出了自己的常轨。这些国家的发展已完全按照整个欧洲的资本主义的方向进行。在这些国家里开始出现整个欧洲的那种动荡。现在全世界都已清楚，这些国家已经卷入不能不引起整个世界资本主义危机的发展进程。"③据此，他预言未来的世界革命发起方已经由西方国家的无产阶级社会主义革命改为东方国家的民族民主革命。他说："在未来的世界革命的决战中，占世界人口多数的人民的运动，最初是为争取民族的解放，将来一定会转而反对资本主义和帝国主义，它所起的革命作用，也许比我们所希望的要大得多。"④列宁这一思想的提出，意味着列宁和俄共（布）放弃了等待西方社会主义胜利并从"西方社会主义国家"

① 《列宁全集》第42卷，人民出版社1987年版，第321页。
② 同上书，第451页。
③ 《列宁全集》第43卷，人民出版社1987年版，第389页。
④ 《列宁全集》第32卷，人民出版社1985年版，第469页。

寻求支持和援助的战略，开始实行促进东方革命运动发展并且从东方寻求支持力量的战略。而对世界革命最终胜利的必然性，列宁依然是坚信的。他说："斗争的结局归根到底取决于如下这一点：俄国、印度、中国等等构成世界人口的大多数。正是这个人口的大多数，最近几年来非常迅速地卷入了争取自身解放的斗争，所以在这个意义上说，世界斗争的最终解决将会如何，是不可能有丝毫怀疑的。在这个意义上说，社会主义的最终胜利是完全和绝对有保证的。"①

（二）反对"社会沙文主义"

在列宁看来，既然社会主义革命是全世界无产阶级的共同事业，那么国际主义便是世界无产阶级推进世界革命的重要原则。作为推进世界革命的组织载体，共产国际的每次会议都重申"各国共产主义的利益服从世界革命的共同利益"的原则。1920 年 6 月，在为共产国际二大所拟定的《民族与殖民地问题提纲初稿》中，列宁写道："把无产阶级专政由一国的（即存在于一个国家的，不能决定全世界政治的）专政转变为国际的专政（即至少是几个先进国家的，对全世界政治能够起决定影响的无产阶级专政）的任务愈迫切，同最顽固的小资产阶级民族主义偏见这种祸害的斗争就愈会提到首要地位。小资产阶级民族主义宣称，只要承认民族平等就是国际主义，同时却把民族利己主义当作不可侵犯的东西保留下来（更不用说这种承认纯粹是口头上的），而无产阶级国际主义，第一，要求一个国家的无产阶级斗争的利益服从全世界范围的无产阶级斗争的利益；第二，要求正在战胜资产阶级的民族，有能力有决心为推翻国际资本而承担最大的民族牺牲。"② 因此，在世界革命的形势下，各国无产阶级"不应该从'自己'国家的角度来推论，而应该从我参加准备、宣传和促进世界无产阶级革命的角度来推论"③，各国无产阶级要"彼此充分信任，结成最紧密的兄弟联盟，采取尽可能一致的革命行动"④。这就是无产阶级国际主义原则。根据这个思想，在第一次世界大战和俄国革命期间，列宁号召西欧社会民主党领导工人阶

---

① 《列宁全集》第 43 卷，人民出版社 1987 年版，第 391 页。
② 《列宁全集》第 39 卷，人民出版社 1986 年版，第 163—164 页。
③ 《列宁全集》第 35 卷，人民出版社 1985 年版，第 289 页。
④ 《列宁全集》第 36 卷，人民出版社 1985 年版，第 97 页。

级变帝国主义战争为国内战争，使本国政府在大战中失败，尽最大努力造成本国政府的困难而使其垮台，从而为世界革命的胜利奠定基础。实际上，列宁把国家只看成阶级的代表，不承认资产阶级的主权原则、资产阶级的外交协定，不承认民族权利；只承认阶级的权利，并没有得到其他国家工人政党的广泛认同。在西方工人阶级政党的政治观念中，民族原则一直高于国际主义。因此，列宁的号召并没有得到西欧社会民主党的响应。西欧社会民主党人在民族利益的驱动下，提出了"保卫祖国"的口号，支持本国政府进行世界大战，列宁称他们为"社会沙文主义者"。列宁认为，社会沙文主义是葬送西欧革命的罪魁祸首，也是世界革命胜利的巨大障碍。为了确保共产国际及其成员党与社会沙文主义划清界限，以无产阶级国际主义原则推进世界社会主义革命并夺取胜利，列宁对社会沙文主义进行了坚决的批驳。

第一，列宁指出，伯恩施坦主义、机会主义和社会沙文主义是一脉相承的思想体系。西欧社会民主党人在世界革命的关键时刻沦为社会沙文主义者，不是偶然的，而是党长期信奉伯恩施坦主义的恶果。由于西欧社会民主党长期沉迷于通过合法斗争手段而获得的成果，使得大多数社会民主党的领袖逐步成为"为了眼前暂时的利益而忘记根本大计，只图一时的成就而不顾后果，为了运动的现在而牺牲运动的未来"[1] 的机会主义者。随着机会主义者在议会中作用的加强，他们日益陷入复杂的国家政治法律事务和程序中，醉心于对现有秩序的维护，从而逐渐与下层工人阶级疏离，变成"资产阶级化"的"工人贵族"。当第一次世界大战爆发时，各国"资产阶级化"的"工人贵族"不是从无产阶级世界革命的角度去考虑问题，而是从维护本国资产阶级政府利益的角度去对待战争，进而沦为社会沙文主义者。列宁揭露说："在一切国家中，正是社会主义运动中的机会主义派提供了社会沙文主义者的骨干。……社会沙文主义就是达到逻辑终端的机会主义。"[2] 列宁进一步分析了伯恩施坦主义、机会主义和社会沙文主义的经济基础和政治基础，指出："机会主义和社会沙文主义的经济基础是同一个，那就是人数很少的特权工人阶层和小资产阶级的利益。这些人所捍卫的是自己的特权地位，

---

① 《列宁全集》第36卷，人民出版社1985年版，第66页。
② 《列宁全集》第32卷，人民出版社1985年版，第94页。

是从'自己'国家的资产阶级靠掠夺其他民族、靠它的大国优越地位等等而攫取的利润中分得一点油水的'权利'。机会主义和社会沙文主义的思想政治内容是同一个，那就是用阶级合作代替阶级斗争，放弃革命的斗争手段，帮助'自己的'政府摆脱困境，而不是利用它的困难推进革命。"① 现在看来，列宁低估了改良主义对西方无产阶级的影响。列宁只把改良主义的土壤简单地归结为对殖民地的剥削，事实上伯恩施坦改良主义思想的产生和发展绝不是偶然的，有其深刻的社会基础，即工业革命出现、工人阶级的分化、中产阶级的发展以及资产阶级的政策调整。列宁认为西方国家已具备了革命的客观条件，所缺乏的是一个坚定的革命政党。而实际上，劳动群众并没有转到革命立场上来，工人阶级更愿意在合法的斗争中改善生活条件与政治地位。从 1921 年到 1928年，资本主义国家共产党人数下降了一半，从将近 90 万人减至 45 万人，而社会民主党人数则增加了一倍，从大约 300 万人增至 600 万人。②

　　第二，列宁指出，必须重新认识各国社会民主党内左右两派斗争的性质。社会民主党右派在第一次世界大战时期沦为社会沙文主义者，证明他们已经背叛了革命，背叛了无产阶级。欧美革命之所以没有爆发，正是社会沙文主义者的叛卖行为所致。列宁说："在革命初期，许多人都存在希望，以为帝国主义战争一结束西欧就会开始社会主义革命，……假如西欧无产阶级中的分裂没有那么严重，过去的社会党领袖的叛变行为没有那么多，那么这种情况本来是会发生的。"③ 有鉴于此，列宁要求各国社会民主党左派转变观念，重新认识同社会沙文主义者作斗争的性质，进而转变斗争手段。在列宁看来，以第一次世界大战为界限，在"一战"前的资本主义和平发展时期，尚可将机会主义者看成是党内斗争中的一派，将左右两派的斗争看成是党内斗争；但在第一次世界大战后，已经不能继续将这种斗争看成是党内斗争了。在帝国主义战争和无产阶级革命时期，马克思主义革命者同社会沙文主义者的斗争，已转变成无产阶级同资产阶级之间的敌我斗争了。因为"凡是在这场战争中站在本国资产阶级立场上的社会党人，就不再是社会党人了，

---

　　① 《列宁全集》第 26 卷，人民出版社 1988 年版，第 334 页。

　　② 转引自左凤荣《评列宁的世界革命的理论与实践》，《当代世界社会主义问题》2001年第 3 期，第 28 页。

　　③ 《列宁全集》第 38 卷，人民出版社 1986 年版，第 213 页。

他们背叛了工人阶级，实际上已经转到资产阶级营垒里去了。他们成了无产阶级的阶级敌人"①。所以，"要为无产阶级专政作准备，就不仅要加强反对改良主义和'中派'倾向的斗争，而且要改变这种斗争的性质。……这种斗争随时都可能（而且经验已经表明确实是在）用武器的批判代替批判的武器"②。

第三，列宁强调，马克思主义革命者从思想上、组织上与社会沙文主义决裂，是世界革命胜利的重要保障。共产国际是列宁推进各国社会民主党左派同右派彻底决裂的重要载体。列宁要求各国社会民主党左派从旧党中分离出来，成立以"共产党"为名称的新型政党，并加入共产国际。列宁指出更改党的名称并加入共产国际，并不只是一个简单的形式问题，其实质是为了同沦为社会沙文主义者的各国社会民主党右派分子划清界限并彻底决裂。他说："更改我们党的名称（它已成了新国际的名称）的主要动机和原因，是要同旧的社会主义坚决划清界限。"③在加入共产国际的21条中，列宁强调道："凡是愿意加入共产国际的党，都要承认必须同改良主义和'中派'政策完全彻底地决裂，并在最广大的党员群众中宣传这一点。否则，就不可能执行彻底的共产主义政策。共产国际无条件地、断然地要求在最短期间内实行这种决裂。"④

列宁将俄国共产党清除孟什维克分子的经验在国际范围内进行推广。列宁认为俄国革命之所以能成功，其根本原因在于俄国具有坚强的布尔什维克党。而布尔什维克党是在同"俄国伯恩施坦主义的变种"——孟什维克的不断斗争中成长壮大起来的。列宁认为，俄国共产党反对孟什维克的许多经验是具有国际意义的。虽然各国的国情不同，但由于各国共产党推进世界革命的最终目的是共同的，这就决定了各国共产党必然会做一些"实质上同样的事"。而同本国的社会沙文主义者决裂、同破产了的第二国际决裂，正是各国共产党眼下都必须做的"实质上同样的事"。列宁在莫斯科苏维埃庆祝共产国际成立一周年的讲话中指出："欧洲现在走向革命的方式和我们过去不同，但是欧洲所要做的实质上是同样的事。每一个国家都应当按照自己的方式进行内部斗

---

① 《列宁全集》第32卷，人民出版社1985年版，第94页。
② 《列宁全集》第39卷，人民出版社1986年版，第184页。
③ 《列宁全集》第38卷，人民出版社1986年版，第36页。
④ 《列宁全集》第39卷，人民出版社1986年版，第201页。

争，来反对本国的孟什维克，反对本国的机会主义和社会革命党的思潮，这种思潮世界各国都有，只是名称不同、程度不同而已。"① 在共产国际第三次代表大会上，列宁进一步告诫与会各国共产党说："我们的首要任务就是建立真正革命的党，同孟什维克决裂。……第二步就是要在建党以后学会怎样准备革命。"② 列宁的意思很明确，即各国共产党同孟什维克决裂是第一位的问题，在这个问题上各国共产党必须采取一致行动，不允许打丝毫折扣。而根据本国国情"学会怎样准备革命"是第二位的问题。在第一位的问题解决之后，才能谈第二位的问题。

列宁的这些做法，受到了当时西欧社会民主党右翼分子的猛烈攻击。他们指责共产国际忽视各国国情的特殊性，限制各国党的自由，一味要求别国党效仿俄国。针对这些攻击，列宁予以了驳斥。他说："我们已经说过，我们要求必须无条件的先同机会主义者决裂。……在无产阶级革命的前夕，取得成功的最主要和最基本的条件，就是革命无产阶级的政党要有摆脱机会主义分子和'中派分子'的自由，要有摆脱他们的影响，摆脱他们的偏见、弱点和动摇的自由。"③ 离开最主要和最基本条件谈论自由，是"关于自由的鬼话"。列宁的这种观点，成为共产国际五大后推行"布尔什维克化"的理论基础。

（三）晚年思想转变的不彻底性及共产国际"左"的错误

1921 年苏俄实行新经济政策后，列宁把与资本主义国家和平共处的问题提上日程，把外交的重心由推进世界革命转向与资本主义国家和平共处。列宁强调，苏维埃政权在国际方面面临的主要困难时期已经过去，今后俄国共产党的主要任务是进行和平经济建设，提高人民的生活水平，"现在我们是通过我们的经济政策对国际革命施加我们的主要影响"④。与此相联系，俄国共产党、共产国际对西欧各国社会民主党及其国际性组织的态度也发生了转变。1921 年年底，共产国际执委会通过了《关于工人统一战线，关于对待参加第二国际、第二半国际和阿姆斯特丹工会国际的工人，以及对待支持无政府工团主义组织的工人的态

① 《列宁全集》第 38 卷，人民出版社 1986 年版，第 219 页。
② 《列宁全集》第 42 卷，人民出版社 1987 年版，第 33 页。
③ 《列宁全集》第 39 卷，人民出版社 1986 年版，第 426 页。
④ 《列宁全集》第 41 卷，人民出版社 1986 年版，第 335—336 页。

度》提纲，即著名的《十二月提纲》。这个提纲明确提出了建立工人统一战线的方针，指出："所谓统一战线，应该理解为一切愿意同资本主义作斗争的工人的统一。"① 为了贯彻统一战线策略，《十二月提纲》规定：允许共产国际各个支部同第二国际、第二半国际的党派组织达成共同行动协议，共产国际本身也积极谋求在国际范围内达成同样的协议。1922 年年初，共产国际、第二国际、第二半国际在柏林召开了联席会议。列宁在会前作了周密的安排。列宁首先强调指出，共产国际代表参加联席会议的目的是建立工人统一战线，因此共产国际代表必须慎重，不能在会上提出不利于这一目的的问题。列宁说："会上要讨论的问题清单应事先考虑好，……我们列入清单的，应当只是一些直接涉及工人群众如何采取实际共同行动的问题，而且是当事三方每一方报刊的正式声明中都认为没有争议的问题。我们必须详尽论证，为什么为了统一战线我们只提出这样的问题。"② 列宁亲自审定了季诺维也夫撰写的准备参加联席会议的决议草案，并提出了修改意见。他指出："只要把最有争论的问题在一段时间内搁置起来，而挑选出最无争论的问题来，那么，双方，或者确切些说，参加代表会议的所有三个国际联合组织，自然可以指望他们的观点最终会取得胜利。"③ 列宁还要求季诺维也夫删去把第二国际和第二半国际领袖称作"世界资产阶级走狗"的提法，强调这是他的一条"最主要的修改意见"。他批评季诺维也夫说："为了图痛快，把坏蛋们再臭骂一顿，却让极重要的实际工作去冒失败的危险，这是非常不明智的。"④ 根据列宁的指示，在三个国际的柏林联席会上，共产国际的代表蔡特金呼吁："工人阶级尽管有着使他们不能团结一致的各种深刻的分歧，但他们必须联合起来防御世界资本的进攻。"⑤ 虽然在联席会后，列宁认为共产国际代表团所作的让步太多，但为了贯彻统一战线策略，列宁还是表示遵守协议。

从以上的分析可以看出，晚年的列宁将信奉伯恩施坦主义的社会民

---

① ［匈］贝拉·库恩：《共产国际文件汇编第一册》，中国人民大学编译室译，三联书店1965 年版，第 432 页。

② 《列宁全集》第 42 卷，人民出版社 1987 年版，第 402 页。

③ 同上书，第 433—434 页。

④ 同上书，第 435 页。

⑤ 北京编译社：《第二国际、第三国际和维也纳联合会柏林会议记录》，三联书店 1966 年版，第 4 页。

主党重新划入了"一切愿意同资本主义作斗争的工人阶级"的队伍中，是可以联合起来一道去抵御世界资本进攻的战友。也就是说，列宁晚年的思想中已经包含了共产党和社会民主党可以"超越意识形态差异，谋求相互了解与合作"的萌芽。遗憾的是，由于列宁和共产国际并没有彻底放弃世界革命的空想，所以列宁、俄共及共产国际的思想转变是不彻底的。在列宁的思想中，与社会民主党建立统一战线只是世界革命低潮时期的权宜之计，而不是长久之计。即使是在共产国际策略转变的三大、四大上，有关统一战线策略问题的争论也是激烈的，大会最后通过的决议依然带有"左"的看法。比如在共产国际四大期间，身为共产国际中央执行委员会主席的季诺维也夫在报告中仍然说："在国际形势中，我们也可以确认，矛盾正在日益尖锐化。形势客观上依然是革命的。"他强调："资本主义已经成熟到社会主义革命的地步。国际形势无疑是革命的。第二国际依然是资产阶级的主要支柱，没有这个支柱资产阶级就不能维持。因此，我们对第二国际的态度问题不是党的内部策略问题，而是世界革命问题。"①

　　1923 年 5 月，第二国际和第二半国际在汉堡举行了合并大会，建立了社会主义工人国际。这一举动反过来刺激了共产国际中一些原本持"左"倾观点的人。季诺维也夫明确地说："我们坚信，这些社会民主党的总部并不想同工人阶级一起反对资产阶级，也不会和我们一起走。"② 在共产国际看来，社会主义工人国际的成立，使"无产阶级正被动员起来分为两大阵营"，"只有两边，不是这一边，就是那一边"③。1924 年 6 月召开的共产国际五大指出"社会民主党是资产阶级的'第三党'"，法西斯主义和社会民主党只不过是"现代资本主义的左右手"④，"法西斯主义和社会民主党是大资产阶级专政的同一件武器上的

---

① 转引自左凤荣《评列宁的世界革命的理论与实践》，《当代世界社会主义问题》2001年第 3 期，第 28 页。

② 转引自黄宗良、林勋健《共产党和社会党百年关系史》，北京大学出版社 2002 年版，第 77 页。

③ 〔英〕珍妮·德格拉斯：《共产国际文件》第 2 卷，北京编译社译，世界知识出版社 1964 年版，第 43 页。

④ 〔匈〕库恩·贝拉：《共产国际文件汇编》第 2 册，中国人民大学出版社编译室译，三联书店 1965 年版，第 15—16 页。

两面锋刃"①。这就把社会民主党同法西斯主义画上了等号。从此，这种认识成为共产国际所属各党对待社会民主党的指导思想。基于这种观点，五大全面否定了工人阶级统一战线策略，把这一策略说成是"右倾机会主义"并加以批判。五大决议指出："过去一个时期在某些对工人运动极关重要的国家里，右倾分子的代表曾试图大肆歪曲统一战线和工农政府策略，把这一策略说成是'所有工人政党'的政治联盟和有机的联合，即共产党人和社会民主党的政治联盟。"② 共产国际五大后展开了"布尔什维克化"运动，将俄国党反对孟什维克的斗争经验教条化、神圣化，要求各国党进行效仿。从此，共产国际开始了一个长达10年之久的充满"左"倾错误的时期。共产国际六大提出了"第三时期理论"，即"新革命高潮即将到来和资本主义制度即将崩溃时期的理论"。该理论认为，在世界范围内推翻资产阶级统治、建立无产阶级专政的任务已经提上议事日程了。为此，共产国际的首要任务是打击社会民主党，特别是社会民主党的"左翼"。1929年，共产国际执委会第十次会议在决议中正式将社会民主党称为"社会法西斯主义"，并要求所属各国共产党"加紧反对资产阶级最重要的支柱——国际社会民主党"③。随着欧洲反法西斯斗争的发展，各国共产党和社会民主党要求联手合作的呼声日益高涨。在这种情势下，1935年7—8月召开了共产国际第七次代表大会。七大虽然要求各国共产党加倍努力，"同社会主义工人国际队伍中一切拥护统一战线的人建立密切合作，以便共同进行反对法西斯、反对帝国主义战争和资本进攻的斗争"④。但共产国际却依然顽固地坚持"社会民主党是资产阶级的主要社会支柱"、"社会民主党与法西斯主义是双兄弟"的观点。这表明共产国际及其所属党对社会主义工人国际及其所属党的根本看法并未改变。根本看法的顽固性注定了七大所确立的策略难以彻底执行。不久，受苏联对外政策的影响，共产国际便背离了七大所确立的、与社会民主党建立统一战线的精神。

---

　　① ［匈］库恩·贝拉：《共产国际文件汇编》第2册，中国人民大学出版社编译室译，三联书店1965年版，第80页。

　　② 同上书，第22页。

　　③ ［匈］库恩·贝拉：《共产国际文件汇编》第3册，中国人民大学出版社编译室译，世界知识出版社1965年版，第152页。

　　④ 中国社会科学院近代史研究所翻译室编译：《共产国际有关中国革命的文献资料》第2辑，中国社会科学出版社1982年版，第458页。

1939 年《苏德互不侵犯条约》签订后，共产国际居然收起反法西斯主义的大旗，不再将法西斯主义作为主要的斗争敌人，避而不谈反法西斯问题，重新将社会民主党作为共产国际主要的斗争目标，重新回到大力谴责社会主义工人国际及社会民主党的立场。共产国际策略的逆转，极大影响了各国共产党人，进一步加剧了共产党对社会民主党的敌对态度。于是，所谓的"资本主义危机"、"无产阶级进行直接革命进攻"等字眼充斥着共产国际的文件。为了迎接"无产阶级和资产阶级之间的决战"，各国共产党重新将社会民主党作为主要的打击对象，因为社会民主党已经"变成资产阶级社会的后备力量，变成了这个社会的最可靠的柱石"[1]。

　　列宁在世界革命视阈下对社会民主党及其"社会沙文主义"的批判，是基于对世界革命必然爆发并立即取得胜利的基本判断的，必须实事求是地对其进行具体分析。19 世纪末 20 世纪初，资本主义从自由竞争发展到帝国主义阶段。资本主义政治经济发展不平衡的规律，导致列强重新瓜分世界的斗争日趋尖锐，并引发了第一次世界大战。在这种情况下，列宁本着马克思主义者的科学态度，对当时的时代特征、战争根源及无产阶级革命的战略策略等问题，作出了新的回答，从而发展了马克思主义。列宁认为，人类进入帝国主义阶段后，帝国主义的掠夺本性必然导致战争。列强之间的战争给人类带来的危机，只有通过无产阶级革命才能拯救。因此，帝国主义是无产阶级社会革命的前夜。列宁的"战争引起革命"、"革命制止战争"的论断，极大地鼓舞了包括中国共产党在内的无产阶级政党的斗志，对马克思主义理论的发展做出了重大贡献。俄国十月革命的胜利、帝国主义列强为重新瓜分殖民地而导致的第二次世界大战、战后民族解放运动的风起云涌、中国新民主主义革命的胜利及一批社会主义国家的诞生等一系列重大历史事件，都充分证实了列宁的无产阶级革命理论的历史地位和指导作用。列宁的世界革命论，为 20 世纪上半叶的民族解放运动高潮的到来起到了重要的思想启蒙作用。但是第二次世界大战后，由于资本主义发生了新变化，其在经济科技上的优势地位并未丧失，社会主义取代资本主义的战场从政治转

　　① 转引自黄宗良、林勋健《共产党和社会党百年关系史》，北京大学出版社 2002 年版，第 85 页。

向了经济、从革命转向了发展，相应的，时代特征也由革命与战争转向和平与发展。一系列的新情况和新问题的凸显，使得列宁的世界革命论不可避免地显示出其历史局限性，带有一定的空想成分及"左"倾色彩。这决定了列宁、俄国共产党及共产国际领导人基于世界革命的视阈对社会民主党及社会民主主义（民主社会主义）的批判，成为各国共产党尤其是像中国共产党这样的殖民地、半殖民地国家的共产党实事求是地认识、评价社会民主党及社会民主主义（民主社会主义）必须僭越的思想前提。

三　中国共产党认知社会民主党、民主社会主义的思想前提

（一）幼年的中国共产党对共产国际观点的承袭

1921 年中国共产党诞生时，共产党的国际性组织共产国际和社会民主党的国际性组织社会主义工人国际正处于尖锐对立的状态。1923—1933 年间，共产国际的理论和政策愈益"左"倾，共产党和社会民主党之间的分歧与矛盾也愈益扩大。共产国际的观点对幼年中国共产党的影响是极其深刻的。中国共产党是在共产国际的帮助下成立的，从成立之日起便是共产国际的一个支部。中俄两国的社会历史背景和国情的相似性，决定了中国共产党容易接受俄国革命道路和俄国共产党的无产阶级革命理论和经验。这是中国共产党承袭俄国共产党和共产国际对社会民主党观点的根本原因。

中俄两国国情的相似性主要体现在以下几个方面。第一，俄国和中国都是落后的农业国，都因为落后而受到西方国家的凌辱，都是在挨打的痛苦中领略到了西方资本主义文明的力量，从而开始寻求出路向西方学习，并由此开始了自己的近代历史。两国的大多数人口生活在农村，而农村资本主义的影响尚未对旧秩序构成威胁，两国的资产阶级都未得到充分发展，资产阶级无力完成领导资产阶级民主革命的任务，这一任务落到了无产阶级及其政党身上。第二，由于中俄两国的落后性，两国的资本主义制度没有得到充分的发展，使得两国不但存在资本主义的剥削方式，而且还存在着前资本主义的剥削方式，在中国还存在着殖民剥削方式。无产阶级在人数上虽不占优势，但所受的压迫和剥削程度远远

超过西方发达国家的无产阶级。这使得中俄两国的无产阶级具有最彻底的革命精神。再加上一批成熟的马克思主义的理论家的引导，使两国的无产阶级有能力作为领导阶级，领导两国人民进行以社会主义为目标的资产阶级民主革命。第三，中俄两国都经历了漫长的封建社会，都是高度集权的专制统治传统，政治上缺乏民主，无产阶级政党没有合法斗争的环境可利用，只有通过武装斗争和暴力革命夺取政权，才能完成救国救民的使命，引导人民走上社会主义道路。毛泽东在《战争和战略问题》中明确指出："共产党的任务，基本地不是经过长期合法斗争以进入起义和战争，而是走相反的道路。"① 因此，俄国革命的胜利，极大地鼓舞了中国具有初步共产主义思想的知识分子，中国共产党从成立时起，便确立了"以俄为师"的信念。

再加上中国地处亚洲，远离西方资本主义文明，没有经历发达的资本主义阶段，没有资本主义民主政治可供利用，以西方资本主义民主政治为背景的社会民主主义（民主社会主义）思潮，在具有两千多年封建专制历史的中国不存在滋生和蔓延的土壤，社会民主主义（民主社会主义）思潮在中国的影响极小，中国历史上没有出现过有影响的社会民主党。同时，中国共产党与社会民主党也基本没有什么接触。因此，中国共产党最初的对社会民主主义（民主社会主义）、对社会民主党的看法，只能来自俄国共产党和共产国际。

从一大到六大，中国共产党召开的每一次代表大会都向共产国际表示了反对第二国际、拥护共产国际的立场。中国共产党一大通过的《中国共产党的第一个决议》及《中国共产党纲领》明确表明了"联合第三国际"的态度，要求"党的中央委员会应每月向第三国际报告工作"②。中国共产党二大决定正式加入共产国际。这意味着中国共产党接受了列宁、俄国共产党及共产国际的世界革命理论，对改良主义的第二国际、第二半国际持敌对态度。二大表示："无产阶级是世界的，无产阶级革命也是世界的，况且远东产业幼稚的国家，更是要和世界无产阶级联合起来，才足以增加革命的效力。现在代表世界的无产阶级为世界无产阶级革命大本营的，只有俄罗斯无产阶级革命后新兴的第三国际

---

① 《毛泽东选集》第 2 卷，人民出版社 1991 年版，第 542 页。

② http：//news. xinhuanet. com/ziliao/2003—01/19/content_ 695953. htm.

共产党。第三国际共产党，是和一方面利用无产阶级，一方面供资本帝国主义利用的第二国际正立在对抗的地位。中国共产党既然是代表中国无产阶级的政党，所以第二次全国大会议决正式加入第三国际，完全承认第三国际所决议的加入条件二十一条，中国共产党为国际共产党之中国支部。"① 列宁和共产国际有关社会民主党"背叛世界革命"的论断对中国共产党产生了重要影响。中国共产党二大指出，十月革命开创的世界无产阶级革命的第一次高潮之所以失败，是由于无产阶级自己队伍中出现了"奸贼"——社会民主党，他们将无产阶级政党的议会活动变成投机主义和改良主义的议会活动，将无产阶级革命的目的"抛在九霄云外"，向帝国主义投降，"替资产阶级服务"，帮助资产阶级"按抑革命狂潮"所致。第三国际是同社会民主党这种投降主义作斗争的，是"世界无产阶级革命的大本营"，中国共产党应坚决站在共产国际的立场，维护无产阶级世界革命的利益，增强无产阶级世界革命的"效力"。中国共产党三大对共产国际四大所确立的统一战线策略表示了拥护，同时也接受了四大有关"世界革命处于低潮"的判断。在中国共产党三大上通过的《关于第三国际第四次大会决议案》中，中国共产党表示"对于第四次大会所议决各案愿切实履行"，认为"现时的世界大势是：世界革命潮流日益低落，反动的势力弥漫全欧，苏维埃俄罗斯的生存及发达日受国际帝国主义者的威胁，全世界无产阶级此时的重要任务是在要求资本家政府承认俄国与俄国恢复和平的通商关系，以拥护他们的唯一祖国，免受帝国主义者的摧残"。但如前所述，共产国际四大是一次充满矛盾和争论的大会，会议一方面强调统一战线策略，另一方面又通过了一些"左"的决议。共产国际四大上的矛盾在中国共产党三大的《决议案》中也有所体现。《决议案》一方面承认世界革命处于低潮的现实，另一方面又指出"劳动阶级内部有改良派分裂无产阶级，力助资产阶级破坏罢工及示威运动"②，全世界无产阶级要迎接革命高潮，首先必须与之作斗争。从共产国际五大开始，共产国际的政策逐步左转，中国共产党对时代主题和世界局势的判断也随之左转。共产国际五大否定了共产国际四大确立的统一战线策略，并将"联合战

---

① http://news.xinhuanet.com/ziliao/2003—01/19/content_ 695994. htm.

② http://news.xinhuanet.com/ziliao/2003—01/19/content_ 696031. htm.

线"、"工农政府"的提法看作是右倾机会主义的体现。中国共产党四大表示"完全同意于共产国际第五次大会对于各种政策的决定，特别是第五次大会对于'联合战线'及'工农政府'的解释尤为详尽，……如此才能确实领导各国共产党获得社会民主党下的与无党派的大多数工人群众集合到共产主义旗帜之下来，以联合防御现时世界资本主义最后的猛攻并进而推倒之"①。中国共产党五大再一次重申了"世界革命成功万岁"的口号。1928 年 6 月至 7 月，在共产国际的直接指导下，中国共产党在苏联召开了第六次全国代表大会。中国共产党六大对共产国际提出的"第三时期理论"表示了认同，并对苏联作为"世界革命中心"表示了拥护。大会通过的《政治决议案》指出："世界革命的第三阶段开始。世界革命第三期底特点是：工人阶级底向左化和革命化，东方殖民地几千百万的群众起来参加进攻帝国主义的斗争，苏联更加成为摇动资本主义稳定的强大的动力，更加成为各国工人运动及世界被压迫民族底革命中心。"②在《军事工作决议案》中，中国共产党表示"党应准备着对付革命新潮流的高涨，这个高涨定使中国共产党发生一个直接的实际任务，即组织和实行群众的武装暴动。因为只有用暴动和推翻现存政权的方法才可解决革命的任务"③。大会通过的党章明确规定："中国共产党为共产国际之一部分，命名为'中国共产党'，为共产国际支部"；"凡承认共产国际和本党党纲及党章，加入党的组织之一，在其中积极工作，服从共产国际和本党一切决议案且经常交纳党费者，均得为本党党员"，这是按照列宁建党思想对党员资格作了更为完整的表述。在关于执行党的组织原则方面，规定党员及地方组织要无条件地执行"共产国际代表大会或本党代表大会，或党内指导机关所提出的某种决议"，并规定党的代表大会要"得共产国际同意后召集之"④。

　　从以上的分析可以看出，在共产国际存在的 24 年中，中国共产党召开了六次代表大会。中国共产党的六次大会都是在共产国际的直接指导下召开的，每一次大会都通过了与共产国际代表大会精神相一致的决

---

① http：//news. xinhuanet. com/ziliao/2003—01/19/content_ 696072. htm.
② http：//news. xinhuanet. com/ziliao/2003—01/19/content_ 696182. htm.
③ http：//news. xinhuanet. com/ziliao/2003—01/19/content_ 696176. htm.
④ 中国人民解放军政治学院党史教研室编：《中共党史参考资料》第 4 册，1979 年版，第 348—354 页。

议。这反映出幼年的中国共产党在党的建设方面的重要特点，也表明了中国共产党对共产国际关于社会民主党、社会民主主义（民主社会主义）观点的全盘承袭。

（二）中国共产党和中国社会党"擦肩而过"

19 世纪末 20 世纪初的中国，已经从一个拥有独立主权的、闭关自守的封建大国沦为从属于西方资本主义列强的半封建半殖民地国家。中国人民反帝反封建的斗争成为世界社会主义运动的组成部分。第二国际的破产、十月革命的胜利、共产国际和社会主义工人国际从建立到退出历史舞台、共产党和社会民主党的全面对立，对正在寻求救国救民道路的中国人来说，不可能不产生影响。中国共产党的诞生和中国社会党的寂灭，便是世界社会主义运动在中国这个特定的、具体的政治、经济和社会环境下的投影。

第二国际的改良主义思想在中国的投影或体现，便是江亢虎所建立的中国社会党。毛泽东在 20 世纪 50 年代曾经说："中国也有过'第二国际'——江亢虎的社会党，影响很小。"①

江亢虎，1883 年 7 月 18 日出生于江西弋阳。他曾三次东渡日本学习英、德、法三国语言，研究社会学，涉猎西方无政府主义著作。在日本留学时，江亢虎宣扬所谓"无宗教、无国家、无家庭"的"三无主义"，要求人们"无为"，成为中国最早鼓吹无政府主义的人之一。在宣传"三无主义"时，他曾尖锐地痛斥过三纲五常等封建礼教，因此，应该承认，"三无主义"是当时反封建斗争中的一翼。归国后，江亢虎在北京创办过"京师女学传习所"，发起组织"女学慈善会"，因而屡遭御史弹劾，谓其"伤风败俗"。1910 年春，江亢虎把女学交给清廷学部，自己取道日本游学英国、法国、德国、荷兰、比利时、俄国。在此期间，他与各国社会党人频繁往来，并列席过第二国际八大。此后，其"三无主义"言论也悄悄发生变化，把"世界社会主义"杂糅其间，开始自称为"纯粹社会主义"者，并立志把社会主义引进中国。江亢虎认为："社会主义在中国，鼓吹必更易，赞同必更多，推行必更速。"他说："社会主义"是"光明正大之主义，非秘密黑暗之主义；和平幸

---

① 转引自林建华《社会党国际论纲》，东北师范大学出版社 1997 年版，第 416 页。

福之主义，非激烈危险之主义；建设之主义，非破坏之主义"。"若党同伐异，流血相寻，民族之革命，国际之战争，教团之仇杀，皆社会主义之不取也。"他进而阐明："社会主义实行第一步，积极建设公共教育机关，消极则破坏世袭遗产制度。"① 在这种带有明显的第二国际后期修正主义改良主义印记的社会主义思想指导下，1911 年 7 月 10 日，在上海女子进行社、《天铎报》馆等资助下，江亢虎发起成立了"社会主义研究会"，入会者有 50 余人，并出版宣传刊物《社会星》（又名《社会》），成为中国历史上"社会主义研究"的第一人。毛泽东曾对美国记者埃德加·斯诺说，他第一次看到"社会主义"这个名词，就是来自于江亢虎宣传其"世界社会主义"的文章，时间是在 1911 年 11 月间，那时的毛泽东正在湖南新军当兵。

1911 年 11 月 5 日，辛亥革命爆发后，江亢虎召集"社会主义研究会"特别会议，效法德国社会民主党组织形式创建了中国社会党，自任党首，并出版《人道周报》为机关报。中国社会党不仅是中国第一个社会党，也是中国第一个以"党"命名的政治团体，还是民国初年各党派团体中最早有女党员，且其义务权利完全平等的一个党。其规章中写道："党员……无论男女，义务权利平等。"不可否认，江亢虎是中国历史上宣传并实践社会民主党建党思想的第一人。在《中国社会党宣言》中，江亢虎说："社会主义欧美极盛，在中国则本党实为最初惟一之团体机关，其宗旨在于不妨害国家存立范围内主张纯粹社会主义。采定党纲八条：赞同共和；融化种界；改良法律，尊重个人；破除世袭遗产制度，组织公共机关；普及平民教育；振兴直接生利之事业，奖励劳动家；专征地税，罢免一切税；限制军备，并力军备以外之竞争。"② 不难看出，中国社会党八条"党纲"不外是中国封建主义和社会民主党改良主义的大杂烩。由于"无论何人，不须介绍"都可加入，中国社会党人数发展很快，成立两个多月，便有党员四五千人，设 30 余个支部。至 1911 年年底，该党自己宣布，已经有"支部至四百九十余处，党员至五十二万三千余人"。这个数字虽然很夸大，但当时全国确有不少地方建立了中国社会党支部，如天津支部干事就是后来中国共产党的

---

① 转引自林建华《社会党国际论纲》，东北师范大学出版社 1997 年版，第 417 页。

② 李新等主编：《中华民国史》第二编第 1 卷（上），中华书局 1987 年版，第 66 页。

创始人之一李大钊，又如苏州支部的总务干事是陈翼龙，成员有顾颉刚、叶圣陶、王伯祥等，南京支部和佛教协进会等团体一起设在毗卢寺中。在该党党员中，就职业和阶级而言，占首位的是知识分子，其次是工商业者，再次就是破产的农民、手工业者和其他劳动群众。值得一提的是，江亢虎创建的中国社会党，在当时还引起了世界各国社会民主党人的关注，如越南社会党。越南社会党人曾在《天铎报》上发表公开信，呼吁："中国社会党似宜集合最多数之侠团，扩张最宏伟之侠力，相机审势，兔起鹘落，先试吾刃，则首援越南，次及缅甸，次及印度，又次及朝鲜……"可见当时的越南社会党人对中国社会党寄以厚望，希望它壮大并援助他国社会党。此外，日本社会党人半田一郎等亦曾到上海与江亢虎会谈，而俄国社会党更有人曾一度加入中国社会党党籍。①

　　中国社会党建立之初，拥护孙中山领导的资产阶级革命，支持孙中山"平均地权"的纲领，认为"职位平均地权，必宜专征地税"，还寻定崇明岛为其"专征地税"的试验场，受到孙中山的赞赏。社会党还积极宣传男女平等，支持女子参政，在上海、武昌等地兴办女子法政学校，培养女子参政能力。这些主张和做法在当时尚有一定的积极进步意义。由于中国社会党及其创立人江亢虎得到孙中山的肯定，所以在不到一年的时间里，中国社会党形成了一股不小的社会政治力量。孙中山担任临时大总统的第一天，就亲自将他从欧美带回来的有关社会主义的四本著作：《社会主义概论》、《社会主义发达史》、《社会主义之理论与实行》、《地税原论》寄给中国社会党总部，并附函称："请广集同志，多译此种著作，以输入新思想，若能建一学校研究斯学，尤所深望。"民国元年时的孙中山，实际上处于国民党和中国社会党中间的一个位置上，所以时人把刚刚进入中国的社会民主主义称为"孙逸仙江亢虎之社会主义"。孙中山还同当时的第二国际有所交往。1905年5月中旬，孙中山在比利时访问了第二国际，并请求第二国际接受"他的党"为成员，向第二国际"扼要地解释了中国社会主义者的目标"②。孙中山后来继续与第二国际保持联系。1914年5月，孙中山致函第二国际，发

　　① 参见李新等主编《中华民国史》第二编第1卷（上），中华书局1987年版，第66—67页。
　　② 《孙中山全集》第1卷，中华书局1981年版，第273页。

出呼吁道："让中国成为世界第一个社会主义国家，请把你们的精力花在中国身上，请派你们的优秀人才来中国各地服务，助我一臂之力。"①但他的呼吁并未引起第二国际的注意。

当北洋军阀头子袁世凯篡夺了辛亥革命的胜利果实、实行独裁统治时，以"社会党妨碍国家"为由，支持黎元洪等人解散社会党的一些支部。江亢虎看到这种情况，赶忙上书、游说于袁世凯政府要员，并晋见袁世凯，陈说自己主张的"社会主义"无害于袁世凯独裁统治。袁世凯也意欲利用中国社会党与国民党相对抗，表示愿出重金收买社会党为己所用，并令国务院总理赵秉钧对江亢虎及其社会党加以"保护"。为了迎合袁世凯的需要，江亢虎开始清除激进党员，出卖某些基层组织。由于江亢虎要把社会党改造成为袁世凯的御用工具，受到大部分党员的强烈反对，最终导致了中国社会党的分裂。

1913年，袁世凯为了加强其独裁统治，杀害了革命民主主义者宋教仁，并大肆向帝国主义的五国银行团借款，完全暴露了其反动面目。孙中山领导国民党发动了"二次革命"，武装讨袁。这时的江亢虎及其社会党总部表面上保持中立，实际上却举着"反对武力解决"的幌子，站在袁世凯一边反对孙中山。他表示反对武力解决问题，要求李烈钧等人"四督罢兵回防，停止二次革命"。江亢虎的这种态度，遭到了许多社会党党员的强烈反对。许多党员表示愿参加孙中山领导的"二次革命"。如，社会党的北京支部就没有遵循江亢虎及社会党总部的决定，发动了北方起义，公开表示支持孙中山。"二次革命"失败后，袁世凯大权独揽，踢开一切政党，中国社会党也被袁世凯视为国民党的同伙，该党北京支部部长陈翼德惨遭毒手。8月，袁世凯政府下令解散了中国社会党。江亢虎发表了《留别中国社会党人宣言》，称"今日之事，既不可以理喻，复不可以力争；既不忍叫专制之摧残，复不忍见反动之惨剧"，遂辞去中国社会党总代表名义，流亡美国。②从成立到解散，中国社会党只存在了不足两年时间。

1920年4月，江亢虎发表宣言，表示要重建社会党，并将党的名称改作中国新社会党，在北京设本部。1922年，江亢虎在上海创办了

① 转引自林建华《社会党国际论纲》，东北师范大学出版社1997年版，第418页。
② 参见李新等主编《中华民国史》第二编第1卷（上），第65—67页。

南方大学，自任校长。这时中国共产党已经诞生，十月革命已经把马克思主义传入到中国。江亢虎"深感赤化东渐，颇为人心世道之隐忧"，先后发表了《新俄游记》等文，攻击十月革命，同时提出"资产公有"、"教育普及"、"新选参政"、"立法一权"等"社会主义"主张，妄图抵消十月革命及马克思主义在中国的影响。1924年，孙中山改组了国民党，确立了联俄、联共、扶助农工的三大政策。江亢虎致电孙中山，反对其接受苏联援助，反对其与共产党合作。同年9月，江亢虎再一次组织中国社会党，并发表了《中国社会党复活宣言》（1925年该党又更名为中国新社会民主党），投靠北洋军阀，10月参加了段祺瑞御用善后会议，出任制宪要员。1925年11月，江亢虎又以新社会民主党的名义发表宣言，表示要与国民党的西山会议派"竭诚联络"，相互勾结，一致反共。1926年，江亢虎又上书吴佩孚，要求"朝野上下大联合之实现"，"然后赤祸庶几可免"。1927年北洋军阀政府覆灭，江亢虎只好解散新社会民主党，再一次逃往国外。

蒋介石当政时，江亢虎又上书蒋介石，鼓吹"社会主义"。"九·一八事变"后，江亢虎居然向蒋介石献策说"不宣战"、"不进攻"。1933年，江亢虎结束在国外的流亡生活，回到中国。此时的江亢虎又鼓吹忠君、孝顺、温良恭俭让等封建道德，以配合蒋介石的新生活运动。同时他强调"革命不一定用武力"、"不一定要军队"等谬论来反对中国共产党的武装斗争。抗日战争时期，他又跑到汪精卫的伪政府里，充任"国府委员"和"考试院副院长"、"代理院长"，沦为汉奸。他提出以佛教、道教、儒教为中心内容的"固有的东方文化"和"不是马克思、列宁、斯大林"的"革新的社会主义"作为日汪伪政权"思想上防共之绝大武器"，受到日本侵略者的极大赏识。从1945年10月中旬起，江亢虎先后撰写了为日本法西斯开脱的《"南京惨案"之我见》、为"大东亚共荣圈"的合理性进行辩解的《国际的孔子与孔子的国际》等一系列匪夷所思、臭名昭著的文章，激起了国人的无比愤慨。抗战胜利后，江亢虎受到了正义的审判，1954年病死于狱中。

纵观江亢虎及中国社会党的沉浮，可以看出，江亢虎的所谓"社会主义"，是中国传统的封建思想与第二国际改良主义思想的大杂拌。所以，他的"社会主义"，既不能彻底地反封建，也不能在中国的专制独裁政治体制下寻找到改良主义的立足的空间。因此，当民主革命的历史浪潮到来之时，他的"社会主义"和"社会党"的影响力再也无法发挥。江亢虎和他的社会党最终只能成为中国近现代史上的过眼烟云，在中国人民的心中及中国历史上，没有留下深刻的印迹。

中国共产党诞生后，在共产国际和俄国十月革命的影响下，选择了民主革命的道路，这是世界历史和中国国情相结合的必然选择。中国共产党所领导的新民主主义革命，是国际共产主义运动的重要组成部分。在中国共产党建党时，周恩来曾经提出要研究"江亢虎、张嘉森的'德意志社会民主主义'……后边所凭借的民众与阶级究是什么？所开发的实业究是为了何人？"①　已经成为马克思主义者的陈独秀指出："共产主义和国家社会主义虽同出于马格斯，而两派底主张彼此却正相反对，共产主义主张阶级战争、直接行动、无产阶级专政、国际运动；国家社会主义底主张劳资携手、议会政策、民主政治、国家主义。我们中国人对于这两种社会主义，究竟应该采用那一种呢？我以为中国底改造与存在，大部分都要靠国际社会主义的运动帮忙，这是不容讳饰的了"，所以中国共产党必须选择第三国际的共产主义，而不能选择"德国社会民主党的国家社会主义"②。作为中国共产党早期主要领导人，陈独秀的思想使年幼的中国共产党没有受到第二国际改良主义思想的侵蚀。中国共产党登上中国历史舞台之时，正是中国社会党从历史舞台上消失之际。中国共产党和中国社会党刚好"擦肩而过"，二者没有发生正面接触，也不存在处理党际关系的问题。由于半封建半殖民地的中国不存在滋生改良主义的环境，在中国社会党退出历史舞台后，再也没有具有一定影响力的第二个改良主义政党出现。因此，与欧洲共产党不同，中国共产党自诞生以来，就不存在处理与本国社会民主党关系的问题。正如刘少奇所说："中国没有欧洲那样的资本主义'和平'发展时期，容许工人阶级和平的议会斗争，也没有欧洲那样的工人贵族阶层"。中国共产党"在思想上和组织上都没有受到欧洲社会民主党第二国际的影响"③。

可见，由于中国不存在滋生改良主义政党的环境，而共产国际又完

---

① 刘焱编：《周恩来早期文集》下卷，南开大学出版社 1993 年版，第 379 页。
② 任建树编：《陈独秀著作选》第 2 卷，上海人民出版社 1993 年版，第 253 页。
③ 《刘少奇选集》下卷，人民出版社 1985 年版，第 185 页。

全阻隔了中国共产党与社会民主党相互接触与了解的机会，所以，长期以来，中国共产党基本没有接触到社会民主主义（民主社会主义）思潮及政党，基本没有经历处理与社会民主党关系的事件。因此，中国共产党对共产国际观点的全盘承袭，带有先入为主式的教条主义和主观主义的倾向。虽然随着中国革命的发展，中国共产党日渐走向成熟，对共产国际的指令也不一味盲从。但共产国际对社会民主党的观点和做法，却长期地影响着中国共产党。中国共产党在没有与社会民主主义（民主社会主义）政党进行直接接触之前，一直全盘承袭着共产国际的观点，对社会民主党及其理论长期采取全面对立和全盘批判的态度。共产国际在世界革命视阈下对社会民主党、社会民主主义（民主社会主义）的批判，成为中国共产党正确认知社会民主党、社会民主主义（民主社会主义）必须僭越的思想前提。这种状态直到20世纪80年代才得以彻底突破。

第三章 对立与批判：对思想前提的现实演绎

新中国成立后至20世纪80年代前，走上执政前台的中国共产党对社会民主党及民主社会主义持全面对立和全盘批判的态度。从第二次世界大战结束到20世纪70年代末，社会民主党及民主社会主义的政治影响力主要集中在西方发达资本主义国家。社会党国际基本上是西方社会民主党人的组织，有"白人国际"之称。而中国共产党则是东方社会主义力量的重要代表。新中国成立初，由于冷战格局的形成，以美国为首的西方资本主义阵营和以苏联为首的东方社会主义阵营在政治、经济、军事等各方面全面对立。在这个大的国际政治背景下，中国共产党和社会民主党没有任何回旋的余地，二者均坚定地站在各自不同的政治立场。全面对立的集团利益和政治立场决定了中国共产党对社会民主党、民主社会主义的政治态度。20世纪60年代后，在固守共产国际"左"倾观点的基础上，中国共产党加上自己对时局的理解，对"现代修正主义"进行了猛烈批判。所谓"现代修正主义"，其实质是一些国家的共产党在本国创造性地运用马克思主义、探索适合本国特色社会主义道路的尝试。中国共产党对"现代修正主义"的批判，印证了列宁、共产国际对社会民主党及其理论的观点和做法在中国共产党身上的深刻烙印，表明了中国共产党僭越共产国际"左"的思想前提的艰难性和势在必行。对"现代修正主义"的批判，模糊了中国共产党的视线，使党走向了极"左"，愈发难以形成对社会民主党、民主社会主义的正确认知。

作为世界政坛上两支重要的政治力量，在全面对立的主流下，中国共产党和社会民主党还是进行了一些极有限的接触。这些接触，都不具有党际交往的意义，但却是中国共产党直接接触社会民主党的开始，为80年代中国共产党走上自主认知社会民主党及民主社会主义的历程奠定了一定的基础。

一　从"一边倒"到批判"现代修正主义"

（一）"一边倒"总方针下的全面对立

1949 年 6 月，在为纪念中国共产党成立 28 周年所发表的《论人民民主专政》一文中，毛泽东为即将诞生的新中国制定了"一边倒"的外交总方针。他指出："一边倒，是孙中山的 40 年经验和共产党 28 年经验教给我们的，深知欲达到胜利和巩固胜利，必须一边倒。继 40 年和 28 年的经验，中国人不是倒向帝国主义一边，就是倒向社会主义一边，绝无例外。骑墙是不行的，第三条道路是没有的。我们反对倒向帝国主义一边的蒋介石反动派，我们也反对第三条道路的幻想。"① 1949 年 12 月 16 日，毛泽东在抵达莫斯科时发表书面讲话，正式向国际社会明确表示了新中国外交"一边倒"的政治倾向。他说："目前的重要任务，是巩固以苏联为首的世界和平阵线，反对战争挑拨者，巩固中苏两大国家的邦交，和发展中苏人民的友谊。我相信，由于中国人民革命的胜利，和中华人民共和国的成立，由于新民主主义国家及世界爱好和平人民的共同努力，由于中苏两国的共同愿望和亲密合作，特别是由于斯大林元帅的正确的国际政策，这些任务必将会充分实现并获得良好的结果。"② "一边倒"既是新中国的外交路线，也是中国共产党的对外交往路线。"一边倒"的对外交往方针，是中国共产党在冷战兴起之时所做的历史抉择，体现了中国共产党坚定地走社会主义道路、维护社会主义阵营利益的立场和决心。

中国共产党制定"一边倒"的外交方针，首先，是由当时的国际局势决定的。新中国成立之际，也是冷战的基本格局形成之时。以美国为首的资本主义阵营和以苏联为首的社会主义阵营在政治和军事上的尖锐对立，使得任何新生力量没有中间道路可走。由于意识形态的原因，美国一直推行"扶蒋反共"政策，提出只要国民党政府不垮台，就不改变其支持国民党政府的政策。在蒋介石集团退居台湾后，美国在经济上

---

① 《毛泽东选集》第 4 卷，人民出版社 1991 年版，第 1472—1473 页。
② 《毛泽东文集》第 6 卷，人民出版社 1999 年版，第 31 页。

和军事上继续支持蒋，并将台湾作为在东亚颠覆中华人民共和国和朝鲜民主主义人民共和国这两个新生的社会主义国家的军事基地。美国的这些做法不能不使刚刚成为执政党的中国共产党感到威胁。在两大集团阵线严紧的国际局势下，美国的反动政策为中国共产党倒向以苏联为首的社会主义阵营在客观上起了推动作用。与美国的政策相反，苏联和其他社会主义国家最先承认中国共产党的政权，并向中国共产党和新中国伸出了援助之手，为中国共产党和新中国走向国际社会撑出一片晴空。这使毛泽东认识到，有苏联和其他社会主义国家作为同盟军，有利于新中国遏制以美国为首的西方阵营的反华浪潮，在战略上能起到平衡美国对国民党的支持的作用，争取和平的环境。中国与以苏联为首的社会主义国家建立友好关系，不仅仅可以巩固新生的政权，而且还可以从苏联和其他社会主义国家获得经济技术援助。可见，"一边倒"的外交方针，与冷战背景下的两大政治集团对中国共产党和新中国所采取的截然不同的政治态度有关。

其次，中国共产党采取"一边倒"的外交政策也是合乎历史发展逻辑的。列宁建立世界上第一个社会主义国家之后，第一个宣布废除沙皇政府同中国的一切不平等条约。共产国际成立后，中国共产党是在列宁和共产国际的关怀下建立起来的。当中国共产党还处在幼年时期，共产国际对中国共产党在斗争理论和经验上的指导是"雪中送炭"式的。尤其是在抗日战争时期，苏联用骆驼队给中国运送汽油，派飞机和驾驶员参加与日本侵略者的殊死斗争，为中国人民取得反法西斯斗争的胜利贡献了力量。虽然苏联和共产国际对中国的帮助有时严重脱离了中国国情，为中国革命帮过倒忙，但是，中国共产党马克思主义理论水平的提高和对中国革命特殊性认识的深化，与共产国际和苏联的帮助是分不开的。中国共产党和中国人民看到，只有社会主义苏联才是真心援助中国革命的，因此对社会主义苏联具有历史认同感。而以美国为首的西方国家，在过去一直侵略中国，把中国变成了它们的殖民地。抗日战争胜利后，美国对蒋介石集团进行了大量的军事援助，支持蒋介石发动内战。美国企图通过援蒋以达到控制中国的目的，继续保持以美国为首的西方国家在华的势力，继续在中国实现其殖民统治。中国人民对在殖民统治下的那段屈辱历史感受痛切。美国的这些做法，必然会引起中国人民的反对。中国人民绝不会将经历了千辛万苦才获得的民族独立和社会主义制度葬送。因此，针对苏美两国的不同做法，中国人民和中国共产党对帝国主义尤其是美帝国主义的侵略政策和颠覆阴谋抱有强烈的警惕性，在政治上对社会主义阵营和资本主义阵营加以区别，在外交上主动倒向苏联和社会主义阵营是合乎历史发展逻辑的。

再次，中国共产党要带领新中国通过新民主主义制度而达到社会主义制度，就社会制度来说与苏联具有一致性。苏联作为世界上第一个社会主义国家，其强大的综合国力、其对社会主义国家的援助、其建设社会主义的模式对新生的中国有着强大的吸引力。当时共产国际虽然已解散，国际共产主义运动中不存在一个世界性的领导中心，但是，由于苏联共产党在国际共运中的影响力，使它在各国共产党中享有崇高的地位。中国共产党一直注意保持与苏联共产党的良好关系。中国共产党与苏联共产党具有共同的指导思想和共同的奋斗目标，意识形态上的一致性使得中国共产党执政下的新中国对苏联共产党领导下的社会主义阵营有一种自觉的认同感和归附感。

20世纪50—60年代初，由于"一边倒"战略的实施，中国共产党的对外交往对象，主要是社会主义阵营的共产党。中国共产党与这些党拥有共同的意识形态和奋斗目标，因此与他们形成了"同志加兄弟"的关系。由于苏联共产党在社会主义阵营的崇高地位，中国共产党与苏联共产党的关系是中国共产党对外交往工作的中心内容。那时中国共产党与苏联共产党的关系制约着中国共产党与其他党派的关系，同样也影响着中国共产党与社会民主党及社会党国际的关系。由于冷战的铁幕横亘在东西方之间，战后的苏联共产党与社会民主党在意识形态及国际事务上尖锐对立，使中国共产党与社会民主党没有发展良好关系的可能，二者基本处于隔绝和互不来往的状态。此时中国共产党直接对社会民主党的理论和政策发表意见的情况并不多，但从中国共产党为配合和支持苏联共产党所发表的一些社论中，可以了解到中国共产党支持苏联共产党、反对社会民主党及民主社会主义的态度。

比如，针对苏共在意识形态领域对社会民主党的严厉批判以及苏共在东欧国家强行取消社会民主党组织的举措，中国共产党采取了坚决支持的态度。虽然在中国共产党的宣传刊物和理论刊物中，很少有直接表明这种态度的文章，但从当时极少的关于社会党国际的新闻报道中，可以推衍出中国共产党的这种态度和立场。《参考消息》1957年8月4日对社会党国际第五次代表大会做了简要报道。其中有一段话是这样的：
"流亡社会民主党人（指因不同意与共产党合并而被迫流亡到西欧的原
东欧国家的社会民主党人——引者注）在第五届社会党国际代表大会前
的会议上的所有发言都是极端反苏和反共的。这些流亡者通过了一些诽
谤性和挑拨性的决议。这些流亡政党代表在大会上的发言是对苏联和人
民民主国家真相的极端歪曲。这些叛徒向'自由世界'乞求，要加强
在社会主义国家内进行破坏活动，并拒绝同苏联实行任何合作。流亡者
克特利·安娜要求联合国对苏联进行经济制裁，从联合国中开除匈牙
利，并要求支持决意继续为'匈牙利人民的自由'而斗争的反革命中
心。社会民主党的代表们在会议上的发言差不多都没有提及像'资本主
义'、'工人阶级'、'阶级斗争'这一类的词汇，但是却提出'现有各
阶层居民的合作'（皮特曼—奥地利）的论点。还可以听到所谓马克思
学说已经过时等等暗示。"这篇报道还指责了此次大会选出的主席阿尔
辛·安德森，说他因在联合国中反对苏联对波匈事件采取的行动而使自
己"臭名昭著"。很显然，在此篇报道中，中国共产党称在社会民主党
支持下的东欧流亡社会民主党人为"叛徒"；认为他们对苏共、苏联和
东欧社会主义国家的攻击是"反革命的"、"挑拨性和诽谤性的"，从这
种笔调中可以明确地分析出中国共产党所持的支持苏共、反对社会民主
党的政治立场。而且，该报道还对社会民主党放弃"阶级斗争"、主张
"阶级合作"的理论，表示了反对态度。再比如，1958 年，社会党国际
要求派出以英国工党领袖比万为首的"代表团"进入南斯拉夫，调查
南斯拉夫对前社会民主党人契特尼克的审判情况，遭到南斯拉夫的拒
绝。2 月 27 日，《参考消息》就此事发表评论说："如果这个国际的个
别领导人渴望为外国资本在南斯拉夫的代表辩护，为同占领军进行合作
的人辩护、为王国警察的告密者辩护，那么让他们公开说吧。评论员认
为，让这个国际来保护这种人是大大地玷污了它的名誉的，而对南斯拉
夫来说这意味着企图粗暴地干涉它的内政。……社会党国际的领导中是
否有谁真正认为南斯拉夫会在这个案件上放弃它作为一个独立自主的国
家的性质？而且除了南斯拉夫合法当局以外，还有谁能审查法庭的判
决？社会党国际的领导人一开始就该知道他们会被那些叫这个国际来为
反南斯拉夫宣传运动效劳的人引导到哪儿去，这个运动即使从字面上来
理解也是同社会主义的利益背道而驰的。"这篇报道的笔调和语气比上

一篇更加鲜明，从中可以看出中国共产党对社会党国际决议的对立立场、对南斯拉夫共产主义同盟的支持态度。中国共产党对苏共和南共等共产党的支持、对社会民主党的批判是与意识形态和社会主义阵营的利益紧密相关的，是"一边倒"的对外交往方针的体现。

"一边倒"方针是特定历史条件下的产物，它的提出，是与新中国成立初期所面对的国际国内形势相适应的，在维护国家利益，打破美国孤立、遏制中国的企图，增强中国的政治经济实力和国防安全等方面都曾起过积极作用。当然，也应该看到，"一边倒"方针是特定历史条件下的产物，不具有广泛的适用性。中国共产党与其他社会主义国家共产党的交往很大程度上是以意识形态划线，党际交往的性质并不明确，国家关系与党际关系的界限也含糊不清。所以，一旦发生意识形态发生分歧，党际关系和国家关系都会受到极大的影响。

（二）对"现代修正主义"的全面批判

从伯恩施坦修正主义出现开始，一直到中苏论战和中国"文化大革命"，所谓马克思主义与修正主义的激烈斗争，曾经在国际共产主义运动和中华人民共和国历史上留下了深深的印记。其中，中国共产党对苏联共产党"现代修正主义"的批判，影响了整整一代中国人。现在看来，中国共产党之所以要与苏联共产党进行论战，除了反对大党主义、大国主义的因素外，主要是在时代特征、什么是社会主义、怎样实现社会主义等重大问题上与苏联共产党产生了严重分歧。中苏论战所涉及的具体问题很多，许多问题至今仍须经历实践的检验。在此只讨论中国共产党对苏联共产党的"现代修正主义"进行批判的问题。

1956 年，在苏共二十大上，苏联共产党领导核心提出不同社会制度的国家可以和平共处的问题、向社会主义过渡的形式可以多样化的问题、社会主义体系和资本主义体系可以进行和平的经济竞赛的问题，并在此基础上提出了"和平共处、和平过渡、和平竞赛"这一苏联对内对外政策的总方针、总路线。苏共这一路线变化，受到了中国共产党的批驳，而且批驳的力度逐步加强。1957 年，为了纪念十月革命胜利 40 周年，各国共产党与工人党在莫斯科召开了代表会议。毛泽东亲自率领中国共产党代表团参加了这次会议。在会议期间，由于苏共重申了"和平共处、和平过渡、和平竞赛"的观点，中国共产党代表团向苏共中央提交了著名的《关于和平过渡问题的意见提纲》（以下简称《提纲》），全面阐明了自己的不同意见。中国共产党在《提纲》中强调了无产阶级革命的思想，反对和平过渡的可能性。《提纲》指出："资产阶级不会自动退出历史舞台，这是阶级斗争的普遍规律。任何国家的无产阶级和共产党，绝不能丝毫放松对于革命的准备。必须准备随时迎击反革命的袭击，准备在工人阶级夺取政权的革命紧急关头，如果资产阶级用武力来镇压人民革命（一般来说这是必然的），就用武力去打倒它。"接着，中国共产党明确表示，所谓的"和平过渡"，是社会民主党的修正主义观点，而"社会党不是社会主义的政党。除了个别的左翼以外，他们是为资产阶级服务，为资本主义服务的政党，是资产阶级政党的一种变形。在社会主义革命问题上，我们同社会党的立场是根本不同的。不能模糊这种界限。模糊这种界限，有利于社会党领袖欺骗群众，不利于我们争取社会党影响下的群众"①。从这里可以看出，对苏联共产党提出的、蕴涵着与社会民主党改善关系之义的"和平过渡"观点，中国共产党是不能接受的。但此时的中国共产党还是表示了克制的态度，并不希望破坏与苏联共产党的关系。毛泽东说："中苏根本利益，决定这两个大国总是要团结的。某些不团结，只是暂时的现象，仍然是九个指头与一个指头的关系。"② 但毛泽东对赫鲁晓夫的看法已经发生了某些变化，认为他不是一个好的马克思主义者，在许多问题上背离了马克思主义基本原则，已经走上了"半修正主义"道路。他指出："赫鲁晓夫很幼稚。他不懂马列主义，易受帝国主义的骗。他不懂中国达丁极点，又不研究，相信一大堆不正确的情报，信口开河。他如果不改正，几年后他将完全破产（八年之后）。"而能够纠正这些错误的，只有中国共产党，因为"马克思主义、列宁主义大发展在中国，这是毫无疑义的"③。显然，毛泽东已经开始把中苏分歧和赫鲁晓夫的修正主义联系起来了。

可进入 60 年代，中苏两党进行争论的规模不断扩大，两党关系的破裂不可避免。1960 年 4 月 22 日是列宁诞辰 90 周年纪念日。《红旗》第 8 期首先发表了由该杂志编辑部署名、经中共中央审定的题为《列宁

---

① 《关于国际共产主义运动总路线的论战》，人民出版社 1965 年版，第 97—98 页。
② 《建国以来毛泽东文稿》第 8 册，中央文献出版社 1993 年版，第 599 页。
③ 同上书，第 599 页。

主义万岁》的文章。4 月 22 日,《人民日报》又发表了由该报编辑部署名,同样经过中共中央审定的题为《沿着伟大列宁的道路前进》的文章。同日,北京隆重举行了纪念列宁诞辰 90 周年大会,中共中央政治局候补委员、宣传部长陆定一在大会上作了题为《在列宁的革命旗帜下团结起来》的重要报告。此后不久,人民出版社将上述三篇文章和报告汇集在一起,出版了题为《列宁主义万岁》的小册子,向国内外发行。《列宁主义万岁》就列宁主义是否过时、当时的国际局势和时代特征、战争与和平、和平共处、和平过渡等若干重点问题阐述了中国共产党的观点,批驳了铁托和南共联盟的"现代修正主义"。实际上,《列宁主义万岁》虽然直接点了铁托和南共联盟的名,但它所批判的观点有不少是苏联共产党和赫鲁晓夫的,其目的在于回答苏联共产党对中国共产党在帝国主义、战争与和平、无产阶级革命和无产阶级专政等问题上指责和批评,表明中国共产党在这些问题上的基本主张。在《列宁主义万岁》中,中国共产党对"现代修正主义"进行了明确的界定,指出"现代修正主义"是相对于伯恩施坦"老修正主义"来说的。伯恩施坦修正主义"修正"的是马克思恩格斯的世界革命理论,而"现代修正主义""修正"的是列宁主义的世界革命理论,由于列宁的世界革命理论是对马克思恩格斯理论的继承与发展,所以"现代修正主义"是对"老修正主义"的继承与发展。文章指出:"在十九世纪末年,当马克思主义击溃各种反马克思主义的思潮,在工人运动中广泛传播,并获得统治地位的时候,以伯恩斯坦为代表的修正主义者,适应资产阶级的需要,提出对于马克思学说的修正;现在,当列宁主义引导世界工人阶级、一切被压迫阶级和被压迫民族向帝国主义和各种反动派进军而获得伟大胜利的时候,以铁托为代表的现代修正主义者,适应帝国主义者的需要,提出对于列宁学说(即现代的马克思学说)的修正。……老的修正主义当时企图证明马克思主义已经过时,而现代修正主义则企图证明列宁主义已经过时。""现代修正主义者,从他们对现代世界形势的荒谬论断出发,从他们的那种所谓马克思列宁主义的阶级分析和阶级斗争的理论已经过时的荒谬论断出发,企图在暴力、战争、和平共处等一系列问题上,根本推翻马克思列宁主义的基本原理。"[1] 马克思列宁主义者认为,

---

[1] http://cpc.people.com.cn/GB/64184/64186/66667/4493422.html.

"现在的世界形势"，"不是证明列宁主义已经过时，而是恰恰相反，越来越鲜明地证实列宁在保卫革命的马克思主义和发展马克思主义的斗争中所提出的全部学说。""不论从哪一方面看来，原子能、火箭等等，这些新的技术，都没有像现代修正主义者所说的那样，已经改变列宁所指出的帝国主义和无产阶级革命时代的基本特征。""当代技术的进步，不能挽救资本帝国主义制度灭亡的命运，而只是给资本帝国主义敲了一次新的丧钟。"① 针对铁托提出的"各国可以松一口气并平静地致力于国内建设任务，各国之间的问题不是战争与和平的问题，而是合作、经济和其他方面的问题"的观点，《列宁主义万岁》批驳道："这些论点也都是同马列主义根本对立的。他们的目的是要保护帝国主义的统治，企图使无产阶级和一切劳动群众永远接受资本主义的奴役。"②此时的中国共产党实际上已经认为，铁托和南共联盟、赫鲁晓夫和苏联共产党实际上已经沦落为现代修正主义或右倾机会主义，而中国共产党则代表了马克思列宁主义，中苏两党的分歧和斗争就是马克思列宁主义同修正主义、社会主义同资本主义两条路线的分歧和斗争，根本问题是除社会主义国家以外的 2/3 的人民要不要革命的问题，属于社会主义国家的 1/3 的人民要不要继续革命的问题。中国共产党认为这场斗争是对 20 世纪初列宁反伯恩施坦修正主义斗争的继续，是长期的、复杂的、尖锐的。

苏共二十二大提出"全民国家"、"全民党"理论后，中国共产党认为苏联共产党的修正主义路线已经形成体系，赫鲁晓夫已经完全蜕变成高薪阶层的代表，是社会主义社会中新生的资产阶级分子的代表。在 1962 年的七千人大会上，刘少奇曾说，中国共产党同修正主义的分歧不是一般的分歧，而是关于世界革命的路线的分歧。在帝国主义的本质、战争与和平等问题上，中国共产党和修正主义之间有着严重分歧，这个分歧关系到马克思列宁主义的基本原理。③ 毛泽东则直接点名指出赫鲁晓夫走的是反马列主义的"修正主义路线"，是对第二国际的伯恩施坦、考茨基等人理论的继承，是帝国主义者、反动的民族主义者。1963 年 3 月苏联共产党发表公开信后，中国共产党领导人决心丢掉一

---

① http：//cpc. people. com. cn/GB/64184/64186/66667/4493422. html.

② http：//cpc. people. com. cn/GB/64184/64186/66667/4493422. html.

③ 参见吴冷西《十年论战》下，中央文献出版社 1999 年版，第 484—489 页。

切顾虑，撕破脸皮，不怕破裂，和苏联共产党论战到底。1963 年 9 月，中共中央发表了《苏共领导同我们分歧的由来和发展》，文章回顾了从苏共二十大开始，苏联共产党的"修正主义路线"产生、形成、发展和系统化的过程，表明中国共产党同苏联共产党分歧的根源在于苏共推行修正主义路线。在此后不到一年的时间里，中共中央连续发表了八篇重要文章，俗称"九评"，将中苏两党有关"现代修正主义"的争论推向了高潮。"九评"分别在中苏分歧的由来和发展、斯大林问题、南斯拉夫问题、民族解放运动问题、战争与和平问题、和平共处问题、和平过渡问题以及赫鲁晓夫如何分裂国际共产主义运动、赫鲁晓夫修正主义在世界历史上的教训等九个方面进行了系统的阐述，内容之详尽前所未有，在国内外产生了极大的影响。

在《南斯拉夫是社会主义国家吗?》即"三评"中，中国共产党表示，关于南斯拉夫是不是社会主义国家的问题，其实是关系到社会主义国家应该走什么路的问题，是沿着十月革命道路把社会主义革命进行到底还是沿着南斯拉夫的道路实行资本主义复辟。中国共产党断言，南斯拉夫的国家政权已经蜕化成为资产阶级专政，资本主义已经在南斯拉夫复辟。赫鲁晓夫对南斯拉夫的支持，表明苏联共产党"无论在对外政策或对内政策上，实际上都是以铁托为师"，"亦步亦趋地"沿着修正主义的、复辟资本主义的道路滑下去。"三评"还阐述了"老修正主义"和"现代修正主义"的产生的根源是相同的，二者均源于帝国主义的收买政策。不同的是，"老修正主义"的社会基础是资本主义国家的"工人贵族"，而"现代修正主义"的社会基础却是社会主义国家执政党的领导集团。正因为此，"现代修正主义"对社会主义国家的发展来说，其危害性更大。马克思主义者必须深刻认识到这种危害性，并展开同"现代修正主义"的坚决斗争。"三评"指出："修正主义是帝国主义政策的产物。老修正主义，曾经是帝国主义收买和扶持工人贵族的政策的产物。现代修正主义也是这样产生的。现在，帝国主义这种收买的规模，扩大到不惜工本地收买社会主义国家的领导集团，通过他们实现帝国主义追求的'和平演变'政策。美帝国主义把南斯拉夫看做'带头羊'，就是因为南斯拉夫在这方面提供了一个典型。资本主义在南斯拉夫的复辟，可以擦亮全世界马克思列宁主义者的眼睛，使人们更加清楚地认识到反对现代修正主义的必要性和迫切性。"① 在《新殖民主义的辩护士》即"四评"中，中国共产党指责苏联共产党领导人对亚非拉被压迫民族的解放斗争，采取的是消极、鄙视和否定的态度，实际上充当了新殖民主义的辩护士。"四评"最后明确说，赫鲁晓夫等人反对民族解放斗争，继承的"是破了产的第二国际修正主义的政策"。以伯恩施坦和考茨基为代表的第二国际的"老修正主义者"，曾经是帝国主义的老的殖民统治的辩护士，赫鲁晓夫与他们之间的区别仅仅在于，"第二国际修正主义是为帝国主义的老殖民主义服务的，而现代修正主义则是为帝国主义的新殖民主义服务的。老修正主义是跟着老殖民主义的调子歌唱，赫鲁晓夫是跟着新殖民主义的调子歌唱"②。由此，中国共产党断言："列宁指出的国际工人运动中的革命派和机会主义派的分野，现在不仅在资本主义国家的工人运动中出现了，而且在无产阶级掌握政权的社会主义国家中也出现了。"③《在战争与和平问题上的两条路线》即"五评"回顾了第二国际修正主义者关于战争与和平问题的主要论点，以及列宁、斯大林对这些论点的批驳，指出赫鲁晓夫在战争与和平问题上的观点完全是第二国际修正主义的翻版。文章指出："第二国际的修正主义者，工人阶级的叛徒，却帮助帝国主义欺骗群众，成为帝国主义发动两次世界大战的帮凶。在第一次世界大战以前，以伯恩施坦和考茨基为代表的修正主义者，竭力用虚伪的和平言词，麻痹人民革命的斗志，掩饰帝国主义准备世界战争的计划。在第一次世界大战爆发前后，老修正主义分子就纷纷扯下了'和平'的假面具，站在本国帝国主义政府一边，拥护帝国主义重新瓜分世界的战争，在国会中投票赞成军事拨款，虚伪地利用'保卫祖国'的口号，煽动本国的工人阶级投入残杀别国工人兄弟的战争。……第一次世界大战结束以后，叛徒考茨基和他的继承者，更加明目张胆地充当帝国主义的和平骗局的吹鼓手……列宁无情地揭露了考茨基等人的丑恶面目。列宁指出，第二国际修正主义者的和平主义'无非是对人民的一种安慰，无非是使各国政府便于在今后的美帝国主义大战中驯服群众的一种手段！'斯大林指出，

---

① 《关于国际共产主义运动总路线的论战》，人民出版社1965年版，第172页。
② 同上书，第203页。
③ 同上书，第206页。

'这里最重要的是：社会民主党是帝国主义的和平主义在工人阶级中的主要传播者，也就是说，在准备新战争和干涉方面，它是资本主义在工人阶级中的主要支柱。'人们只要读一下赫鲁晓夫同志在战争与和平问题上的言论，只要把赫鲁晓夫的言论同伯恩施坦和考茨基等人的言论对照一下，就会发现，赫鲁晓夫的观点并没有什么新创造，而是第二国际修正主义的翻版。赫鲁晓夫在战争与和平这个关系人类命运的问题上，正在步伯恩施坦的后尘，步考茨基的后尘。历史经验证明，这是一条对世界和平十分危险的道路。"① 在题为《两种根本对立的和平共处政策》即"六评"中，中国共产党指出赫鲁晓夫的和平共处政策其实就是"阶级投降政策"，"是对马克思列宁主义明目张胆的背叛"②。《苏共领导是当代最大的分裂主义者》即"七评"回击了苏联共产党领导人指责中国共产党搞"分裂主义"的提法。"七评"用大量篇幅阐述了列宁的世界革命理论，回顾了列宁在俄国党内反孟什维克的斗争、在国际上反对社会沙文主义的斗争的历史，指出修正主义的出现历来是引起国际共产主义运动分裂的根源，对修正主义进行坚决地批判才能达到国际共产主义运动的真正团结，否则就是无原则的"调和"，其结果必然会导致向帝国主义投降。文中说道："国际共产主义运动的历史还表明，在共产主义运动发展的各个不同的历史时期中，维护团结和制造分裂的斗争，实质上说马克思列宁主义同机会主义、修正主义的斗争，是坚持马克思主义同背叛马克思主义的斗争。不论在国际范围内，或者在一个国家中，只有在马克思列宁主义的基础上，才会有无产阶级的真正团结。不论在国际范围内，或者在一个国家中，哪里的机会主义和修正主义盛行起来，那里的无产阶级队伍就必然产生分裂。共产主义运动的每一次分裂，总是由于机会主义者和修正主义者反对和背叛马克思列宁主义而引起的。"③ "马克思列宁主义者对于机会主义者、修正主义者公开分裂国际共产主义运动的挑战，绝不能作原则的让步，只有同他们的分裂主义进行坚决的斗争。这是马克思、恩格斯和列宁的极其宝贵的遗训，也是维护国际共产主义运动团结的唯一正确的道路。"④ 中国共产党指出，

① 《关于国际共产主义运动总路线的论战》，人民出版社 1965 年版，第 211—215 页。
② http：//news. xinhuanet. com/ziliao/2005—01/27/content_ 2514285. htm.
③ 《关于国际共产主义运动总路线的论战》，人民出版社 1965 年版，第 294 页。
④ 同上书，第 297 页。

目前共产主义运动面临的"迫切任务"就是反对分裂，维护团结。而要达到真正的团结，就必须反对现代修正主义。① 中国共产党指出，目前共产主义运动面临的"迫切任务"就是反对分裂，维护团结。而要达到真正的团结，就必须反对现代修正主义。文章最后指出："目前国际共产主义运动遭到修正主义和分裂主义逆流的袭击，这也是历史发展进程中合乎规律的现象。它虽然给国际共产主义运动和某些兄弟党带来暂时的困难，但是，修正主义者暴露了自己的面目，引起了马克思列宁主义同修正主义的斗争，这是一件好事。毫无疑问，马克思列宁主义并将葆其青春，磅礴于全世界；国际共产主义运动必将在马克思列宁主义的基础上更加强大，更加团结；国家无产阶级事业和世界人民革命事业，必将获得更加辉煌的胜利。现代修正主义是一定要彻底破产的。"②
1964 年 3 月 31 日，中共中央发表了题为《无产阶级革命和赫鲁晓夫修正主义》的评论文章，即"八评"。"八评"的第一段话指出："本文想讨论一个大家都熟悉的、很出名的问题，这就是所谓'和平过渡'问题。这个问题之所以出名，弄得大家都注意起来，是由于赫鲁晓夫在苏共第二十次代表大会上提了出来，在苏共第二十二次代表大会上用纲领的形式加以系统化，以其修正主义的观点，反对马克思列宁主义的观点。一九六三年七月十四日苏共中央的公开信，又重弹这个老调。"③
文章从苏共二十大讲起，联系到伯恩施坦和考茨基第二国际的修正主义，联系到列宁对伯恩施坦和考茨基的批判，联系到第二次世界大战以后国际共运内部主张"和平过渡"的一些代表人物，着重批驳赫鲁晓夫的"议会道路"和"和平过渡"的观点。文章重申了关于暴力革命的思想，阐述从苏共二十大以来中苏两党在这个问题上的分歧。这篇文章的言词愈加尖锐，第一次指名道姓地给赫鲁晓夫戴上了"伯恩施坦门徒"的帽子。用毛泽东的话说："以比过去更加清楚的语言，回答修正主义者。"文章最后指出："我们愿意奉劝苏共领导同志，过去有多少机会主义者和修正主义者都被丢进历史垃圾堆，你们何必一定要跟着他们的脚印走呢？'沉舟侧畔千帆过，病树前头万木春。'冒牌的社会主

---

① 《关于国际共产主义运动总路线的论战》，人民出版社 1965 年版，第 297 页。
② 同上书，第 334 页。
③ 同上书，第 337 页。

义是死亡了，但是，科学社会主义却充满着青春的活力，它正在以更加宽阔的步伐向前迈进。"①《关于赫鲁晓夫的假共产主义及其在世界历史上的教训》即"九评"全面系统地批判了所谓"赫鲁晓夫的修正主义"，断定苏联已经实现了资本主义"复辟"，阐明了中国共产党的社会主义观、共产主义观，总结了苏联"变修"的"历史教训"，提出了中国在如何"反修防修"问题上的理论主张。"九评"指出，正是赫鲁晓夫的修正主义路线，葬送了苏联的社会主义，使资本主义在苏联复辟。苏联的教训告诉包括中国共产党在内的所有共产党和工人党，马克思主义同修正主义的斗争，实质上就是社会主义和资本主义两条路线的斗争，是资产阶级同无产阶级的阶级斗争，这两个斗争在社会主义社会长期存在。中国共产党"九评"的发表，标志着中苏之间的大论战达到了高潮。此后，中苏两党还继续通过信件来往等其他方式不断相互指责，但影响力均不及"九评"。通过以上对"九评"的分析，中国共产党有关"现代修正主义"的观点主要是：

其一，"现代修正主义"是对"老修正主义"即伯恩施坦修正主义的继承和发展。"老修正主义""修正"的是马克思恩格斯的世界革命论，"现代修正主义""修正"的是马克思恩格斯的继承者列宁的世界革命论。

其二，修正主义是帝国主义政策的产物。"老修正主义"曾经是帝国主义收买和扶持资本主义国家工人运动中的工人贵族的产物。"现代修正主义"是帝国主义国家不惜工本地收买社会主义国家的领导集团的产物，其目的就是实现对社会主义国家的"和平演变"。

其三，马列主义者和修正主义者的斗争是长期的、尖锐的，其实质是资本主义同社会主义两条路线、资产阶级和无产阶级两个阶级之间的斗争，这两个斗争在社会主义国家将长期存在。

其四，修正主义的出现，是国际共产主义运动分裂的根源。要达到国际共产主义的团结，必须与修正主义作坚决斗争，不能与修正主义者搞无原则的"调和"，否则就有葬送无产阶级世界革命的危险。

其五，源于伯恩施坦的社会民主党的"老修正主义"，是已经被"历史丢进了垃圾堆"的错误理论。马列主义者和"老修正主义"者的

---

① 《关于国际共产主义运动总路线的论战》，人民出版社1965年版，第384页。

斗争，过去主要存在于资本主义国家的工人运动中，存在于社会主义国家的共产党同资本主义国家的社会民主党之间。而今，社会主义国家执政的共产党走上了"现代修正主义"道路，在理论上信奉伯恩施坦修正主义，在政策上向社会民主党方向蜕变，其危害性远远大于西方资本主义国家社会民主党对国际共运的影响。因此，当今的马列主义者（中国共产党）必须将主要精力倾注在同社会主义国家的"现代修正主义"作斗争上。

其六，社会民主党是工人运动的叛徒、其修正主义理论是维护资产阶级统治反对无产阶级革命和无产阶级专政的。由于苏联共产党的"修正主义"理论与社会民主党的修正主义理论如出一辙，所以，应该将苏联共产党领导人看成是背叛了世界革命和社会主义事业的叛徒，不能再将苏联共产党领导人看成是犯了错误的同志。

从历史上来看，修正主义问题的实质是如何运用和发展马克思主义的问题。如果一国的工人阶级政党借口时代的变化，将马克思主义的某些具体论断的"过时"说成是马克思主义本身的"过时"，以反"教条主义"为名，违背马克思主义原理，违背马克思主义的立场、观点、方法，不是为大多数人谋利益，而是为少数人谋利益，这样的党还宣称自己是马克思主义政党，那才是真正的修正主义。如果不是这样，而是一国的工人阶级政党根据时代的发展，大胆抛弃已经过时的或者不适合本国情况的马克思主义的某些具体论断，立足于时代的变化和本国国情，将马克思主义时代化、本土化，这就不是修正主义，而是发展马克思主义。不过发展马克思主义是一项很艰巨的工作，在发展中也会发生这样或那样的偏差，但这是探索中的失误，与修正主义错误是不同的。20世纪60年代，中国共产党对南共联盟、苏联共产党的批判，实质上是这些兄弟党在本国创造性地运用马克思主义或者做这样的探索。铁托在被斯大林制裁情况下，引进资本主义国家的资金、技术设备，搞工人自治和部分企业私有化的试验，是在极端困难的情况下坚持实事求是的思想路线，将马克思主义与本国世纪相结合的探索。这种探索是积极的，不应该被批判为"修正主义"。赫鲁晓夫同样也是个改革者，只是他不是一个成功的改革者。斯大林逝世后不久，赫鲁晓夫就采取了一些政策措施，试图解决苏联社会主义建设中长期积累的一系列矛盾。如，在农业方面，除开垦大批荒地外，从体制上主要是改变过分集中的农业管理体制，扩大集体农庄和国营农场的自主权（即允许农庄庄员拥有一定数量的自留地和饲养一定数量的牲畜）；削减农业税，提高农副产品收购价格，大规模开垦荒地和种植玉米。在工业方面，一是将原来由中央各部实行"条条"管理过渡到按地区实行"块块"管理；二是按此建立经济行政区；三是扩大地方在经济管理中的权力；四是发挥工人群众参于管理的积极性；五是改进对企业的计划领导制度，进行以经济手段（利润、奖金、价格、货币等）代替行政手段以刺激企业生产的试验。但后来，赫鲁晓夫的改革越来越变形，唯意志论越来越严重，特别是"20 年建成社会主义"的计划不但促使了"全民国家"、"全民党"理论的出台，而且赫鲁晓夫又把党组织分为"工业党"和"农业党"，从而削弱了党的领导，也失去了地方和军队的支持。总的来说，赫鲁晓夫的改革精神还是值得肯定的，但他对苏联旧体制的改革既不彻底，又太轻率。他既没有改变斯大林时期的经济管理理论和产业结构，也没有完全抛弃行政命令式的管理体制和方法；既没有调动起工农群众真正的积极性，也没有充分发挥知识和科技的力量。赫鲁晓夫反对斯大林搞个人崇拜，但他自己又迷信权利和意志。他没有建立一套科学民主地选拔干部的制度，党政领导的主要干部依然由自己遴选或者听信别人的推荐由他指派，这一方面使得真正的人才难以脱颖而出，同时给那些投机钻营和官迷心窍的人以可乘之机，埋下了党内权力斗争的种子。对外政策上，赫鲁晓夫认为和平的因素超过战争的因素，主张东西方缓和，以避免核战争，提出了"三和路线"，即和平共处、和平竞争、和平过渡。但他的对外政策仍然导致了美苏核对抗，其大党主义、大国主义对社会主义国家之间的关系造成了不利影响。因此，赫鲁晓夫的下台，其原因并非在于"推行修正主义路线"，而在于改革的不彻底性和轻率性。

中苏论战后，由于中国共产党认为"屈服于帝国主义的压力，是修正主义产生的国外根源；屈服于资产阶级的压力，是修正主义产生的国内根源"，在国内政策上，中国共产党领导人非常强调阶级斗争，并把党内不同意见看作修正主义，提出了防修反修的任务。在对外政策上，中国共产党在没有对"修正主义"进行科学定义的前提下，将许多主张从本国实际出发，进行合法的议会斗争和群众斗争的资产阶级国家的共产党，划到了"修正主义"一边，把一些社会主义国家的执政党基于本国国情所进行的经济体制改革的尝试看成是"资本主义复辟"。为了维护社会主义阵营"意识形态的纯洁性"，中国共产党强行将自己的理论和观点推向别国的兄弟党，甚至要求别国党走农村包围城市的世界革命道路和"文化大革命"的道路。中国共产党的这些做法，最终造成了自己曲高和寡，"光荣孤立"的局面，在全世界 89 个共产党、工人党中，有 78 个先后与中国共产党中断了关系。

值得一提的是，20 世纪 50—60 年代，中国共产党对修正主义意识形态的尖锐批评，不是直接针对社会民主党的，而是出现在与苏联共产党进行论战的文章中，主要是针对苏联共产党并服务于中苏论战的主题的。这不能不说是冷战格局下的一种奇特的现象。对共产国际思维定式的承袭、冷战初期严紧的阵线及中国共产党的极"左"路线共同促成了这一现象的产生。

由于冷战初期东西方阵营阵线的严紧，社会民主党没有进入中国共产党对外交往的视阈。在中国共产党看来，社会民主党的理论路线是反对世界革命和无产阶级专政、支持帝国主义反对社会主义国家的，其反动性质早在列宁和共产国际时期就已经被中国共产党所认识。对于社会民主党的言论，中国共产党认为无须过多的关注、争论和辩驳。但社会主义国家执政党的领导集团走上"现代修正主义"路线，推行与社会民主党相类似的政策，对社会主义国家和阵营来说，就意味着资本主义复辟，是极其危险的，中国共产党必须将主要精力集中于对"现代修正主义"的批判。因此，在中苏论战期间，即使是对社会民主党人敌视中国共产党的一些言论，中国共产党也只是简单地进行报道，没有投入过多的精力进行争论和批判。如对社会党国际在西藏和印度问题上所持的反共态度，《人民日报》和《参考消息》都做过报道。在报道中只用了"社会党国际诬蔑我国'摧毁西藏自由'"、"社会党国际诬我侵略印度""社会民主党同情西藏叛匪"等语句，报道的篇幅也不长。中国共产党在表达与社会党国际和社会民主党人的立场差异时，没有像与苏联共产党进行意识形态大争论时那样进行激烈"口诛笔伐"，而是通过一些言词不多、语调并不十分尖锐的报道，表达了自己同社会民主党以及社会党国际的不同政治观点和政治立场。战后社会党国际的建立、社会民主党的理论革新和在政坛上的沉浮，中国共产党不但少有报道，而且缺乏研究。

中国共产党对"现代修正主义"的批判，印证了列宁、共产国际对社会民主党及其理论的观点和做法在中国共产党身上的深刻烙印，表明了中国共产党僭越共产国际"左"的思想前提的艰巨性和势在必行。通过对"现代修正主义"的批判，中国共产党的"左"倾理论日渐深入到党的思想政治教育系统和每一个党员的心中。20 世纪 60 年代，受到当时党内逐步泛滥的极"左"路线的影响，中国共产党走上了"支左反修"的错误轨道。"支左反修"的路线，完全杜绝了中国共产党与社会民主党发展关系的一切可能，也模糊了中国共产党的理论视野，使中国共产党难以形成对社会民主党和民主社会主义的正确认知。

总的说来，无论是符合当时历史条件的"一边倒"抉择，还是后来越来越脱离实际的"支左反修"的极"左"路线，中国共产党与社会民主党都处于全面的对立状态。但中国共产党与社会民主党之间既没有爆发意识形态大论战，也没有引发世界政坛上的残酷争斗，表现出一种很特殊的"冷"对立状态。社会党国际成立后，社会民主党提出以"民主社会主义"作为其意识形态的名称，使社会民主党的意识形态走向了现代化。走向现代化的社会民主党，在西方国家通过构建福利国家而迎来了发展的"黄金时期"，成为西方社会的主流政党和主要执政党。对于这些，致力于反对"现代修正主义"的中国共产党是缺乏关注和研究的。

二　有限的接触与可贵的思考

如前所述，冷战初期，国际政治以意识形态划线，中国共产党和社会民主党由于意识形态的信仰不同，各自选择了不同的政治立场。由于社会主义阵营与资本主义阵营阵线严紧，决定了中国共产党和社会民主党处于全面对立的状况。但是作为国际政坛上两支重要的政治力量，二者不可能完全互不相干，绝对隔绝。从中国共产党对社会民主党的"冷"对立的态度下，可以看出意识形态在中国共产党的党际交往中的绝对主导地位，但是，对于冲破冷战的铁幕，与中国共产党进行直接接触的少数社会民主党人，中国共产党却采取了区别对待的实事求是的态度。在与极少数社会民主党人直接接触时，本着维护世界和平的目的，没有苛求这些党与中国共产党的意识形态一致，主张能合作即合作，希望通过与这些政党的合作，促进中国与西方的民间交往和经济文化的交流。这与共产党阵营内部完全以意识形态的严格一致来决定党际关系形成了耐人寻味的对比。毛泽东认为，意识形态和社会制度的不同，不应成为彼此合作的障碍，只要相互尊重，互不干涉内部事务，是可以求同存异和相互合作的。刘少奇曾经指出，在国际事务中不可避免地存在着社会制度不同、意识形态不同、发展程度不同、认识程度不同等问题，各方可以在不干涉内政的前提下进行对话、协商，甚至做朋友。① 中国共产党在与极少数社会民主党接触时，很好地贯彻了毛泽东和刘少奇的这一思想。

（一）第一次"亲密接触"

1954 年中国共产党与社会党国际领导人之间进行了第一次"亲密接触"。这次"亲密接触"是由"亚洲社会党会议"的召开偶然性地促成的。第二次世界大战后，亚洲的社会民主党在意识形态上完全接受了社会民主党的民主社会主义理论，在政策主张上也接受社会民主党的具体提法和见解，同时在冷战的背景下也坚持了民主社会主义的反共立场。但是，由于亚洲国家饱尝殖民压迫之苦，所以亚洲社会民主党人主张在国际事务中置身于大国集团之外，不甘接受外来的压力和干涉，对亚非拉其他国家的民族解放运动抱有深刻的同情，极力要求社会党国际就反对殖民主义问题形成决议。但是以西方社会民主党为主体的社会党国际已沾染上西方殖民主义的恶习，在历次会议中对殖民主义问题采取了回避的态度，只是笼统地强调对不发达国家进行经济援助。亚洲社会民主党人认为，社会党国际在反对殖民主义问题上的模糊态度以及对欧洲以外地区政治的漠不关心，严重伤害了他们的感情。由印度尼西亚、印度和缅甸三国的社会民主党倡议，"亚洲社会党会议"于 1953 年召开了成立大会。在成立大会上，一些亚洲社会民主党人主张将"亚洲社会党会议"建设成为独立的地区性的社会党国际组织，不并入社会党国际。"亚洲社会党会议"的召开，对社会党国际领导人的触动很大。当时的社会党国际主席菲利浦斯忧心忡忡地指出，社会党国际有沦为"西方人"或"白种人"国际的危险，国际的成员所关心的事务，都是欧洲党和欧洲事务，这使得社会党国际带有严重的地区局限性。一旦新的

---

①　参见《刘少奇年谱》下卷，中央文献出版社 1996 年版，第 462 页。

亚洲社会党国际组织成立，国际社会将出现按人种划分的两个社会党国际组织并存的局面。这种"尴尬的困境"应当引起社会党国际的足够重视，同亚洲社会民主党的关系问题必须成为社会党国际迫切需要解决的问题。

为了协调同亚洲社会民主党人的关系，1954 年，社会党国际派出了英国工党领袖艾德礼率领的代表团第一次踏上了亚洲的土地。首次踏上亚洲土地的社会党国际代表团成员与中国共产党领导人进行了第一次直接接触。这是新中国成立后，最早与中国共产党接触的社会民主党代表团。毛泽东作为中国共产党的主席亲自接见了社会党国际代表团。中国共产党领导人的不凡风采，给艾德礼留下了深刻的印象。毛泽东在会见中明确提出的"我们的社会主义与你们的社会主义是可以和平共处的"观点，对社会党国际代表团的触动很大。毛泽东说："你们到中国来看看是很好的。……你们问我们和你们所代表的社会主义能不能和平共处？我认为可以和平共处。……只需要一个条件，就是双方愿意共处。为什么呢？因为我们认为，不同的制度是可以和平共处的。我们和你们也可以合作。……有两个基本条件使我们完全可以合作：一、都要和平，不愿打仗；二、各人搞自己的建设，因此也要做生意。和平、通商，这总是可以取得同意的，对不对？"① 从这里可以看出，中国共产党在新中国成立后虽然采取了"一边倒"的外交路线，与社会民主党的交往面很小，但是，在与极少的社会民主党人进行直接接触时，中国共产党表现出了实事求是的科学态度。在会见中，毛泽东还表达了这样的愿望，他希望通过与社会民主党人的这次接触，将他们作为"中间环节"，向西方世界和美国表明中国维护世界和平与国家主权的态度和决心。毛泽东对艾德礼说："希望美国也采取和平共处的政策。美国这样的大国如果不要和平，我们就不得安宁，大家也不得安宁。这个工作英国人好做，因为我们和美国人彼此对骂得很厉害。"② 毛泽东甚至还表达了希望社会民主党人消除对苏联和苏共的敌视，双方通过直接接触和相互了解，从而缓和东西方关系以结束冷战的愿望。他说："我认为，英国工党朋友对苏联的了解是不恰当的。英国是个大国，苏联也是大

① 《毛泽东文集》第 6 卷，人民出版社 1999 年版，第 338—339 页。
② 同上书，第 341 页。

国，这两个国家的关系搞不好，世界和平就成问题。问题不在于中国应和苏联离开，而是英国应该和苏联靠拢。我劝你们和苏联靠拢，这是我们的建议。为什么你们这样不喜欢苏联呢？中国、苏联、英国和其他各国彼此都靠拢些，观点不要一成不变，情况就可以改善。怎么样？再说一句，这也包括美国在内，希望美国也采取和平共处的政策。"① 中国共产党与社会党国际代表团的这次亲密接触，对社会民主党和社会党国际改变对中国共产党的态度起了很大的积极作用。一部分社会民主党人认为，中国共产党的领袖毛泽东在这次会见中对社会民主党所表达的愿望和所持的态度是积极的、具有前瞻性的。正是在这次接触后，1954年年底，在中国还没有取得联合国的合法地位时，北欧的瑞典、丹麦、挪威和芬兰，以及瑞士同中国建立了外交关系，其中4国政府是由社会民主党领导和参加的。但值得一提的是，同这些国家建立外交关系并不等于与这些国家的社会民主党建立了党际关系。在这些国家执政的社会民主党，本着现实主义和实用主义的原则，看到中国在国际社会中地位的不断提升，从国家的政治利益出发，与中国建立了国家间的外交关系。再加上这些国家实行多党民主竞选制度，社会民主党与资产阶级政党轮流执掌政权，因此，国家之间关系的建立并不具有党际关系建立的意义。

即使在中苏论战激烈进行时，中国共产党对社会主义国家的执政党以意识形态划线进行批判，但对与中国共产党直接接触的个别社会民主党，中国共产党依然没有苛求于意识形态的一致，继续本着为发展国家关系、为维护世界和平而合作的思想。1964年在会见法国议员代表团时，毛泽东依然表达了这一思想。他说："我们做个朋友，做个好朋友。你们不是共产党，我也不是你们的党；我们反对资本主义，你们也许反对共产主义。但是还是可以合作。在我们之间有两个根本的共同点：第一，反对大国欺侮我们。……不管资本主义大国也好，社会主义大国也好，谁要控制我们，反对我们，我们是不允许的。……第二，使两国间在商业上、在文化上互相往来。"②

由于社会民主党难以改变对共产党的敌视和"欧洲中心主义"的顽

---

① 《毛泽东文集》第6卷，人民出版社1999年版，第341页。
② 《毛泽东文集》第8卷，人民出版社1999年版，第370页。

固立场，"亚洲社会党会议"事件解决后，社会党国际又重新将工作重心转向欧洲，这使社会民主党人失去了很多与中国共产党进行直接接触的机会。再加上中国共产党对外交往的主要注意力也不在社会民主党身上，中国共产党很少主动与西方社会的社会民主党进行接触，只是向主动与中国共产党进行直接接触的社会民主党人表达了超越意识形态差异以谋求合作的思想。而当时的冷战背景，使社会民主党与中国共产党接触的机会很少，直接接触的次数更是微乎其微。

但是，中国共产党领导人与社会党国际代表团领导人的接触与对话，是中国共产党直接接触社会民主党的开始。这次接触，虽然没有产生足够大的政治影响，但却是中国共产党自主接触和认知社会民主党的开始，其意义是重大且值得肯定的。正是这次接触，为中国共产党怎样处理与社会民主党的党际关系、怎样处理与社会民主党的意识形态分歧问题奠定了最初的基调。

（二）对日本社会党的友好态度与可贵思考

在冷战的背景下，中国共产党和社会民主党难以建立和发展友好的党际关系，但是，中国共产党与日本社会党之间的特殊的友好关系促进了中国与日本的国家交往，为中日邦交的正常化作出了贡献。这在冷战初期颇具特殊性，有必要对中国共产党与日本社会党的关系进行特别分析。

日本社会党在地域上虽然是亚洲地区的社会民主党，但是，日本社会党是社会党国际的成员党，从政治主张和信奉的意识形态来看，它与社会民主党没有区别，属于社会民主党阵营。战后的日本社会党为了遏制美国在日本的势力，希望与中国、苏联等与美国有矛盾的国家建立联系，以维护日本的主权和独立。日本社会党对美国在日本和东亚地区的扩张多次表示抗议。因此，战后的日本社会党虽然在意识形态上追随了社会民主党，但是在政治利益上却与以美国为首的西方阵营有差异。中国共产党无论在意识形态上还是在政治利益上都与美国尖锐对立，中国对美国在东亚地区的霸权主义进行了强烈的抵制。这与日本社会党的政治利益有共同点。可以说，中国共产党和日本社会党均很早就认识到这个共同点，并都认为可以将这个共同点作为基础进行合作。早在1955年日本国会议员访华时，毛泽东就谈到了这一点。毛泽东说："我们两国有个共同问题，就是有一个国家压在我们的头上。你们以为中国是独立的国家，是不是？中国现在没有完全独立，和你们的情况一样，你们也不是完全独立的，这是共同点。"① 中国共产党的这一表示，立即得到日本社会党的回应。1959 年日本社会党派团访华。日本社会党委员长浅沼稻次郎在北京发表演讲，明确指出美帝国主义是中日两国人民的共同敌人，号召中国共产党和中国人民与日本社会党和日本人民合作，共同对付美国。浅沼稻次郎的演说，在日本国内和西方阵营引起了巨大反响。一些右翼分子对日本社会党的中国之行表示了反对，浅沼稻次郎也在 1960 年遭到右翼分子的刺杀身亡。社会党国际也对日本社会党施加压力，要求日本社会党就与中国共产党交往问题"说明情况"，并作出遵守民主社会主义原则的"保证"。但所有这些都没有阻止中国共产党与日本社会党的关系朝友好与合作的方向发展。中日两党之间的联系不断加强。1961 年日本社会党国会议员黑天寿男来到中国，毛泽东接见了他，两人就浅沼稻次郎提出的"美帝国主义是中日两国人民的共同敌人"这一论点交流了意见。黑田寿男表示，浅沼稻次郎先生关于"美帝国主义是中日两国人民的共同敌人"的讲话是很好的，日本社会党将继承浅沼先生的精神并发扬他的精神。毛泽东也表示："浅沼先生抓住了日本同美国关系的本质，也抓住了中国以及亚洲、非洲、拉丁美洲甚至欧洲和北美加拿大各民族的问题的本质。当时我曾对浅沼先生说过，对这种论点赞同的人有时少一些，有时多一些，但过些时候总会得到大多数人赞成的。"② 中国共产党和日本社会党的这种为了共同利益进行合作的坚决态度，是二者发展良好关系的重要思想保障。

在中国共产党对社会民主党的极少数报道中，对日本社会党的报道占据了很大的篇幅，而且基本上都是对日本社会党的正面报道。如前所述，在 1957 年 8 月 2 日第 4 版的《参考消息》中，中国共产党对社会党国际五大进行了报道。在报道东欧流亡社会民主党人的大会发言时，中国共产党表现出与社会民主党的对立立场。但是，就在这同一篇报道中，中国共产党对日本社会党的大会发言进行了叙述和评论。中国共产党对日本社会党进行报道时所用的措辞，明显体现出中国共产党在国际

① 《毛泽东文集》第 6 卷，人民出版社 1999 年版，第 481 页。

② 同上书，第 241 页。

事务上对日本社会党的支持。报道指出："日本代表团在会议中起着特别的作用。日本社会党代表安部俊子还在社会民主党妇女国际理事会的会议上就以关于试验原子武器给日本人民带来有害后果的报道引起了普遍的注意，她呼吁有关国家的政府签订关于禁止核武器试验和停止生产原子弹的协定。在这次会上，安部俊子代表她的党主张承认中华人民共和国，并接纳它参加联合国，主张和平解决台湾问题。这位日本代表的发言不论在社会党妇女大会上或者在社会党国际代表大会上都受到了鼓掌欢迎。在决议的初步草案中没有提到关于接纳中华人民共和国参加联合国一节。但是，由于日本社会党代表的发言和许多代表的支持，在会议的最后一天中，关于国际局势的决议作了如下修改：'会议确认，既然要解决任何远东问题都必须同中国的北京政府进行接触，所以北京的代表应该被接纳参加联合国。'"在以后的报道中，中国共产党对日本社会党均表示了支持的态度。如 1964 年 9 月 11 日的《参考消息》报道了日本社会党新当选的委员长佐佐木更三激烈谴责社会党国际支持英国工党在马来西亚推行殖民主义和西德社会民主党加入北大西洋公约组织的右倾行为。中国共产党在报道中表示了对日本社会党观点的支持。

值得注意的是，通过与日本社会党的接触与合作，中国共产党领导人的理论研究触角首次深入到对东西方共产党和社会民主党的理论分裂进行科学分析的领域。这是在冷战背景下，在社会民主党和共产党完全处于不同的政治集团的情况下，中国共产党领导人对东西方社会主义理论分裂的社会历史根源所作的一次可贵探索。毛泽东在回顾了社会主义运动史的基础上，深入分析了日本和中俄两国的社会历史背景的不同，初步提出了中国共产党对东西方社会主义运动和理论分裂的看法。1961年，在接见黑田寿男时毛泽东说："你们国家为什么到现在革命还没有胜利呢？看来资本主义比较发达的国家，胜利可能比较晚些，其原因就是资本主义比较发达。革命首先在资本主义不发达的国家取得胜利，那里空气稀薄，易于突破。例如俄国和中国空气是稀薄的。……日本有资产阶级的民主，有国会，这是你们的好处，也是缺点。中国没有民主，国民党就是抓人、杀人，什么也不给我们。这也许是缺点，也许是优点。那么我们有什么出路呢？我们的出路就是学蒋介石，你们能杀人，我们为什么不能杀人？我们进行过调查研究，国民党有手，手里有刀有枪；我们也有手，但没有刀枪。如果我们能把国民党手里的刀枪夺过来，不是也可以杀帝国主义的走狗，也可以搞出点名堂来吗？你们的情况有些不同，有议会制度，比较有些民主，不像中国的国民党那样抓人、杀人，那就可以利用，利用它来搞群众运动。我不大了解你们的情况，大概日本的垄断资本比中国的买办资产阶级聪明些，看来，你们也可利用这一点。"① 显然，在这一段话中，毛泽东将日本社会党看成是社会主义的政党，中国共产党和日本社会党作为社会主义政党，共同处在与资本主义相对立的一极，二者可以共同研究，共同探索，互相交流与资本主义斗争的经验。这与当时中国共产党认为社会民主党是"资产阶级走狗和别动队"、"无产阶级的叛徒"的看法大相径庭。毛泽东还认为，中国和日本的国情不同，必须尊重日本人民和日本社会党根据自己的国情选择实现社会主义的道路，中国共产党不了解日本的情况，不能妄加指责和干涉。毛泽东的这种思想，在当时的冷战背景下是极其难能可贵的。遗憾的是，在极"左"思想的影响下，毛泽东的探索也只限于日本社会党，他没有将这一思想上升为中国共产党处理与民主社会主义理论和整个社会民主党关系的指导思想。但是，毛泽东的这一思想、中国共产党对个别社会民主党进行区别对待的政治态度和政治实践，为20世纪80年代中国共产党僭越共产国际"左"的思想前提奠定了理论基础和实践基础。

综观新中国成立后至20世纪70年代末以前，中国共产党对社会民主党和民主社会主义持全面对立与全盘批判的态度。这种立场和态度，一方面是由冷战初期严紧的阵线所致，另一方面是中国共产党在极"左"路线下对共产国际有关社会民主党观点的现实演绎。但是，作为世界政坛的两支重要力量，中国共产党和社会民主党在对立与对抗的主流下，也有过极其有限的接触。这些接触，既不具有党际交往的意义，也没有在国际政坛上产生大的影响，但却是中国共产党直接接触与了解社会民主党的开始，体现了中国共产党僭越共产国际的思维定式、走上科学认知社会民主党、民主社会主义历程的必然趋势。

---

① 《毛泽东文集》第8卷，人民出版社1999年版，第246页。

第四章　突破与演进：理性视野的回归
与良性轨道的建立

中国共产党走上理性认知社会民主党和民主社会主义的历程，与中国特色社会主义理论的破题并走向成熟的历程紧密相连，具有同步性。十一届三中全会后，中国共产党结束了指导思想上的极"左"路线，重新确立了实事求是的思想路线，中国迎来了改革开放的新时期。实事求是思想路线要求中国共产党从教条主义、主观主义和形而上学的束缚中解放出来，以实践基础上的理论创新回答一系列重大理论问题和实际问题，为中国共产党推进马克思主义中国化、构建中国特色社会主义理论体系奠定了思想基础，也为中国共产党认知社会民主党、民主社会主义提供了理性视野。20世纪70年代末至90年代初的十年，在中国共产党认知社会民主党、民主社会主义的历程中具有重要的转折意义。由于中国的改革开放事业急需打开局面，中国共产党改变了过去与社会民主党对立而不来往的做法，与绝大多数社会民主党进行了广泛接触并建立了党际关系。这是中国共产党与社会民主党进行实质性接触的开始，表明中国共产党走上了通过实质性接触而自主认知社会民主党、民主社会主义的历程。由于与社会民主党建立党际关系、进行政党合作以服务于中国的经济建设和对外开放，是中国共产党处理有关社会民主党事务时的第一要务，此时中国共产党理论研究的侧重点在于总结过去的经验教训，提出新的政党交往理论以指导实践，在实践中致力于建立与社会民主党关系发展的良性轨道，而对社会民主党、民主社会主义的历史及基本理论的研究，相对滞后。

一　理性视野的回归

（一）从"战争与革命"到"和平与发展"

1978年12月，在为十一届三中全会做准备的中央工作会议上，邓小平作了《解放思想、实事求是，团结一致向前看》的重要讲话，把解放思想、实事求是，坚持实践是检验真理的唯一标准提高到党的思想路线的高度。他指出："只有解放思想，坚持实事求是，一切从实际出发，理论联系实际，我们的社会主义现代化建设才能顺利进行，我们党的马列主义、毛泽东思想的理论也才能顺利发展。"① 据此，党的十二大通过修改的党章，依据邓小平的阐述，对党的思想路线作了完整的表述："一切从实际出发，理论联系实际，实事求是，在实践中检验真理和发展真理。"② 实事求是思想路线的重新确立，使中国共产党重新回归理性视野，对中国国情和时代特征进行了新的概括和总结。就国情方面来说，中国共产党认识到，新中国成立后中国虽然建立了社会主义制度，取得了伟大成就，但教训也十分深刻。其中最主要的教训就是没有真正把马克思主义普遍原理与中国实际相结合，脱离了中国国情。要开拓中国社会主义建设的新局面，必须重新认识中国国情。于是，中国共产党得出了中国正处于社会主义初级阶段的论断，确定了"一个中心、两个基本点"的基本路线，坚定了"一切从实际出发，走自己的路，建设有中国特色社会主义"的正确方向。在这个过程中，中国共产党将马克思主义基本原理与中国实际相结合，不断推进马克思主义中国化，实现了马克思主义与中国实际相结合的历史性飞跃，开辟了中国特色社会主义道路，形成了中国特色社会主义理论体系。十七大报告指出："改革开放以来我们取得一切成绩和进步的根本原因，归结起来就是：开辟了中国特色社会主义道路，形成了中国特色社会主义理论体系。高举中国特色社会主义伟大旗帜，最根本的就是要坚持这条道路和这个理论体系。""在当代中国，坚持中国特色社会主义理论体系，就是真正坚持马克思主义。"③ 中国的发展离不开世界，实事求是地认识中国国情与实事求是地把握时代主题是同一个问题的两个方面。只有准确地把握了时代主题，才能全面认识中国国情和发展程度，才能制定出正确的内政外交路线，才能找到符合中国实际的发展道路。

　　20 世纪 70 年代前，中国共产党继承了列宁的时代观，认为战争与

---

① 《邓小平文选》第 2 卷，人民出版社 1994 年版，第 143 页。
② http：//news. xinhuanet. com/ziliao/2005—02/07/content_ 2558860. htm.
③ http：//news. xinhuanet. com/newscenter/2007—10/24/content_ 6938568_ 1. htm.

革命是时代的主题。第二次世界大战后，殖民主义体系逐渐崩溃，无产阶级革命和民族解放运动蓬勃兴起，有90多个国家获得独立。在很长一段时期内，社会主义国家和资本主义国家间的矛盾、资本主义国家间的矛盾以及社会主义国家间的矛盾交织在一起，国际局势动荡不安，地区冲突和局部战争此起彼伏。从第二次世界大战结束到1979年年底，全球共发生战争126起，卷入的国家和地区多达90个，伤亡人数达3000多万人。新中国成立后，周边形势异常严峻，朝鲜战争的爆发，中苏、中印边界的武装冲突，南面正在升级的越战等迫使刚刚从战争中走过来的中国共产党认为"战争迫在眉睫"。全党执行了一条全民皆兵、准备打仗的路线。"要准备打仗"、"提高警惕，保卫祖国"、"备战备荒为人民"是那时每个中国公民耳熟能详的口号。

进入80年代后，世界形势的发展呈现出许多新的变化。和平的力量在不断增长，世界大战爆发的可能性在逐渐降低，发展问题逐渐成为世界各国普遍关注的问题。重新确立实事求是思想路线的中国共产党对时代特征和国际形势作了新的判断，提出了"和平与发展是当今时代的主题"的论断。这个论断包括以下三重含义：

第一，世界大战是可以避免的，争取较长时间的和平环境是有可能的。1985年6月4日，邓小平在军委扩大会议上就国际形势、中国的国际地位和对外政策发表了重要讲话，通过对国际形势的观察，邓小平得出重要结论："在较长时间里不发生大规模的世界战争是可能的，维护世界和平是有希望的。"①邓小平得出可以争取较长时间的和平的结论，主要基于三点的考虑。一是核武器等毁灭世界的战争工具形成的"恐怖平衡"，成为制约战争的一个重要因素。核武器的发展对人类的生存构成了严重威胁，世界上还没有哪个国家能在一场核战争中生存下来。美苏之间的核竞赛导致世界都笼罩在核危机中。然而，美苏都没把握在摧毁对方的同时保全自己，在核战争中没有胜利者。正是在这种情况下，美苏之间的核制衡反而促进了世界局势逐步走向缓和，使地区爆发大规模冲突的可能性降低。这些都是有利于世界和平的重要因素。二是制约战争的和平力量在全球范围增长，且超过了战争力量的增长。两次世界大战的浩劫给人类留下了深重灾难和惨痛教训，悲剧不能重演成为世界

---

① 《邓小平文选》第3卷，人民出版社1993年版，第127页。

各国人民的共识。世界各国人民渴望世界持久和平，渴望建立公正合理的国际政治经济新秩序，渴望实现国际关系的民主化。在第三世界的力量里，中国是人口最多的国家，发展也最快，是世界和平力量发展的重要因素。欧洲是现时代的中心，美苏的利益中心也在欧洲，一旦战争爆发，欧洲必遭涂炭，所以欧洲国家也是不希望战争的。无法打赢核战的美苏，其人民同样也反对战争。三是世界新科技革命的蓬勃发展起到了抑止战争的作用。航天、新材料、电子信息、生物工程等新兴技术的突飞猛进，使国家财富的增长大大加快。帝国主义国家改变了策略，从过去发动战争掠夺资源演变成用技术垄断、资本输出来钳制他国。世界各国都在调整政策，以综合国力的竞赛替代军备竞赛。邓小平说："一九七八年我们制定一心一意搞建设的方针，就是建立在这样一个判断上的。"[①]

第二，和平与发展是当今世界带有全球性的战略问题。1985年3月，邓小平对来访的日本朋友讲："现在世界上真正大的问题，带有全球性的战略问题，一个是和平问题，一个是经济问题或者说发展问题。和平问题是东西问题，发展问题是南北问题。概括起来，就是东西南北四个字，南北问题是核心问题。"[②] 由此产生了"和平与发展是当代世界的两大主题"的著名论断。它代表了中国共产党人对时代特征的新判断、新认识，同时也宣告了中国共产党不再将"战争与革命"作为主要时代特征的思想观点。

和平问题，是指在较长的时期内维护世界和平、防止新的世界大战的问题，其中也包括用和平手段解决国际争端和制止局部战争的问题。对于广大的发展中国家而言，发展民族经济的任务极其艰巨，反对战争的呼声尤其强烈。发达国家也迫切需要有较长的和平时间发展经济和科技，以获得在第三次科技浪潮中的主动权，从而解决它们自身所面临的问题。这些因素都促使和平问题成为全球范围的主要问题，成为当今时代的一个突出特征。

发展问题是当今世界的另一个主题，它与和平问题相辅相成。人类不可能在战争中获得持续发展，同样也不可能在贫困萧条中保持世界持

---

① 《邓小平文选》第3卷，人民出版社1993年版，第233页。

② 同上书，第105页。

久和平。发展需要和平，和平促进发展，而发展是两大主题中的核心问题。在谈及和平与发展两者之间的关系时，邓小平始终坚持从马克思主义辩证唯物主义的角度出发，把维护世界和平作为发展的必要条件，把发展作为维护世界和平的坚实基础，并特别强调发展问题是当今世界带全球性的两大战略问题中的核心问题。同时，它还提出了建立国际政治经济新秩序的构想，将其作为维护世界和平、促进人类发展与繁荣的重要保障机制。总的来说，邓小平的"和平与发展是当今世界两大主题"的论断，既是世界现实和发展趋势的真实反映，又是世界人民必须持续努力的两大奋斗目标。

"帝国主义和无产阶级革命时代"和"和平与发展是当代世界两大主题"的论断，虽然在内容上反差很大，但却具有共同的本质特征，这就是实事求是的思想路线和与时俱进的理论品质。中国共产党的时代观从"战争与革命"到"和平与发展"的演进，意味着中国共产党在内政与外交路线上的全面转折。这个转折，是实事求是思想路线的必然要求，为中国共产党僭越"左"的思想前提，发展同社会民主党的关系、科学认识并借鉴民主社会主义的有益成果奠定了思想基础。

（二）路线的转折和实践的突破

中国共产党对外交往工作的路线调整，是以平反"三多一少、三降一灭"问题为标志的。而中国共产党与南共联盟关系的恢复，是中国共产党调整后的对外交往路线在实践中的最早体现。

对"三多一少、三降一灭"问题的平反，标志着中国共产党对外交往路线的转折。中国共产党对外交往理论和路线的转折，为中国共产党调整党际交往的实践、拓展对外交往的视阈、发展同社会民主党的关系扫除了思想障碍，提供了理论前提。

从 1960 年起，中国共产党的对外交往路线便走上了"打倒帝国主义、打倒现代修正主义、支持世界革命"的极"左"轨道。此时，中苏关系恶化并走向破裂；美国在南越发动"特种战争"，中国坚决支持越南抗美救国战争，中美关系极度紧张；中国同印度在 1959 年边境冲突后，两国关系一直很紧张；台湾的蒋介石集团则叫嚣要反攻大陆。再加上国内的经济情况十分严峻，从 1959 年起连续几年粮食不足，人口减少。由于几年来复杂的国际国内形势以及中国共产党的极"左"路线和做法，出现了一些严重的后果。世界上大部分国家及大部分政党都与中国及中国共产党断绝了交往，中国共产党和中国的外交，进入了所谓"光荣孤立"的时期。面对国内经济困难和国际上四面树敌的严重形势，中央书记处书记、中联部部长王稼祥本着对党对国家高度负责的精神，经反复思考，形成了对外工作的一些想法。于1962年年初开始，他亲自动手、口授和修改，主持起草了十个文件，以《党内通讯》形式上呈给周恩来、邓小平、陈毅同志。王稼祥在这些文件中提出的主要意见和建议可以简单概括为以下几点：一是，中国共产党对外政策首先要为中国的社会主义建设争取和平的国际环境服务，因此有必要采取和缓的方针，注意斗争的策略，以争取度过或减轻困难。王稼祥认为，和平共处五项原则是中国创导的，在国际上，不能说必须打倒帝国主义，才能有和平共处和世界和平。二是，关于中苏论战及中苏关系问题，要尽可能争取避免中苏关系的公开破裂，美国怕的是苏联，但更怕的是中苏团结。王稼祥认为，高举团结反帝的旗帜，必须在求同存异的基础上，主动做好巩固和加强中苏友好同盟的工作；同赫鲁晓夫的斗争，仍然必须服从于团结反帝的大局；互相不公开批评对方的内部事务，不把修正主义当作反马克思主义进行公开直接的批判；总起来说，要在一种特殊形式的统一战线范围内进行斗争，集中力量打击赫鲁晓夫的指挥棒。三是，关于反对帝国主义的问题，中国要避免把美帝国主义的锋芒全部集中地吸引到中国身上，对美帝国主义也要采取较为缓和的态度。王稼祥认为，美国的主要对手是苏联，朝鲜战争时，战火没有扩大到中国东北，主要是美国怕苏联参战。因此要避免朝鲜式战争，不能因为别国提出要求，就派军队去那里参战。四是，关于中国和印度关系，中国共产党需要考虑采取新的措施，打开目前的僵局。王稼祥指出，为了争取印度人民，争取主张印中友好的进步力量的斗争，应该认识到印度不是中国的民族敌人，中国的主要威胁来自美帝。要高举中印友好、和平共处五项原则、通过谈判解决中印争端的旗帜。五是，关于支持各国人民革命问题，必须"实事求是，量力而行"。王稼祥认为，对别国的革命应该积极支持，但是武装斗争不是争取民族独立的唯一道路。特别是社会主义国家同没有取得胜利的共产党不同，它由于有外交关系，不能公开号召别国人民起来革命，否则就是干涉别国内政。不能以社会主义国家作为推动别国革命的主力，否则将导致打到别国去进行革命战争。

　　1962 年 7 月，世界和平理事会在莫斯科召开世界裁军大会。王稼祥认为，在裁军大会这样的场合，中国代表团讲话的侧重点应该是把和平问题讲透。不仅要向世界表示中国共产党团结争取民族解放的力量的决心，也要向世界表示争取主张和平、裁军的力量的决心。中国代表团的发言稿是由王稼祥主持起草的。当时中国共产党的发言稿的主要观点是："我们在一切国际场合讲话，不仅要表示充分支持广大殖民地半殖民地民族解放运动的立场，而且要表示高举和平旗帜的立场。只讲支持民族解放运动而不讲拥护世界和平，把争取和平力量这样一个更加广泛得多的同盟军放在一边，不符合马克思主义的策略观点。争取和平的斗争当然不是革命，但它同革命是相辅相成的，是为革命而争取和团结一切可以争取和团结的力量。"① 可以说王稼祥的观点以及在世界和平大会上的发言，基本上是符合当时的世界局势和时代主题的。

　　但是，在极"左"思想的指导下，毛泽东批评王稼祥的观点"脱离了左派，加强了右派，增加了中间派的动摇"，毛泽东指出，王稼祥的意思就是"三面和一面少"。"三面和"，就是指中国共产党对美国斗得过分了，对修正主义斗得过分了，对尼赫鲁斗得过分了，要缓和一点。一面少，是指中国对亚洲、非洲、拉丁美洲支持太多了，要少一点。毛泽东强调，"三面和一面少"是一股歪风，主要是三年的暂时困难，把一些马列主义立场不坚定的人吓昏了。康生等抓住这一点，并联系王稼祥的关于党的对外联络工作的见解和主张，大加歪曲，无限上纲上线，扣上了"三和一少"（对帝国主义、修正主义、各国反动派和，支持各国革命运动少）的大帽子。1963 年，毛泽东在杭州会见新西兰共产党总书记威尔科克斯时说，王稼祥搞"三和一少"，就是要对帝国主义和气一点，对反动派和气一点，对修正主义和气一点，对亚非拉人民的革命斗争援助少一些，这是党的对外工作中的"修正主义"路线。这就是所谓的"三和一少"的"错误路线"问题。可见，20 世纪 60 年代后，在极"左"思想的指导下，中国共产党的对外交往工作完全纳入了"打倒帝国主义，打倒现代修正主义和各国反动派，支持各国的革命运动"的错误轨道，对于广交朋友，争取世界和平，反对战争的观点，在当时中国共产党领导人认为世界革命马上就要到来，帝国主义已

---

　　① 转引自李健《天堑通途》，当代世界出版社 2001 年版，第 542 页。

经挖好了自己的坟墓的情况下是很难被接受的。党的对外工作陷入了僵化和自我封闭的状态。

"文化大革命"结束以后，1978 年年底的中共十一届三中全会没有涉及对外工作。1979 年，中国共产党中央批准了中联部《建议为"三和一少"、"三降一灭"问题平反的请示》。3 月 9 日，将此件的内容发出通报。通报指出，王稼祥的观点，总的精神是正确的，不是什么"三和一少"、"三降一灭"。新中国成立 20 多年来，在党和国家的对外工作中，根本不存在所谓"三和一少"、"三降一灭"修正主义路线。中联部的工作虽有错误，但是成绩是主要的。① 康生、"四人帮"等人强加于中联部和整个外事战线的所谓"三和一少"、"三降一灭"修正主义路线的罪名，应予平反；强加于王稼祥等同志身上的一切诬陷不实之词，应该推倒。这不但为王稼祥平了反，更重要的是，它使党的对外交往工作摈弃了"左"的方针，实现了党的对外交往工作的指导思想和战略目标的重大转变。也就是，将党对外交往的目标从支持"世界革命"转移到为谋求世界和平与中国社会主义现代化事业发展的轨道上。

中国共产党对外交往目标和路线的转折，表明中国共产党主张通过对外交往为中国的社会主义现代化事业营造和平的、良好的环境。社会民主党是西方发达资本主义国家具有广泛影响力的主流政党和主要执政党，中国共产党与社会民主党之间建立友好合作关系并推进国家之间关系的发展，有利于中国共产党打破"光荣孤立"的局面，有利于中国改革开放局面的展开。因此实事求是地分析研究社会民主党及其理论、积极准备发展与社会民主党的关系，是中国共产党对外交往路线转折中的重要内容。

中国共产党与南共联盟关系的恢复，是中国共产党调整后的对外交往路线在实践中的最早体现。如前所述，虽然南斯拉夫共产主义者联盟不属于信奉民主社会主义的社会民主党之列，但中国共产党曾长期认为，南共联盟的纲领和理论与伯恩施坦、考茨基、希佛亭等"右翼社会民主党徒"的"和平进入社会主义"的理论如出一辙，是"现代修正主义政党的主要代表"。因此中国共产党在主观上将南斯拉夫共产主义者联盟划归社会民主党之列，认为南斯拉夫不是社会主义国家，资本主

---

① 转引自李健《天堑通途》，当代世界出版社 2001 年版，第 658 页。

义在南斯拉夫复辟了。改革开放后的中国共产党首先选择与南共联盟恢复关系，是在冷战的阵线有所动摇，但格局依然存在的前提下，希望通过同社会主义阵营的"修正主义政党"恢复关系，间接表达对资本主义阵营的"修正主义政党"——社会民主党的态度。这也说明，中国共产党对"现代修正主义"问题的态度演变，是中国共产党认知社会民主党和民主社会主义历程中不可或缺的重要一步。

1977 年 8 月底，中国共产党接受铁托以总统的身份访华。时任中联部部长的耿飚和副部长李一氓向中央提出建议：对于南共联盟提出的、与中国共产党缓和并发展党际关系的要求，中国共产党应该作出积极回应并同南共接触，甚至应该同南共联盟建立党际关系并承认南斯拉夫是社会主义国家。这在当时是要冒一定"风险"的。邓小平接受了他们的建议，并进一步强调指出，要勇于打破"禁区"，对南关系是个战略问题，在党际关系上不要缩手缩脚，要"开门"，而且要"开正门"，不是"开后门"、"边门"。邓小平还亲自参加了中南两党会谈。他以共产党人的坦率，对铁托说："过去我们两家吵架，主要是我们方面不对，但也不能说你们讲的、做的都正确，过去的事情一风吹、一切向前看，你同意不同意？"中方的这种表态，铁托并没有完全预料到，他立即表示，他十分高兴听到中方对两党关系问题的意见，赞同邓小平同志向前看的思想。两党关系问题的解决，不仅对南中两国关系而且对国际工人运动具有重大的政治意义。① 邓小平和铁托的这次会晤，具有重要的历史意义，为两党、两国的关系的恢复奠定了基础。

铁托回国后，中联部起草了《关于中南两党关系问题的宣传提纲》和《关于恢复中南两党关系问题的谈话提纲》。从此恢复两党关系的工作正式启动。1977 年 10 月 6 日，南共联盟中央主席团举行第三十一次会议，曾就铁托访华发表公报说：铁托首次访问中国及与中国领导人的友好会谈"是南中关系史中两国最高领导人的第一次会晤，这本身就说明这次访问的十分重大的意义"；"双方都表示准备发展与促进相互关系与全面合作"。从此，中南两党的关系进入了一个长期、全面、稳定发展的新阶段。1978 年 6 月，南共联盟召开十一大，中共中央向大会

---

① 齐欣、林娟、佳盈：《邓小平与六十人》，《天津日报》2001 年 2 月 3 日专副刊第八版。

发了贺电，称以铁托为首的南共联盟"把马克思列宁主义的普遍真理运用于南斯拉夫的具体实践，几十年来领导全国人民不屈不挠地坚持革命斗争，夺得了社会主义事业的不断胜利"。贺电最后表示，"我们深信，在今后的共同斗争中，我们两党、两国和两国人民之间的革命友谊和合作必将得到进一步的发展和加强"。中国共产党向南共十一大发出的贺电，公开表明了两党关系的恢复，标志着中南两党关系走上正常化的轨道。南共联盟十一大会后，人民出版社还专门出版了铁托在大会上所作的题为《南斯拉夫共产主义者联盟为进一步发展社会主义的、自治的和不结盟的南斯拉夫而斗争》的讲话。此后，中国共产党和南共联盟多次共同表示，双方都将始终如一地遵守并在实践中坚持独立自主、平等、主权、领土完整、不干涉、尊重各自的发展道路，自愿的国际合作和相互声援等原则以及尊重各国、各党之间存在的差别，共同为推进世界社会主义的进步而努力。

中国共产党和曾经被认为是"现代修正主义代表"的南共联盟公开恢复关系，是改革开放后中国共产党的外交工作指导思想发生转变后，在实践中迈出的第一步，说明中国共产党的对外联络工作终于驶出了所谓的"支左反修"的错误轨道，为中国共产党与欧洲其他党发展关系作了重要铺垫。事实上，中国共产党正是在同南共联盟恢复关系后，才进一步开拓了与社会民主党的外交关系。同时，这是中国共产党开始重新定义"修正主义"、重新分析和评价"修正主义政党"的逻辑起点。

虽然以上两件事都不直接与社会民主党有关，但却向社会民主党传达了中国共产党态度转变的信号，扫除了中国共产党与社会民主党发展和建立关系的障碍，是中国共产党发展与社会民主党关系必不可少的"前奏"。有了这个"前奏"，中国共产党与社会民主党关系的建立和发展便成为可能的、必然的趋势。

（三）"超越意识形态的差异，谋求相互了解与合作"原则的提出

中国的改革开放和社会主义建设，必须吸收发达资本主义国家的先进技术和管理经验，必须与发达资本主义国家建立各种经济联系、政治联系和民间交往。社会民主党是西方的主流政党和主要执政党之一，要打开与西方发达国家的经济技术交流的渠道，中国共产党必须与社会民主党建立联系和发展关系。20世纪80年代初，中国共产党在党际交往

领域的旧的思想障碍彻底清除后，无论是从国际上维护世界和平的角度，还是从国内社会主义建设的角度来说，中国共产党与社会民主党全面发展关系已变得十分必要和迫切。

但是，中国共产党与社会民主党的交往要全面展开，有一个重要的问题必须解决，这就是如何解决长期横亘在中国共产党与社会民主党之间的"意识形态分歧"问题。对这个问题，中国共产党虽然已经开始抛弃共产国际的旧理论、旧政策，但还没有提出适应新的形势的新理论和新政策。如果中国共产党还抱着共产国际式的旧思维模式，对意识形态在党际关系中的地位问题不进行实事求是的再认识，那么，中国共产党与社会民主党的关系实现历史性飞跃很难实现，因此中国共产党在这个问题上的观点转变对双方关系的走向起着重要的决定作用。

邓小平在1980年先后表示："各国的事情，一定要尊重各国的党、各国的人民，由他们自己去寻找道路，去探索，去解决问题，不能由别的党去充当老子党，去发号施令。我们反对人家对我们发号施令，我们决不能对人家发号施令。""我们不应该要求其他国家也按中国的模式去取得胜利。更不能要求采取俄国的模式。世界各国，拿欧洲来说，欧洲的问题只能由欧洲人民自己解决。每个国家情况不同，甚至一个很小的国家，也有自己的特点。应该说，我们现在才比较清醒地认识到这个问题。这个问题认识清楚了，党与党之间关系的障碍也就排除了。"①显然，邓小平肯定了由于国情的差异造成各国发展道路不同的必然性。由于世界各国的历史文化传统不同，社会发展的阶段不同、社会结构和面临的社会问题不同，各国党根据本国的情况探索搞社会主义的道路和政策，使社会主义的形式呈现出多样性。邓小平的这一观点，明显带有在坚持自己意识形态的前提下，接受意识形态发展的多样性的客观现实，从而超越意识形态差异，发展党与党之间的关系的含义，为中国共产党与包括社会民主党在内的意识形态不同的政党发展关系奠定了理论基础，并指明了原则方向。这一观点继承了冷战初期毛泽东在分析日本社会党和日本社会的特殊情况时所得出的理论成果。但不同的是，毛泽东的探索仅仅只限于日本社会党这个个例，其理论成果没有得到进一步的

---

①　中共中央文献研究室编：《邓小平思想年谱》，中央文献出版社1998年版，第159、175页。

提炼，从而形成中国共产党对外交往的基本原则。这当然与当时的政治背景和国际局势有关。而邓小平在敏锐地体察出世界主题和国际局势的转变后，根据社会历史发展的现实情况，将毛泽东的思想进行了发展，提升到中国共产党在发展与其他政党关系时，如何看待和处理意识形态分歧问题的高度，为中国共产党提出适应新形势的党际交往理论奠定了基础。

1982 年 9 月，中国共产党召开的十二大通过的《中国共产党党章》的总纲指出，中国共产党党际交往的基本原则是："在马克思主义基础上，按照独立自主、完全平等、互相尊重、互不干涉内部事务的原则，发展我党同各国共产党和其他工人阶级政党的关系。"这是改革开放后，中国共产党最早提出的处理党际关系的原则。在提出这四条基本原则后，十二大又明确提出了"我们期望同更多的进步政党和组织建立这种联系"① 的观点，说明这四条基本原则也适用于中国共产党处理与其他性质政党的关系。1987 年 10 月，中国共产党第十三次代表大会报告中再次重申了按照这四项原则发展中国共产党同外国共产党和其他政党的关系，并把它看作是中国共产党建设有中国特色的社会主义理论轮廓的组成部分，看作是中国共产党自十一届三中全会以来在理论上和实践上的新发展。从此，中国共产党在党际关系四原则的指导下，逐步摆脱了孤立状态，开辟了党际交往的新局面。

党际关系四原则，即独立自主、完全平等、互相尊重、互不干涉内部事务，既是对中国共产党过去对外交往工作的经验教训的总结，也是中国共产党在新形势下发展与各类政党关系的指导方针。独立自主是四项原则的核心和灵魂，也是正确处理党际关系的立足点。这个原则包括两个方面的内容：一是各国政党有权根据本国的实际，独立自主的处理和决定本国的问题，确立自己的意识形态，二是要尊重别国党选择自己的意识形态的权利，反对干涉别国党的内部事务。完全平等原则是指，在政党交往中，无论大党还是小党，无论是历史长的党还是历史短的党，都应该一律平等，不应该有所谓的"老子党"与"儿子党"之分。互相尊重原则，是独立自主、完全平等原则的延伸。只有互相尊重，才

---

① 胡耀邦：《在中国共产党第十二次全国代表大会上的讲话》，《中国共产党第十二次全国代表大会文件汇编》，人民出版社 1982 年版。

能保证党与党之间的独立自主和完全平等。根据过去中国共产党党际交往的教训，互相尊重主要表现在两个方面：一是尊重别国党对意识形态信仰的选择，二是在遇到分歧时，必须能够正确对待。不能对别国党的做法指手画脚，更不能将中国共产党的做法强加给别国党。互不干涉内部事务原则是独立自主、完全平等、互相尊重三原则的逻辑发展。只有尊重别国党独立自主地决定本党的意识形态信仰，在相互关系上完全平等和互相尊重，才能真正做到互不干涉内部事务。中国共产党反对别国党干涉自己的内部事务，中国共产党也不干涉别国党的内部事务。党际关系四原则是新时期指导中国共产党党际交往工作的新理论，也是指导中国共产党与社会民主党恢复和发展关系的核心思想。

由于共产党与社会民主党之间的特殊历史渊源，中国共产党在与社会民主党恢复和发展关系时，必将有一定的特殊性。这就要求中国共产党提出更加具体的、在党际交往四原则指导下的特殊原则，来具体指导中国共产党即将全面开展的、与社会民主党恢复和发展关系的实践。中国共产党处理与社会民主党之间关系的"超越意识形态差异，谋求相互了解与合作"的原则，是中国共产党党际交往四原则的具体化。"超越意识形态的差异"，是党际交往四原则中"独立自主"、"互相尊重"和"互不干涉内部事务"原则的具体化；"谋求相互了解与合作"是"完全平等"原则的具体化。这一原则，是1984年5月，中国共产党总书记胡耀邦在会见社会党国际主席勃兰特时提出的。

1984年5月，勃兰特率德国社会民主党代表团访华。中国共产党注意到勃兰特在社会民主党中的广泛影响和他担任的社会党国际主席的重要身份，借他来访的机会第一次向社会民主党系统阐述了中国共产党处理与社会民主党关系的"超越意识形态的差异，谋求相互了解与合作"的原则。

胡耀邦在介绍了中国共产党处理党际关系的四原则后，首先表达了中国共产党希望与社会民主党发展关系的愿望。他说："在我们看来，当今世界上最根本的问题有两个：一个是维护世界和平的问题，一个是第三世界国家的发展问题。……在这些与世界各国人民命运攸关的重大问题上，我们同勃兰特先生为主席的德国社会民主党以及其他许多国家的社会民主党，社会民主党，有不少共同点和相似点。"同时"许多国家的社会民主党、社会民主党和工党……为维护世界和平、争取社会进步和增进各国人民的友谊，做出了积极的努力"。因此"我们愿意在共同点和相似点上同它们进行对话、交往与合作"①。

在表达了希望与社会民主党进行全面合作的愿望后，胡耀邦进而提出了"超越意识形态的差异，谋求相互了解和合作"的原则。他说，在寻求友好交往与合作的过程中，对不可避免的意识形态分歧问题，中国共产党和社会民主党必须遵循"超越意识形态的差异，谋求相互了解和合作"的原则。"意识形态、社会制度和发展道路，归根到底，应当由各国人民自己来选择，分歧和差异不应当成为谋求这种合作的障碍……在新的历史条件下，为了共同维护世界和平，我们之间超越意识形态的差异，谋求相互了解和合作，应当成为开拓新的关系的唯一现实的抉择。"② 从世界局势和国际政治需要来看，中国共产党和社会民主党完全可以在意识形态领域之外的进行合作。因为中国共产党和社会民主党在与当今世界各国人民命运攸关的和平与发展问题上，有着许多共同点和相似点。这些共同点和相似点，就是彼此建立和发展党的关系、谋求相互了解与合作的基础。意识形态、社会制度和发展道路的差异不应该成为合作的障碍。维护和平、推进人类进步事业的发展，是摆在全人类面前的任务，单靠少数共产党的力量是办不到的，应该依靠一切主持正义、维护世界和平、推进人类进步的一切政党的共同奋斗。中国共产党认为社会民主党在和平与发展问题上的政治理念和政治实践，有利于人类和平问题和发展问题的解决，因此，中国共产党主张在超越意识形态的差异的基础上，谋求与社会民主党合作。这是中国共产党在与社会民主党的交往中唯一正确而现实的抉择。

勃兰特对中国共产党的这一政策主张表示了欢迎和赞赏。他说，中国共产党领导人的谈话对他是"很大的鼓舞"，为中国共产党与社会党国际各成员党之间的关系打开了渠道。勃兰特强调，社会党国际正怀着日益增长的兴趣，谈论着中国的改革开放政策。这个符合中国利益的政策，证明中国愿意在世界上承担适合中国在国际上居重要地位的责任。"这为我们继续交换意见，为我们互相充满信任的合作开辟了广阔的前

---

① 胡耀邦：《超越意识形态的差异，谋求相互了解和合作》，《人民日报》1984年5月30日。

② 同上。

景……这将是相互充满信任的合作的良好基础。"①

1985 年年底，当时主管党的对外交往工作的胡启立在答记者问时进一步讲，"世界上一切不愿违背人民意愿的政党，绝大多数都在为缓和，为裁军，为和平进行工作和斗争"，同时指出："在同社会民主党、社会民主工党的联系和交往中，中国共产党奉行超越意识形态差异，谋求相互了解和合作的方针。"②

通过与社会党国际主席勃兰特的交流和谈话，中国共产党与社会民主党发展关系的政策原则立即在社会民主党中产生了广泛的影响。从此，中国共产党和社会民主党加快了了解与合作的步伐。

（四）社会党国际"新东方政策"的出台

20 世纪 70 年代，执政的社会民主党人在西方资本主义国家所推行的"福利国家"由于未能抵御资本主义基本矛盾而引发了严重的经济危机，纷纷失去执政地位。此时的社会民主党在国内开始寻求与本国共产党接触与合作，希望通过改善与本国共产党的关系，满足对科学社会主义理论和实践感兴趣的选民的要求，以巩固自己的选民基础。另一方面，在国际上，此时的国际形势也逐步由冷战初期的阵线严紧转向缓和，世界共产党和社会民主党的接触与合作越来越具有现实性。苏联共产党在 1971 年 3 月二十四大的总结报告中指出："无论是在争取和平民主的斗争中，还是在争取社会主义的斗争中，苏联共产党都准备发展同社会民主党的合作。当然，不能放弃自己的意识形态和自己的革命原则。"③ 这是继在苏共二十大上赫鲁晓夫呼吁改善与社会民主党关系后，苏联共产党在党的代表大会的正式文件中提及改善与社会民主党关系的问题。苏共此时提出与社会民主党改善关系，旨在争取同西方的经济技术合作，并离间欧美关系。社会民主党人也希望凭借同苏联等社会主义国家执政党的合作，壮大自己，以保持"第三条道路"的独立性。此时的社会党国际面对世界多极化发展趋势的加强，开始痛下决心根除"欧洲中心主义"的痼疾，努力谋求向欧洲以外的地区的发展。虽然社

① ［德］勃兰特：《关心和平、加强合作》（在胡耀邦总书记举行的欢迎宴会上的讲话），《人民日报》1984 年 5 月 30。
② 《人民日报》1985 年 12 月 30 日。
③ 《苏联共产党第二十四次代表会议主要文件汇编》，三联书店 1976 年版，第 59 页。

会党国际的"欧洲中心主义"的痼疾很早就引起了领导人的注意，并进行了一些"小修小补"式的改革，但是直到70年代这个痼疾一直未能彻底消除，这使得社会党国际在西欧以外地区的政治影响力一直难以扩大。社会党国际的"欧洲中心主义"痼疾的之所以难以革除，与冷战初期社会党国际依附于美国，不得不站在以美国为首西方阵营有关。随着西欧经济实力的增长，西欧联合自强的趋势不断加强，欧洲一体化进程发展迅速。在此基础上，社会民主党之间加强了合作，成立了"欧洲共同体各国社会党联盟"，以便在国际事务中更好地协调行动，维护西欧的整体利益。社会民主党在国际事务中独立性的加强，为社会民主党和社会党国际完全摆脱对美国的盲从和依附地位，制定出具有现实性与合理性的政策开辟了道路。社会民主党和社会党国际出台与冷战初期完全不同的对外交往路线，谋求自身的政治利益成为不可避免的趋势。"新东方政策"便是在这样的历史背景下出台的。

"新东方政策"的"新"，是相对于战后社会民主党人始终遵循的、与东方共产党阵营不相来往的、以哈尔斯坦主义为特征的旧式的"东方政策"而言的。第二次世界大战结束以后，德国分裂为东西两部分，即德意志民主共和国和德意志联邦共和国。联邦德国在阿登纳政府时期（1949—1963），推行了一条与苏联和东欧对立的东方政策。这一政策是以当时的联邦德国外交国务秘书瓦尔特·哈尔斯坦的名义确认的，故称"哈尔斯坦主义"。哈尔斯坦主义旨在推行亲美的外交政策，谋求在美国的扶持下确立联邦德国的主权地位，洗刷掉战败国的屈辱。在哈尔斯坦主义的指导下，1954年10月，联邦德国同美、英、法等西方国家签署了《巴黎协定》。通过此协定，联邦德国得以结束被占领状态，成为主权国家，并加入北大西洋公约组织。1955年，阿登纳政府发表声明，声称联邦德国代表整个德国，不承认德意志民主共和国，不同与德意志民主共和国建交的任何国家（苏联除外）建立或保持外交关系。1956年1月，联邦德国建立了国防军，3月通过了防务法，开始实行普遍义务兵役制。1958年1月，联邦德国加入欧洲经济共同体。哈尔斯坦主义虽然换来了联邦德国的主权独立，却将联邦德国与广大的东方国家割裂开来，限制了联邦德国在国际舞上活动的空间。到了20世纪60年代末70年代初，当联邦德国重新以经济强国的姿态出现在世界舞台的时候，它已不愿再在外交上处处追随美国、做美国的"小伙伴"，而要以独立自主的姿态开展外交活动，改变"经济上的巨人，政治上的侏儒"的国际形象。于是，哈尔斯坦主义已经不能适应联邦德国外交的需要。另外，随着联邦德国经济的发展，国内市场日益饱和，原材料供应也出现危机，也迫切需要开辟新的市场和原材料供应基地。这必然导致联邦德国的领导人将目光转向广阔的东方。在这种背景下，1969 年 9 月，德国社会民主党领袖维利·勃兰特当选为联邦德国政府总理。走上执政前台的勃兰特立即宣布停止实行已经不适应时代发展的以哈尔斯坦主义为特征的旧式的"东方政策"，开始在联邦德国着手实施"新东方政策"。

为了推行"新东方政策"，勃兰特分析了国际局势的变化和联邦德国的处境，看准了美国和苏联政策的新动向。当时苏联的外交政策是：谋求西方国家承认德国分裂的现状，承认欧洲的现状，承认德意志民主共和国，进而分化西欧与美国的关系，逐步把美国势力赶出西欧。而美国的外交政策是：如果反对"新东方政策"，会导致美国在北约盟国中的孤立，因为西欧盟国支持联邦德国的政策。因此美国只好竭力把"新东方政策"纳入自己的外交"轨道"。这样一来，两个超级大国都对勃兰特开了"绿灯"。勃兰特就是在这种背景下利用美苏的需要和担心，来推行"新东方政策"。

在联邦德国国内，"新东方政策"的核心是承认民主德国为主权国家，谋求联邦德国在国际政治舞台上应有的政治地位。1970 年，勃兰特联邦德国政府分别同苏联和波兰签订了德苏《莫斯科条约》和德波《华沙条约》，条约承认民主德国和波兰之间的奥得—尼斯河边界线，改变了此前历届政府所持的不承认的立场。这两个条约被称为"东方条约"，是勃兰特政府为谋求与东方和解所迈出的第一步。其后，通过频繁的外交努力，1972 年联邦德国同民主德国签订了《关系基础条约》。条约规定：彼此承认是主权国家，双方"在平等的基础上发展相互之间的正常睦邻关系"。1973 年两个德国同时加入联合国。通过这个条约，东西方在柏林问题上的对峙也得到解决，苏联承认西方国家（美、英、法）在西柏林的地位，并保证对西柏林和联邦德国之间的交通负责。这样，东西方关系上的一个重大问题以苏联的让步获得了解决。通过东方条约和西柏林协定，以及随之而来的一系列政治、经济关系的恢复和发展，联邦德国摆脱了 50 年代那种僵持的封闭的状态，在国际事务中的活动余地迅速扩大。联邦德国在东西方关系中取得了主动权与发言权，在与自己切身利益相关的重大问题上可以直接同苏联、东欧打交道，而不必再仰仗美国。新东方政策使联邦德国积累起来的经济实力转化为有力的政治态势，使其在国际政治舞台上的政治地位发生重大变化。联邦德国终于以一个经济、政治大国的形象崛起于欧洲大陆。更为重要的是，"新东方政策"还意味着联邦德国与民主德国之间关系的缓和，两德开始通过互相接触、交流、对话，增进了解，克服分裂，为最后统一创造条件。"新东方政策"在20世纪70年代初结出果实，但它的影响却远远超出了70年代。1990年，德国统一的完成就可以看出"新东方政策"的深远影响。

在国际政策上，"新东方政策"的核心就是"拒绝承认世界分为两个不可改变的对立集团是国际关系中的永久现象"，致力于消除东西方之间的紧张局势，争取"国际缓和与合作"，以结束冷战、维护世界和平与安全。"新东方政策"的实施，说明社会民主党人在看待和处理国际政治问题时，表现出了在意识形态领域之外的现实主义态度。面对和平与发展这两大主要问题，社会民主党不得不承认，只有与东方共产党国家和共产党进行缓和与合作，才能维护世界和平与促进第三世界的发展，除此之外没有任何其他的选择。社会民主党人强调，和平问题和发展问题是"两个具有广泛意义和彼此相关的问题"，要解决这两个问题，"除了缓和政策之外，没有任何其他现实的选择。缓和政策是防止灾难的唯一途径。它是唯一可能实现更为可靠的和平的途径"[1]。"缓和政策的目的不仅在于减少东西双方政治对抗的紧张程度，而且也是为和平解决冲突奠定积极基础，无论这些冲突发生在哪里。它的目的是为了求得发展与互利而促进合作。"[2]"缓和政策（作为一个有活力的概念）的实现，不可能不考虑到欧洲范围以外的发展情况。……南北之间的悬殊日增和世界经济的困难问题是我们不得不面对的现实。它们不仅关系到西方国家，而且也关系到所有工业国。从长远看，共产党国家不可能否认它们在这个领域承担的责任。同贫穷作斗争应该成为西方和东方之

[1]　社会党国际文件集编辑组：《社会党国际文件集（1951—1987）》，黑龙江人民出版社1989年版，第315页。
[2]　同上书，第331页。

间合作并为找到共同的解决办法而努力的一个组成部分。"① 可以看出，在维护世界和平的问题上，社会民主党充分肯定了包括中国在内的东方国家在国际政治中的地位，对共产党国家在维护世界和平中的重要作用给予了正确的评价，并表示愿意与共产党国家在东西方缓和问题和推动第三世界发展问题上进行实质性的合作。

具体到党际关系、政党交往方面，"新东方政策"为社会民主党确立了意识形态在党际交往中的地位的新视点，开拓了社会民主党人对外交往的新领域。冷战初期，东西方集团的形成以及共产党和社会民主党的对立无不带有强烈的意识形态分歧的色彩。要谋求东西方的缓和与合作，不可能不直接涉及社会民主党与共产党的意识形态分歧问题。"新东方政策"就是要超越传统的意识形态分歧之上谋求国际合作。勃兰特认为，意识形态的分歧和对立同国际政治现实是不同的问题。对共产党的谴责和批判可以主要集中在意识形态和价值评判上，但是由于在国际政治的现实需要中，共产党和社会民主党有共同的利益和目标，因此在国家关系和政党合作上，共产党和社会民主党不必也不应走到极端对立的地步。也就是说，"新东方政策"是在承认共产党和社会民主党的意识形态差异的前提下，继续坚持对共产党意识形态的批判态度，但在国际政治事务中，社会民主党和共产党为了共同的利益，可以进行意识形态领域之外的合作。不能因为意识形态的分歧而导致与共产党关系的彻底破裂和对抗，也不能用意识形态方面的判断取代对政治现实的分析。

在 1976 年社会党国际召开的十三大上，维利·勃兰特当选为社会党国际的主席。他所主张的旨在"与西方合作，与东方和解"的"新东方政策"逐步成为社会党国际及其成员党的对外交往的基本原则。勃兰特在联邦德国和社会党国际两个层面加紧推行"新东方政策"，对社会民主党的对外交往理论和政策的调整和变革起了极大的促进作用。社会党国际十三大后，社会民主党和社会党国际对外交往理论和政策的调整已基本完成。由于"新东方政策"的全面实施，社会党国际彻底改变了过去支持冷战的立场，废弃了过去僵硬的"反共不交往"禁令，在实践中努力推进东西方的缓和，对共产党采取了现实主义的灵活态

① 社会党国际文件集编辑组：《社会党国际文件集（1951—1987）》，黑龙江人民出版社1989 年版，第 315 页。

度。这对消除各个方面的"欧洲中心主义"弊病，加强社会党国际对当今世界的适应能力，使之成为真正的、名副其实的世界性政党组织起了重要作用。《法兰克福汇报》在 20 世纪 80 年代载文指出："社会民主党在 70 年代把在意识形态上同共产主义及其压制人权行为的斗争置于了次要位置。"① 因此，社会民主党人将勃兰特当选为社会党国际主席的十三大同法兰克福成立大会相提并论，称其为"第二次复兴"。

总的说来，"新东方政策"是与勃兰特的名字联系在一起的，它形成于战后的联邦德国。但随着勃兰特成为社会党国际的一代超级领袖后，"新东方政策"便成为了整个社会民主党和社会党国际对外交往的新路线。"新东方政策"与旧的带有强烈意识形态烙印"东方政策"相比，堪称是不拘泥于过去、不拘泥于传统、不拘泥于意识形态分歧的杰出新作，表现出努力推开长期横亘在社会民主党和共产党之间的"意识形态铁幕"、为了共同的利益谋求合作的勇气。"新东方政策"所确立的意识形态在党际交往中的地位的新视点，使社会民主党人党际合作与交往的领域大大扩大了。在世界范围内，共产党与社会民主党的联系接触不断增多。1973 年秋在莫斯科举行了世界和平大会，共产党和社会民主党的代表共同出席了此次大会。1978 年社会党国际在赫尔辛基召开裁军大会。苏共中央书记波诺马廖夫应邀出席了大会并在会上发表了演说。进入 80 年代，共产党和社会民主党的对话、交流与合作进一步加强。苏联出于自身政治利益和经济利益的考虑，大力开展争取社会民主党的工作，东欧一些国家的共产党也改变了对社会民主党的评价，在建立中欧无化学武器和无核区等问题上，加强与社会民主党的合作。在国际政坛上，社会民主党和现实社会主义国家共产党的共同利益增多，在许多场合上，社会民主党与社会主义国家执政的共产党联手合作，挫败了霸权主义、垄断资本等的进攻。所有这些，为社会民主党及社会党国际与中国共产党的全面合作准备了条件、奠定了基础。

"新东方政策"虽然强调与共产党改善关系并进行合作，但却没有改变社会民主党在意识形态领域所持的反共产党、反共产主义的立场。从社会党国际和各国社会民主党的文件中可以很清楚地看出这一点。就在勃兰特当选为主席的社会党国际十三大上，在谈到"人权问题"时，

① 见联邦德国《法兰克福汇报》1983 年 10 月 6 日。

社会党国际强调："在当今世界上，资本主义和共产主义依然表现为现代社会压迫的主要形式：两者都为谋求利润和维护统治阶级的利益而不惜牺牲民主权利和公民自由，并为维护无所不能的官僚统治的特权服务。对于争取实现或巩固自身独立的各国人民来说，对于正在争取自由，争取对自己基本权利的尊重，结束不平等和结束各种形式的异化而斗争的人们来说，社会主义是唯一能够取代资本主义和共产主义的选择。"① 在其后的各次代表大会上，社会党国际均强调了向全世界推行民主社会主义的目标和任务，并把推行这一目标作为与共产主义作斗争的主要手段。1983 年召开的社会党国际十六大通过了《阿尔布费拉宣言》。《宣言》进一步强调："民主社会主义不是对不可能出现的未来的一种空洞梦想。它是对付正在发生的军事和经济革命的一种意志和途径。正如维利·勃兰特在 1976 年日内瓦代表大会上所说的，它面临的挑战是成为第三种势力，成为对资本主义和一党制国家共产主义的替代力量。"② 即使是在中国共产党作为唯一的共产党观察员参加的十七大上，社会党国际依然提到："1951 年国际发表的《法兰克福声明》所取得的不朽成就之一，在于它明确坚持在我们的原则中，自由是至关重要的，它既是手段又是目的。……我们以在世界上阐明民主社会主义的真正全球意义为己任。……社会主义是民主的最深刻最全面和最具国际性的表现……民主制不是实现社会主义以后才增加的一个'政治上层建筑'的要素。民主制是人民权力本身所必不可少的基础。因此，我们摈弃一切阶级的专政，也摒弃一切专政的阶级。"③ 这里所谓的"阶级的专政"和"专政的阶级"明显是影射共产党政权的。这说明社会民主党和社会党国际依然传承了 1951 年《法兰克福宣言》中的基本原则，将共产主义和资本主义相提并论，将二者共同作为对民主社会主义进行定位的两个不可或缺的参照系，民主社会主义既反对资本主义，也反对共产主义，是世界政坛上唯一"能够维护和保障人权，满足人类最深切的愿望的"第三种力量。由于历史渊源上的原因，社会民主党更加致力于表示自己与共产党分道扬镳后，民主社会主义理论相对于共产主义理

① 社会党国际文件集编辑组：《社会党国际文件集（1951—1987）》，黑龙江人民出版社1989 年版，第 301 页。
② 同上书，第 399 页。
③ 同上书，第 504 页。

论的"先进性"和"人民性"，因此，长期以来，民主社会主义对共产党和共产主义的批判往往比对资本主义的批判更加激烈和尖锐。

可见，"新东方政策"对共产主义意识形态和共产党政权的敌视立场与冷战初期的旧的"东方政策"相比，没有什么不同或改变。"新东方政策"的局限性决定了社会民主党在同本国共产党进行合作时、在同社会主义国家执政党进行合作时，都有可能单方面强调其意识形态利益而动摇合作基础。因此，社会民主党对外交往路线调整是不彻底的。在西方国家内，社会民主党和共产党在进行对话与合作的同时也存在着严重的矛盾与斗争。社会民主党与共产党的合作主要是为了联合参与选举，以便夺得依靠一党的力量难以取得的议会选举的胜利。通常情况下，社会民主党与共产党合作的最直接的目的在于，把共产党的选民争取到自己一边来，达到削弱共产党力量的目的。在国际上，社会民主党与共产党合作的目的主要是为了通过合作获得共同的政治利益并促使对方向自己方面转变。"新东方政策"的要旨就在于"以接触促转变"。这种状况决定了一旦双方之间出现利益不平衡，这种合作关系就会破灭。苏东剧变使世界共产党和社会民主党关系的迅速逆转，正印证了这一点。

简言之，"新东方政策"是在意识形态领域的敌视感依然存在，但在国际政治交往中的蔑视感却大大减退的情况下，主张与共产党进行"超越意识形态差异的合作"，而不是"放弃意识形态的合作"。虽然"新东方政策"所主张的与共产党的合作是有前提条件的有限合作，但是在意识形态领域之外，社会党国际和社会民主党人在看待和处理国际政治问题时体现出的现实主义态度，具有很强的进步性。但由于"新东方政策"继续坚持了对共产主义意识形态的敌视立场，在与共产党合作时，社会民主党总是心存芥蒂，并试图单方面追求民主社会主义意识形态利益的最大化，经常引发出不利于两党合作的政治因素。这说明社会民主党对外交往路线的调整是不彻底的。

中国共产党"超越意识形态的差异，谋求相互了解与合作"原则的提出以及社会民主党"新东方政策"的出台，表明二者本着理性的视野和不拘泥于传统的态度，主张在维护共同利益的基础上进行超越意识形态的党际合作。二者在这两个问题上体现出的观点上的"不谋而合"，形成了中国共产党和社会民主党共同推开"意识形态铁幕"的

"合力"，决定了中国共产党与社会民主党的关系在20世纪80年代必将翻开新的一页。

二　良性轨道的建立

（一）密特朗、勃兰特为建立党际关系打前站

进入20世纪80年代后，中国共产党大力邀请社会民主党人来华访问，各国社会民主党代表团访华人数逐年上升。这为社会民主党了解中国共产党的政策、了解中国共产党希望与社会民主党谋求合作并建立关系的态度，开辟了渠道。

首先，密特朗率领法国社会党代表团访华，为中国共产党与社会民主党之间关系的发展打了前站。继1980年英国工党领袖卡拉汉，葡萄牙社会党总书记苏亚雷斯来华后，1981年，密特朗在竞选总统前夕率领法国社会党代表团访华，成了世界关注的焦点。密特朗率领的法国社会党代表团是应中国共产党的正式邀请访华的。对在社会民主党中具有广泛而深刻影响的法国社会党访华，中国共产党给予了应有的待遇。中共中央总书记胡耀邦代表中国共产党对法国社会党代表团表示了欢迎，对密特朗和其他社会党人为推动中法两国友好往来所作出的贡献表示感谢。胡耀邦希望中国共产党和法国社会党能就共同关心的问题充分交换意见，认为中法两党、两国人民的友好合作将对世界和平产生良好的影响。密特朗说，法国社会党注意到中国及其领导人在世界舞台上的地位，法国社会党领导人希望进一步了解中国，并与中国共产党建立联系，两党之间的友好合作将有助于维护世界和平与安全。

在这次访问中，中国共产党领导人与密特朗及法国社会党代表团的其他成员进行了多方会谈，会谈主要涉及的是国际政治中的重要问题。在会谈中，双方都表明了自己的立场。二者在反对经济、政治等各种形式的帝国主义、坚持维护世界和平、解决第三世界国家的债务问题、改革国际货币基金组织和世界银行等问题上具有许多共识。双方都表示愿意为解决这些问题而加强合作。密特朗还专门指出，希望两党能建立经常性联系，以增进相互了解，促进合作。

1981年2月12日下午，邓小平会见了密特朗。邓小平从战略的高度论述了对国际形势的看法，谈到了中国共产党对战争与和平问题、世

界多极化发展的问题以及欧洲问题的看法和主张。他对密特朗说，只要中法两党联合起来，是可以为世界和平作出贡献的。邓小平还对法国社会党的访华给予了高度评价。他说："密特朗1961年访问过中国，并同毛泽东主席和陈毅总理谈过话。时隔二十年，他又来我国访问，我们非常欢迎。这次访问对增进中国共产党和法国社会党之间的了解和友谊是有益的。"① 通过这次访华，法国社会党和中国共产党加强了了解，双方都意识到在国际政治中的主要问题上加强合作的必要性。这次会晤后，中国共产党与法国社会党正式建立了党际关系，法国社会党成为社会民主党类型中第一个同中国共产党建立关系的党。

法国社会党的这次访华，为社会民主党与中国共产党接触并建立党际关系打了前站。此后越来越多的社会民主党与中国共产党建立了党际关系，双方在国际政治中的合作也越来越频繁。因此，当时随团访问的法国社会党第一书记若斯潘认为，法国社会党的这次最高级代表团的访华是"一个历史事件"。

但是，由于冷战初期中国共产党在党际交往中以意识形态划线，并奉行极"左"路线，造成中国共产党在国际社会中基本处于孤立状态，这对中国共产党的国际形象造成了极坏的影响。在与中国共产党进行最初的交往时，社会民主党人对中国共产党的了解并不多，对中国共产党如何看待社会民主党与共产党的意识形态差异问题，社会民主党心里没有底。中国共产党必须在这个问题上，进一步向社会民主党表明态度，才能彻底清除与社会民主党交往中的障碍。如果说1981年法国社会党访华时，中国共产党着重强调的是中国共产党和社会民主党在国际主要政治问题上的共同利益，进而指出，这些共同利益是二者合作的基础，也是二者合作的必要性之所在的话，那么，1984年德国社会民主党主席维利·勃兰特访华时，中国共产党则着重阐述了与社会民主党在意识形态领域外进行合作和交往的可能性，为中国共产党和社会民主党关系的发展彻底扫除了障碍。

勃兰特是社会党国际的主席，他的访华，对中国共产党和社会民主党关系的全面展开具有重大意义。在20世纪80年代初，德国社会民主党的重要人士便注意到中国领导人希望与社会民主党合作的讲话，表示

---

① 李健：《天堑通途》，当代世界出版社2001年版，第716页。

愿同中国共产党进行接触，增进了解。这为勃兰特访华创造了良好的政治氛围。中国共产党和德国社会民主党都对勃兰特的这次访问极其重视。

在勃兰特访华前夕，两党均派出代表进行了前期接触，为勃兰特的正式访华做准备。德国社会民主党联邦理事会主席团成员巴尔首先应中国国际交流协会邀请访华。巴尔同中国共产党有关负责人进行了会谈，双方就当前的国际形势等重大的国际问题交换了意见。巴尔访华后很有感触地表示，他来中国的时候是带着问号的，对提出两党关系问题心存疑虑，对德国社会民主党希望发展与中国共产党关系的愿望能否得到中方的响应，他没有把握。他表示，通过晤谈，这个问号消除了。他这次来华，实际上已经开始了两党间的对话，他回国后一定向德国社会民主党的主席团建议继续这种良好的关系。巴尔访华后，中国共产党也派出了中联部部长钱李仁以中共代表的身份访问联邦德国。钱李仁与勃兰特进行了前期接触。勃兰特对钱李仁说，同中国共产党这样的大党保持关系将是社会民主党的"一个很大的收获"。勃兰特还强调指出，中国共产党和社会民主党在一系列问题上的接触点和共同点，特别是在维护世界和平和支持第三世界的发展这两个方面，社会党国际可以派小组与中国共产党接触。钱李仁表达了中国共产党对勃兰特访华的邀请。勃兰特也表示，德国社会民主党要与中国共产党长期保持对话关系，不论德国社民党执政与否，都要发展这种关系。① 这两次互访，虽然都不是完全意义上的政党互访，但是却为德国社会民主党乃至整个社会民主党同中国共产党发展关系奠定了基础。正是通过这两次互访，双方消除了心中的疑虑，表达了合作的愿望。为勃兰特正式率领德国社民党代表团访华扫除了障碍。

1984 年 5 月，勃兰特带领德国社会民主党代表团正式访华。对勃兰特的访华，中国共产党的领导人和中国的新闻媒体都给予了高度重视。1984 年 5 月 24 日新华社发布消息："应中国共产党邀请，德国社会民主党主席维利·勃兰特和由他率领的代表团将于 5 月 28 日至 6 月 4 日对我国进行正式友好访问。"② 鉴于勃兰特的地位和影响，中国共产

---

① 参见李健《天堑通途》，当代世界出版社 2001 年版，第 724—725 页。
② 李健：《天堑通途》，当代世界出版社 2001 年版，第 726 页。

党对勃兰特率领的代表团给予了很高的礼遇。德国社会民主党《前进报》报道："从北京机场到国宾馆的路上的气氛是令人愉快的：街上悬挂的几千面彩旗迎风招展。德国社会民主党代表团必须先穿过装饰彩旗和经历下面紧接着的一件意想不到的事，即中国共产党总书记胡耀邦就在宾馆里迎接了社民党主席。这是中国方面做出的一种使人惊异的姿态。"① 中国共产党对勃兰特的接待规格，按当时联邦德国驻上海总领事的话来说是"有时超过一次政府级的访问"。

在北京期间，勃兰特同中国共产党有关部门的负责同志举行了会谈。在会谈中，双方就国际形势、中国和联邦德国的国内情况和双边关系问题交换了意见，特别就加强双边交往进行了认真的交谈。中国共产党着重介绍了中国国内的经济、政治情况和独立自主的外交政策以及中国同美苏两个超级大国的关系问题。勃兰特主要介绍了欧洲形势、联邦德国的经济情况和国内政局、德国社会民主党情况及对外关系，以及对美苏关系和东欧国家问题的看法。但最重要的是，在会谈中，胡耀邦首次向勃兰特阐释了中国共产党的党际交往四原则和"超越意识形态差异，谋求相互了解与合作"的原则方针。胡耀邦明确指出，在寻求与社会民主党的友好交往与合作的过程中，意识形态分歧问题是不可避免的。中国共产党认为，意识形态、社会制度和发展道路的分歧和差异不应该成为双方谋求合作的障碍。在新的历史条件下，为了共同维护世界和平，中国共产党和社会民主党超越意识形态的差异，谋求相互了解和合作，应当成为开拓新的关系的唯一现实的抉择。中国共产党的这一观点，立即得到勃兰特和其他社会党人的高度赞扬和认同。勃兰特表示，虽然德国社会民主党不与外国共产党建立正式关系，但是与中国共产党可以建立一种"特殊的关系"，这种"特殊的关系"，比形式上的正式关系要重要得多，这种关系就是两党的领导机构间的正式来往与合作。

通过这次会谈，中国共产党成功地利用勃兰特在社会民主党中的广泛影响和特殊身份，向社会民主党表明了中国共产党党际交往路线的调整和转变，阐述了在与社会民主党发展关系时，中国共产党处理二者意识形态差异的新视点，重塑了中国共产党在社会民主党心目中的新形象，彻底扫除了社会民主党心中的疑虑。为了进一步表明中国共产党希

① 李健：《天堑通途》，当代世界出版社2001年版，第726页。

望与社会民主党建立和发展关系态度，邓小平于1984年5月30日亲自接见了勃兰特一行，这使勃兰特感到很激动，认为这是中国共产党给予他的最高荣誉。可以说，与德国社会民主党的这次晤谈，使社会民主党人了解到中国共产党对意识形态差异在党际交往中的地位的新视角，了解到中国共产党党际交往的原则，看到了与中国共产党在国际政治中进行意识形态领域之外进行合作的可能性和现实性。勃兰特自己也认为，他的这次访华为今后中国共产党和社会民主党的交往彻底扫除了障碍。

在20世纪80年代，中国共产党成功地利用法国社会党和德国社会民主党及其领袖在社会民主党中的重要影响，向社会民主党阐明了双方发展关系的必要性、可能性和现实性以及中国共产党的党际交往四原则。这两次访华，在中国共产党和社会民主党的关系发展史中具有里程碑的意义。此后，中国共产党和社会民主党、社会党国际的关系获得了明显的发展。

（二）中国共产党与大部分社会民主党建立党际关系

20世纪70年代初期，随着中国进入联合国和中美、中日关系的正常化，中国的外交工作有了新的开拓，取得了新的进展，预示着中国共产党和中国外交路线的转折即将到来。在这种情况下，时任中国共产党对外联络部部长的耿飚也在考虑如何使中联部的工作翻开新的一页的问题。耿飚考虑，可以同各国的社会党、社会民主党进行交往，也可以同第三世界国家中主张反帝反殖的民族主义政党甚至执政党建立关系。耿飚带着这个问题专门去向周恩来请示。周恩来说："你这个想法很好。我们如与一些友好国家的执政党来往，就可以同政府间的交往一致起来。至于社会党，虽然在一些问题上和我党的观点不同，但这并不妨碍彼此交往和交流。不过在目前情况下，这些事还不能一下子铺开，可以先找少数国家的社会党和执政的民族主义政党进行接触……"① 遵照周恩来的指示，20世纪70年代末以前，有许多社会民主党的重要人物访问过中国。但由于当时中国的"文化大革命"岁月还没有结束，极"左"路线无论在内政还是外交上还占据着主导地位，因此，中国共产

---

① 赵兰香：《"将军大使"耿飚的"文革岁月"》，http://blog.sina.com.cn/u/4b30edca0100075i.

党同少数国家的社会民主党的联系，无一例外的都是接受中国人民对外友好协会、中国外交协会等民间团体的邀请而来的。也有一些社会民主党的知名人士是以个人的名义访华，或以友好组织的名义与其他政党的成员共同访华。虽然他们也曾同中国共产党的高级领导人举行了会晤，但是在形式上与党际关系无关。

1980 年 7 月 21 日，中共中央批准中联部《关于对社会党开展工作的请示》，《请示》建议进一步扩大中国共产党对外联络工作的范围，除各国共产党和工人党以及民族主义政党外，也可酌情同各国社会党进行接触，多做争取工作。这是中共中央第一次专门就与社会民主党发展关系所作的专门指示。从此，中国共产党彻底改变了以前不与资本主义国家的社会民主党建立和发展党的关系的传统做法，通过积极主动的出访与社会民主党进行接触和建立联系。这主要有三种形式：一是中国党政代表团应外国邀请访问时，往往将同该国执政的或在野的社会民主党领导人进行接触作为访问的重要组成部分；二是中国共产党的代表团在应其他国家共产党和其他政党的邀请出访时，也与该国或其邻国的社会民主党进行接触；三是直接应某些国家社会民主党的专门邀请，派出党的高级代表团进行访问或参加它的会议。例如，1981 年中国共产党在密特朗访华后，派代表参加法国社会党会议；1983 年中国共产党代表在出席意大利共产党大会期间，与意大利的两个社会党、法国社会党等进行了接触；1986 年，中国共产党代表参加了葡萄牙社会党六大等。1989 年，中国共产党派出代表团参加意大利共产党十八大，其间意大利社会党和意大利天民党书记分别会见了中共代表团团长宋平，并同宋平就中国共产党与意大利两个社会党的关系进行了交谈，意大利社会党总书记克拉克西还表示，意大利社会党已经向社会党国际建议，要求社会党国际邀请中国共产党再次以观察员的身份参加在斯德哥尔摩举行的社会党国际十八大，社会党国际也已经同意了意大利社会党的要求，决定邀请中国共产党参加社会党国际的大会。意大利社会党也将邀请中国共产党派代表团参加即将召开的代表大会。意大利天民党新任总书记福拉尼对中国共产党在国际事务中所起的作用给予了高度评价。通过这些积极主动的对外交往，中国共产党和社会民主党的了解进一步加深，友好关系也得到了进一步发展。

在此基础上，中国共产党与一批社会民党正式建立了党际关系。日本社会党是中国共产党的老朋友。早在 20 世纪 50 年代，中国人民外交协会就同该党建立了联系，后来该党又同中国日本友好关系协会建立了联系。冷战初期，日本社会党多次派团访华，先后会见了毛泽东等主要领导人。中国共产党和日本社会党的友好交往为中日两国的邦交正常化作出了重大贡献。中国共产党和日本社会党的关系在冷战初期颇具特殊性。但是，虽然在许多问题上顶住了压力并进行了友好的合作，中国共产党和日本社会党之间却没有直接建立两党之间的正式党际关系。二者在冷战初期一直没有涉及建立党际关系这一问题，这与冷战初期共产党和社会民主党全面对立的大背景是分不开的。1983 年，在社会民主党与中国共产党关系的大背景发生转变的前提下，中国共产党和日本社会党才正式建立了党际关系。这样，两党之间的传统友好关系才得到了进一步巩固和发展。除了与日本社会党的传统友好关系继续加强外，更多的社会民主党开始与中国共产党交往。英国工党、意大利社会党和社会民主党、西班牙工人社会党等都与中国共产党建立了正式的党际关系。

（三）中国共产党开始加强对社会民主党的研究和宣传

1980 年后，中国共产党对社会民主党和社会党国际的理论和实践进行了必要的关注和研究。1980 年 11 月，社会党国际第十五次代表大会在西班牙的马德里召开。社会党国际在十五大上提出的对国际重大问题和重大事件的看法和态度，立即引起了中国共产党的注意。1980 年 11 月 21 日的《人民日报》第 6 版报道了社会党国际十五大的情况，并着重强调了社会党国际在苏联侵略阿富汗问题上的态度。这是事隔 21 年后《人民日报》对社会党国际的首次报道（1959 年《人民日报》曾报道社会党国际"同情西藏叛匪，污蔑我国的决议"）。此后，《人民日报》对社会党国际的报道加大了密度，从 1980 年至 1989 年，《人民日报》对社会党国际的报道多达 29 篇，而 80 年代前仅仅只有两篇。中国共产党对社会党国际的报道主要集中在社会党国际的国际政策和国际政治活动上，对社会党国际在国际政坛上积极参与国际事务、维护世界和平的做法，中国共产党在各类宣传报道中给予了高度肯定。

勃兰特访华后，中国共产党与社会党国际开始了合作尝试。社会党国际十六大对美苏两国停止军备竞赛的呼吁、对中东和平问题的关注和对以色列大屠杀的谴责，得到了中国共产党的大力支持。1985 年 10

月，社会党国际第二次裁军会议在维也纳举行，中联部副部长、中国人民和平与裁军协会会长朱良首次代表中国共产党参加了这次会议，并在会上作了发言。发言阐述了中国共产党对社会党国际的裁军立场的支持态度。在此次大会上，中国共产党代表团还同各国社会民主党进行了广泛接触。《人民日报》在 1985 年 10 月 18 日和 19 日对这次大会进行了跟踪报道。报道阐述了社会党国际在裁军问题上的各种主要观点后，对社会党国际邀请中国共产党党代表参加会议给予了高度评价。报道指出："社会党国际领导人在大会期间多次提到中国参加会议的重要性并对中国共产党第一次派代表参加社会党国际裁军大会表示高兴。"①

1986 年 6 月，社会党国际在秘鲁首都利马召开十七大，这次大会又一次邀请中国共产党派代表参加。中国共产党于 6 月 14 日专门召开新闻发布会，表示愿意接受邀请，并将派中共中央候补委员、中联部副部长李淑铮作为观察员参加社会党国际第十七次代表大会。在这次发布会上，中国共产党的发言人还表示中国共产党即将派出代表参加一些国家社会民主党党的代表大会。② 6 月 24 日，社会党国际十七大召开时，中国共产党是唯一一家共产党的代表。《人民日报》对社会党国际十七大进行了前所未有的详细报道。6 月 25 日的《人民日报》还转载了十七大通过的《利马宣言》的内容。中国共产党的宣传媒体转载社会党国际大会所发表的《宣言》，这在中国共产党的历史上还是首次。1986 年 9 月，在十七大上新当选的社会党国际总书记韦内宁和夫人应中联部的邀请访华。韦内宁在访华期间一再表示，这是社会党国际和中国共产党之间发展关系的新的一步。其目的是增进了解和友好关系，并以此为基础探寻进一步发展合作的途径。他还特别强调，社会党国际在世界安全和国际裁军问题上同中国共产党有许多共识，因而希望中国共产党进一步发挥作用并且与社会党国际继续合作。中国共产党参加会谈的领导人表示了同样的愿望。对此，社会党国际机关报《社会党事务》也作了专门报道。③

与新中国成立初期相比，中国共产党一方面加强了对社会民主党进

---

① 《人民日报》1985 年 10 月 19 日。

② 《人民日报》1986 年 6 月 14 日。

③ 《社会党事务》1987 年第 1 期。

步立场的宣传报道，另一方面，中国共产党对社会民主党的意识形态表现出一种客观、自信而宽容的态度。邓小平在 1984 年曾经对负责政治宣传的中央领导同志说："政治问题上要维持友好合作的关系，对他们（指与中国共产党有意识形态分歧的政党——引者注）的理论、思想观点，我们国内不替他们宣传。他们宣传什么，我们不作评论，不同他们争论，更不像过去那样公开批评他们。"① 中国共产党在 20 世纪 80 年代对社会民主党和社会党国际的政治宣传，很好地贯彻了邓小平的这一思想。在 1980—1989 年《人民日报》的 29 篇关于社会党国际的报道中，有两处简单地介绍了社会党国际的组织性质，没有对社会党国际和社会民主党的意识形态发表更多的评论。一处是 1982 年 12 月 8 日的《人民日报》第 7 版上，在着重肯定了社会党国际在解决中美洲问题上的政策主张后指出："社会党国际是一个国际政治组织，由全世界的社会党、社会民主党和工党组成。"一处是 1986 年 6 月 24 日《人民日报》第 7 版上，在着重报道了社会党国际十七大关于阻止军备竞赛和解决发展中国家债务问题的讨论结果后指出："社会党国际是 1864 年成立的，是世界上重要的政治组织。目前，它拥有七十五个政党和组织，代表二千多万党员。"中国共产党对社会党国际报道的侧重点的不同，正体现了中国共产党在与社会民主党发展党际关系时所遵循的"求同存异，合而不同"的原则。超越意识形态的差异而合作，谋求共同利益的最大化，是中国共产党与社会民主党进行党际交往的目的，中国共产党的政治宣传和理论研究工作很好地服务了这个目的。

20 世纪 70 年代末，中国共产党和社会民主党在国际国内事务上对理性视野的回归，促使二者的关系走上了良性发展的轨道。20 世纪 80 年代，中国共产党与社会民主党之间关系进入了崭新的发展时期。在这个时期，中国共产党和社会民主党建立了正式的党际关系，进行真正意义上的党际交往。中国共产党通过与社会民主党的交往，扩大了政党交往的视阈，为中国的改革开放事业赢得了有利的环境，创造了有利的条件。同时，中国共产党也吸收和借鉴了社会民主党在治党和治国方面的经验教训，提高了中国共产党的执政能力。社会民主党通过在国际事务

---

① 中共中央文献研究室编：《邓小平思想年谱 1975—1997》，中央文献出版社 1998 年版，第 279 页。

上与中国共产党的合作，遏制了超级大国的军备竞赛，有力地维护了世界和平，在世界范围内为自己树立了"和平政党"的形象，社会民主党的影响力也得到长足发展。在 20 世纪 80 年代，中国共产党和社会民主党之间的关系，是迄今为止，双方关系发展得最好、成果最显著的时期。从此，中国共产党走上了通过处理党际关系而自主认知社会民主党及民主社会主义的历程。但是，必须看到，意识形态的差异和分歧始终是影响双方关系的一个重要因素，二者的接触与合作都是有前提条件的，虽然二者都表示要"超越意识形态差异"，但是在实践中如何把握"超越"的尺度，社会民主党人对此问题还缺乏成熟的研究。在国际局势的发展使社会民主党和中国共产党的共同利益居多时，社会民主党人能本着他们百年不变的实用主义原则与中国共产党进行"超越意识形态"的合作，但是当世界局势发生巨大变化时，在共产党和共产主义事业面临严峻考验时，社会民主党对中国共产党的策略转变当然也在意料之中。中国共产党与社会民主党党际关系发展的历程，从一个侧面反映了二者对对方意识形态的认知与评价。

第五章　比较与借鉴：大党风范的彰显

随着中国特色社会主义道路的胜利推进，中国社会主义建设成就的不断取得，中国共产党在国内国际政坛上的控制力和影响力不断提升。苏东剧变期间，国际风云变幻莫测，反共浪潮汹涌澎湃，社会民主党的政治立场出现逆转，对中国共产党的批判言论增多，在国际事务中引出了许多不利于中国的因素。在向国际社会表明中国坚持走社会主义道路不动摇的同时，中国共产党向社会民主党表明了超越意识形态差异而加强合作的态度不变。冷战后，中国共产党对资本主义在当今世界的发展、社会主义在当今世界的发展、意识形态不同的政党与中国共产党关系的发展等问题作出了科学的回答。在此基础上，对民主社会主义理论，中国共产党从比较与借鉴的角度进行了科学评价；对社会民主党，中国共产党表现出在谋求共同利益基础上加强合作的态度，中国共产党自信与包容的大党风范日益彰显。

一　面对逆境沉着而坚定

（一）苏东剧变时期社会民主党反共立场的回归

苏东剧变之迅猛以及苏联和东欧现实社会主义制度的失败，使国际右翼势力的逆流异常强大，大有席卷天下之势。世界社会主义和共产主义运动面临着前所未有的挫折。一些右翼政治家认为当代世界的大潮是资本主义，而不是社会主义，20世纪蓬勃发展的左翼政治运动从此画上了句号。弗朗西斯·福山在《历史的终结》中很明确地说："或许我们正亲眼目睹的事情不仅仅是冷战的结束，也不仅仅是战后某个特定时期的结束，而是历史的终结：即人类意识形态和作为人类最后统治形式的西方自由民主普及的终结。"① 意即资本主义是人类社会发展的最终极社会制度，在它之后再也不会有什么制度来代替它。在世界政坛右转趋势加强的背景下，作为左翼政党的社会民主党人却欢欣鼓舞。他们认为，苏东社会主义的失败，恰恰"反证"了民主社会主义的"胜利"。社会民主党企望借此"机遇"，将民主社会主义推向包括中国在内的所有社会主义国家。为此，社会党国际和社会民主党人不惜抛弃与共产党合作的一切成果，重新回归反对共产主义和所有共产党国家的立场。1989 年 6 月，社会党国际在瑞典的斯德哥尔摩召开了十八大。在大会通过的《原则宣言》中，社会党国际明确表示，苏联与中、东欧国家发生的显著变革证明了民主社会主义以其"正确"的思想和实践，吸引了苏东国家人民的巨大兴趣，从而使民主社会主义获得了最终战胜了共产主义突破性机遇。②《宣言》声称："共产主义已失去了十月革命后和反法西斯斗争中它一度对一部分劳工运动和一部分知识分子的吸引力，斯大林主义的罪行，大规模的迫害与违反践踏人权，以及未能解决的经济问题，已破坏了用共产主义替代民主社会主义并作为未来模式的思想"，社会党国际和各国社会民主党要以"人权和政治公开性"为武器，加强对现实社会主义国家的意识形态攻势，"支持一切通过自由化和民主化来改造共产党的社会的努力"，并公开宣称支持苏联和东欧的共产党向"人道的、民主的社会主义"政党的演变。社会民主党人要抓住一切机会，对"长期以来悲剧性的遭受共产主义意识形态歪曲的社会"重新塑造其面貌作出特殊的贡献，只要这些变革带来苏东政治和经济走向"民主化"的前景，就应给予欢迎和支持。③《宣言》还指出，要按照按民主社会主义的原则塑造 21 世纪的新面貌，扩大民主社会主义在世界各国的影响，向正在寻求发展道路的第三世界国家宣传民主社会主义的优越性，使这些国家免受共产主义制度的"欺骗"，帮助这些国家摆脱资本主义和共产主义的"弊病"和"罪恶"。社会党国际主席卡尔松还在会上兴奋地表示："在戈尔巴乔夫总统勇敢的领导下，引人

---

① 黄宗良、林勋健：《冷战后的世界社会主义运动》，北京大学出版社 2003 年版，第 452 页。

② 中联部资料编辑中心选编：《社会党国际和社会党重要文件选编》，中共中央党校出版社 1993 年版，第 27 页。

③ 同上。

注目的改革进程已在苏联开始。这对今天我们在场的诸位也意义重大。在国际上，我们正处在伟大变革时期的中期。资本主义和共产主义都面临着一系列意识形态问题。我们从来没有遇到过像我们现在这样的实现新的突破的机遇。今天，我们的思维和理想吸引了那些在过去对我们所代表的那类改良政策多少有些敌意国家的巨大兴趣。这再次证明，我们的思想是属于未来的思想。"[1]

可事与愿违，右翼势力并没有给社会民主党抓住"突破性机遇"、扩大"胜利成果"的机会。在右翼势力铲除一切社会主义左翼政治运动的凌厉攻势下，社会民主党迎来了衰退的噩耗。从几个主要社会民主党的选举结果来看，90 年代初，社会民主党的政治影响力低落到第二次世界大战以来的最低点。1990 年 12 月，德国举行统一后的第一次大选，社会民主党的得票率由 1987 年的 37% 下降到 33.5%，是 60 年代以来该党在大选中得票率的最低点。法国社会党在 1992 年市政选举中得票率仅为 18.3%，在 1993 年 3 月立法选举中得票率仅 17.6%，议席才 53 个，减少了 200 多议席，为建党以来的最低点。同年，法国组成了以巴拉迪尔为首的右翼政府。英国工党在 1992 年大选中连续第四次失利，金诺克被迫引咎辞职。瑞典社会民主党从 1932 年到 1976 年长期执政，80 年代后又连续三次赢得大选。但在 1991 年大选中，瑞典社会民主党仅得到 38% 的选票，是自 1932 年以来的历史性新低，保守党领导人自 1928 年以来首次成为首相。社会民主党普遍失去政权，面临着自"第二次世界大战"以来最严重的政治危机。

面对危机，社会民主党人将根源归结为：苏东共产党及"现实社会主义"的失败，使本来获得"胜利"的民主社会主义和社会民主党人受到了"牵连"。为了摆脱眼前的危机，必须彻底划清与"现实社会主义"的界限，使人们彻底分清两种不同的"社会主义"的区别，谋求民主社会主义事业在苏东和世界的发展。鉴于这种观点，社会民主党人的反共立场愈加极端地表现出来。

为了使西方人分清两种不同的"社会主义"，彻底洗脱社会民主党与已经垮台的现实"社会主义"的关系，摆脱社会民主党因受到"牵连"而处于的不利地位，1991 年，社会党国际的《社会党事务》季刊第三期上公开发表了勃兰特的署名文章《在共产党垮台后的社会民主主义》。在这篇文章中，勃兰特突出强调了共产党和社会民主党的区别，竭力说明民主社会主义和共产主义"毫无共同之处"。勃兰特在文章中首先指出，有人认为社会主义已经完蛋了，实际上是把在民主和自由中的社会主义和失败的共产党独裁混为一谈，其目的在于损害社会民主主义。勃兰特说，共产党搞独裁和官僚主义，是残暴而无能的，民主社会主义与它在几十年以前就已经分道扬镳了，两者毫无共同之处。由于腐败和缺乏民主，贴上了"现实存在的社会主义"标签的虚伪的共产党政权丧失了信用并被人们所谴责。过去社会民主党人和社会党国际在防止社会主义概念被歪曲的方面，做得很不够，使社会民主党人背上了沉重的斯大林主义和后斯大林主义的包袱。因此社会民主党人今后必须进一步发展自己的政治语言，用"社会民主主义"代替"民主社会主义"作为社会民主党意识形态的称谓，甩掉"社会主义"这个包袱。勃兰特作为社会党国际的一代超级领袖，他的这篇文章深刻影响了社会民主党和社会党国际。1992 年社会党国际在柏林召开的十九大，明显承袭了勃兰特在这篇文章中的精神。这次大会的各种文件明显地回避使用"民主社会主义"一词，而大量使用"社会民主主义"一词，以此作为自己意识形态的正式称谓。有的社会民主党甚至考虑更改党的名称，以彻底甩掉"社会主义"这个"包袱"。

但必须看到，从"民主社会主义"到"社会民主主义"，并不只是单纯的用语的改变，也不仅仅是为了避免"社会主义"一词的消极影响，还表明社会民主党在冷战后淡化它的意识形态色彩，对社会主义的理解和解释发生了改变。多数社会民主党重新解释和界定"社会主义"，突出强调其伦理价值，淡化制度目标。社会民主党领导人多次表示，"社会民主主义"这个用语的主题已经成为"民主主义"或"民主制"，社会民主党以赋予当前的"民主主义"制度以"社会"的内容为目标，而不再追求用一种制度的社会主义代替资本主义了。这说明社会民主党完全放弃了对资本主义制度替代目标，将社会主义仅仅归结为追求"民主的"和"社会的"伦理价值目标的运动。法国社会党的领袖若斯潘对这个问题论述得很清楚。他说："已不再能把社会民主主义界定为一种制度。我认为，现在按照制度的概念——资本主义制度、计划经济制度——来行动已不是绝对必要的了。我们自己也没有必要来界定一种制度。我不知道作为制度的社会主义是什么样子的，但是我知道作为价值总和、作为社会运动、作为政治实践的社会主义可能是什么样子的。它是一种思想启示，一种生活方式，一种行动方法。它要坚定不移地参照那些既是民主的，又是社会的价值。"① 冷战后，各国社会民主党纷纷抹去了头脑中的阶级政治观念，认为平等、自由、团结和友爱是社会主义的实质。这些价值和伦理思想是适用于全人类的，而不是只适用于某个阶级。以阶级的范畴定义这些伦理价值，是与社会主义的普遍的人道主义相违背的。在冷战后社会民主党的纲领中，"公正"、"平等"是其基本原则。1997 年，英国工党废除党章第四条关于公有制的规定，突出地表明了社会民主党在社会主义概念上的这一根本性变化。各国社会民主党在理论革新中，用自由主义的精神来解释传统的进步主义的价值观念，成为一种普遍趋势。可见，从"民主社会主义"到"社会民主主义"，还蕴涵着对传统的、从早期工人运动中承袭下来的价值理念的背离，体现出社会民主党对共产党和共产主义意识形态的偏激式反击。

在国际社会中，为了表明自己的反共立场，社会民主党加紧了对苏东"民主化"进程的推动。就在十八大刚刚过去几个月，东欧国家完全实现转制，已经社会民主党化了的原东欧各国共产党面临着大量的困难。为了研究对东欧剧变的对策，23 个社会民主党的领导人在意大利米兰紧急会晤，讨论如何"积极介入中东欧国家的局势"，以推动东欧国家进一步向"民主化"发展。勃兰特在会上说，社会党国际及其成员党热烈欢迎东欧发生的变化，对东欧新的民主力量执行开放政策，并将积极开展同它们的有效合作。同年 11 月 24 日，社会党国际理事会在日内瓦召开，会议通过了《关于东欧的立场文件：问题与机会》的决议。决议指出，"共产党专政"已经走进了死胡同。经典的共产主义思想意识形态的政治影响和地位已经下降。社会党国际将支持东欧改革进程的进一步发展。决议还呼吁西方国家对东欧进行经济援助，以加快推动东欧"民主化"的进程。为了进一步加强对苏东局势的推动和控制，

---

① 殷叙彝：《法国社会党近年来关于社会主义的论述》，《国际政治研究》2002 年第 4 期，第 58 页。

1992 年社会党国际十九大上，首次吸纳了原苏东地区社会民主党化了的前共产党。由原意大利共产党转变而来的意大利左翼民主党、由原匈牙利社会主义工人党转变而来的匈牙利社会民主党都作为观察员党加入了社会党国际。对于意大利和匈牙利两党加入社会党国际这一组织上的新发展趋势，新任社会党国际主席皮埃尔·莫鲁瓦在讲话中特地指出："我们第一次有了这样的纪录：一个伟大的前共产党（指意大利共产党——引者注）承担了新社会主义义务，必须说明，这个党从 20 世纪 70 年代开始就已走上它自己的道路。这一演变当然是富有象征意义的。但这已引起了关于我们以什么方式帮助那些不再与共产主义联系在一起的党的转变的一些新问题。我认为我们对匈牙利的做法是实现了平衡的。"① 社会党国际通过对原共产党转化而来的社会民主党采取考验和鼓励相结合的办法，以确保它们继续"朝着多元民主运动的方向"演变。

　　从以上社会民主党的言论和实践中可以看出，在苏东剧变时期，作为西方左翼政治力量的社会民主党，改变了"超越意识形态"与共产党合作的策略，重新回归反共立场。社会民主党人重新突出了意识形态在党际交往中绝对地位，推行"改造共产党社会"的"新"方针，积极干预和支持苏东剧变，对苏东共产党的垮台起了推波助澜的作用，致使世界社会民主党与共产党建立起来的良好关系出现了逆转。社会民主党对苏东局势所采取的措施以及在意识形态领域对共产党的进攻，使自身失去了传统左翼政党的风范。而且，社会民主党的这些举措并没有让右翼势力将"现实社会主义制度"和"民主社会主义"区别开来，在右翼势力铲除所有"社会主义"思潮和左翼政治运动的凌厉攻势下，与共产党断绝了党际合作的社会民主党人独木难支，陷入了困境。一些长期执政的社会民主党纷纷失去执政地位，社会民主党人选票和影响力普遍下降。从一定意义上来说，苏东剧变时期社会民主党人处理与共产党关系的政策和实践，可谓"搬起石头砸了自己的脚"。

　　苏东剧变时期，社会党国际和社会民主党人反共立场的回归，是有其思想根源的。社会民主党和共产党本身就具有不同的意识形态，在历史上因为意识形态原因长期对立。在冷战后期，虽然世界多极化发展的

---

① 林建华：《社会党国际论纲》，东北师范大学出版社 1997 年版，第 368 页。

趋势已初现端倪，但是两极格局依然稳定，社会党国际和社会民主党人为了在东西方之间谋求政治地位和政治利益，以其中左翼的政治立场出现，调和东西方的矛盾，斡旋于右翼政党和共产党之间，使自己处于左右逢源的境地。在这种情况下，社会党国际和社会民主党人能暂时超越意识形态的差异，在国际国内与共产党合作，以谋求扩大自身的政治势力和影响。事实证明，中左翼的政治定位和"超越意识形态"与共产党合作确实为社会民主党和社会党国际带来了巨大的政治利益。在西方，社会民主党的影响力大大超过了作为"苏共的代言人"的形象出现在西方政坛的发达国家共产党。许多原支持共产党的选民转而支持政策温和而实际的社会民主党，社会民主党成为拥有一定政治基础的西方主要左翼政治力量。在国际社会，社会民主党与社会主义国家的共产党合作，维护世界和平，反对军备竞赛，反对美苏两个超级大国的霸权主义，赢得了很好的"世界范围内的和平政党"的政治形象。社会民主党也彻底改变了冷战初期一味追随美国、在国际社会上沦为美国的附庸的政治地位。

勃兰特著名的"新东方政策"是社会民主党和社会党国际与共产党进行"缓和与合作"的理论基础。正如上文所述，"新东方政策"为社会党国际和社会民主党开拓了新视野，使社会民主党人突破了反共的传统而与共产党进行合作，取得了巨大的政绩。但是这种突破，是有局限性的。也就是说，社会民主党人认为，与共产党的合作是"超越意识形态差异"的合作，从来都不是放弃意识形态差异的合作，而与共产党合作的目的是壮大社会民主党自身的力量和扩大社会民主党的政治影响。苏东剧变时期，当世界的反共逆流"牵连"到社会民主党时，社会民主党纷纷与共产党断绝来往、划清界限，更新自己的政治语言，并不遗余力地配合西方资产阶级右翼势力对前苏东国家的"和平演变"事业，这说明，包括一代超级领袖勃兰特在内的社会民主党人，在意识形态上并没有转变对共产党的对立立场。当共产党面临严重的政治危机时，当与共产党的合作不能给社会民主党带来利益甚至影响到社会民主党的利益时，社会民主党必然会重新强调意识形态在党际关系中的"突出地位"，"回归"到骨子里的反共立场上去。因此，社会民主党人在苏东剧变时期表现出政治立场的逆转，在意料之中。

（二）社会民主党与中国共产党关系的逆转

苏东剧变时期，在社会民主党人反共立场重新回归的情况下，社会民主党人对中国共产党的态度自然也要发生转变。在苏东剧变时期，中国共产党依然向全世界表示继续坚持社会主义制度和共产主义意识形态，这对急于与共产党和共产主义意识形态划清界限的社会民主党和社会党国际来说是不能接受的。社会党国际和许多社会民主党与中国共产党断绝了来往，这在客观上配合了资产阶级右翼势力对中国和中国共产党的封锁和制裁。中国共产党与社会民主党之间的关系，在苏东剧变时期出现了大逆转。

首先，社会民主党将中国作为和平演变的重要对象。在经历了苏东剧变的严峻考验后，中国、朝鲜、越南、古巴、老挝五个国家，依然坚持社会主义制度。在这五个国家中，有四个国家处在亚太地区，再加上亚太地区创造了经济增长的奇迹，苏东剧变后社会党国际将目光从中东欧转向亚太地区，力图在巩固中东欧政治影响力的同时，扩大社会民主主义在亚太地区的影响，以实现对现存的五个社会主义国家的"和平演变"。中国是亚太地区最大的国家，也是最大的社会主义国家，社会党国际自然将中国作为"和平演变"的重要对象。1993 年，为了促进中国社会制度的转变，社会党国际在希腊雅典召开理事会。会议认为，世界已经进入了"后共产主义"时期。在这个时期，社会民主党人必须进一步加强对世界"民主化"进程支持的力度。为此，社会党国际决定设立亚太委员会，以加强社会党国际成员在亚太地区的活动，促进中国等亚太国家向"后共产主义"社会演变。1994 年，社会党国际东京理事会上，社会民主党人再一次扬言要用对待苏联和东欧的办法对待中国和中国共产党。1996 年，为了进一步加强对中国社会主义制度进行"和平演变"的力度，社会党国际二十大在纽约召开。社会党国际主席莫鲁瓦在大会上作了重要发言。莫鲁瓦在大会上强调，1996 年至 2000 年，是社会民主主义和共产主义意识形态斗争的最终决定性阶段。为此，社会党国际必须继续追求三大目标：一是，就意识形态领域里的重大问题开展辩论；二是，继续在世界各地扩大自己的组织规模；三是，改变和加强自身的组织结构。也就是说，社会党国际要在世界范围内加强宣传社会民主主义，扩大社会党国际的组织规模，使社会民主主义及其组织在世界范围内进一步发展壮大，从而使社会民主主义意识形态和组织机构对现存的五个社会主义国家形成包围和决战之势。在大会上，社会民主党人对中国的改革开放表示出了浓厚的兴趣。在大会决议中，社会党国际表示，要用"帮助"东欧的方法来"帮助中国继续推行改革开放政策"。这实际上是在代表大会上公开表示要利用中国的改革开放，对中国的社会主义制度进行"和平演变"，希望中国重蹈苏东改制的覆辙。

其次，社会民主党重申了在西藏、台湾等问题上的反动立场。1994年，在社会党国际东京理事会上，社会党国际领导人在攻击中国压制民主、扩大社会的不平等、实行大民族主义并在南海采取扩张主义姿态后，公然重新提出对"西藏的人权问题"的看法。表示对"在西藏同东帝汶、老挝和不丹的违反人权"问题的"关心"。

1996年社会党国际二十大关于亚太问题的决议中，社会党国际指责中国共产党在中国实行专制统治，重提中国共产党镇压西藏人民"争取民主"的斗争。社会党国际亚太委员会成立后，印度民主社会主义中心在社会党国际亚太委员会上，无理地"呼吁"社会党国际在必要的时候采取与中国对抗的立场，支持达赖的西藏非核化和非军事化主张，印度民主社会主义中心的这些无理要求居然得到社会党国际领导人的支持。社会党国际和社会民主党的这些言论，令人想起冷战高潮时期社会民主党人曾发表的"中国共产党扼杀西藏人民的'自由权利'，摧毁西藏人的自由和个性"等言论。在冷战高潮时期，中国共产党与社会民主党分别处于全面对立的两大阵营，二者之间持互相对立和敌视的立场。那时的社会民主党人，一方面在国际事务上不得不迎合美国，另一方面对中国共产党的接触和了解并不多，因此，在西藏等问题上发表了一些不符合实际的错误言论。但在冷战结束后，在和平与发展成为时代主题的历史条件下，尤其是社会民主党与中国共产党已经有过很好的相互了解与合作的经历后，社会党国际和社会民主党人重新回归冷战高潮时期的思维模式，不能不说是一种倒退。

社会民主党人在台湾问题上的立场，比起冷战高潮时期来说，更是一次大的退步。1994年东京理事会上的社会党国际领导人表示赞扬和支持台湾的"民主变革"，以及台湾对中国共产党政权的态度。在香港问题上，面对香港即将回归祖国的大势，香港总督彭定康采取各种措施，企图阻挠香港回归。社会党国际领导人却对督彭定康阻碍香港回归的所谓"民主改革"表示赞许，有人还主张社会党国际"致力于维护香港的民主"。冷战初期，社会党国际本着正义立场，在台湾问题上发表了许多正确的言论，提出了许多进步的主张。当时的社会党国际认为，应该给"北京政府"以合法地位，支持"北京政府"加入联合国，反对蒋介石政权在联合国的合法席位。在这个问题上，社会民主党人在许多场合没有一味迎合美国，甚至对美国支持蒋介石、造成亚太局势的紧张，进行了谴责。在台湾问题上，社会民主党是西方阵营中最早与美国拉开距离的政治力量。而东京理事会上社会党国际的立场，说明社会民主党和社会党国际抛弃了在台湾问题上一向坚持的难能可贵的进步立场。这显然是社会党国际内部右翼思潮膨胀的结果。

随着社会党国际在亚太地区活动的加强，社会民主党人进一步强调了中国共产党同社会民主党在意识形态领域的分歧，并在实际政治活动中引出了一些有损中国利益的复杂因素。当"西方七国首脑会议"通过制裁中国的《政治宣言》时，西方绝大多数政党，包括社会民主党在内，都停止了同中国共产党的交往。

对于社会民主党的这些做法，中国共产党并没有对此表现出手足无措，而是自信而沉着地迎接了这一挑战。

（三）中国共产党的坚定与沉着

20世纪80年代末和90年代初，中国共产党面临着重大的挑战。苏东剧变，使得世界社会主义运动进入了前所未有的低潮期；中国国内的资产阶级自由化思潮呈泛滥之势；接着，西方七国首脑会议主张对中国进行制裁，中国的改革开放政策面临挑战。面对这些挑战，邓小平指出："首先中国自己不要乱，认真地真正地把改革开放搞下去，旗帜不倒，就会有很大影响。……别人的事我们管不了，只讲一个道理：中国的社会主义是变不了的。中国肯定要沿着自己选择的社会主义道路走到底。谁也压不垮我们。"① 邓小平的这番话，向世界人民和中国人民表明了中国继续走社会主义道路和坚持改革开放路线的决心，也表明了中国共产党控制中国的局势，将中国的事办好的自信心。1989年9月4

---

① 中共中央文献研究室编：《邓小平思想年谱》，中央文献出版社1998年版，第435页。

日，邓小平提出了应对局势的方针。他说："概括起来就是三句话：第一句话，冷静观察；第二句话，稳住阵脚；第三句话，沉着应付。不要急，也急不得。要冷静、冷静、再冷静，埋头实干，做好一件事，我们自己的事。"① 这三句话，具有深刻的思想内涵、高超的斗争策略和严密的逻辑力量，为中国共产党从容应付东欧剧变、苏联解体、两极格局终结后新时期党的对外交往工作指明了方向。

第一，冷静观察，是中国共产党制定内外政策的前提。苏东剧变和两极格局终结后，世界上各种政治力量处于重新分化组合时期。这时，国际局势变动不居的因素增多，而且矛盾错综复杂。中国共产党要制定正确的内外政策和策略，必须对正在发生急剧变化的世界形势进行冷静观察和辩证分析。既要看到国际局势中对中国共产党不利的一面，也要看到国际局势中对中国共产党有利的一面。

一方面，苏东剧变使世界右翼势力急剧膨胀，反社会主义的逆流异常强大，世界社会主义进入了前所未有的低潮。人们的注意力集中于中国共产党和社会主义中国能否顶得住，对中国能否继续坚持社会主义道路表示怀疑。尤其是西方七国首脑会议发表宣言制裁中国，西方政党包括左翼政党在内利用人权、"西藏问题"等对中国共产党施加压力，企图迫使中国共产党在内外政策上完全屈服于西方，重蹈苏东转制的覆辙。从这方面来看，中国共产党面临着巨大压力，处境相当艰难。

另一方面，由于各种政治力量的重新分化组合，国际局势变化迅忽，不能一下子看清楚。因此，中国共产党不应当悲观失望，认为国际形势恶化到了多么严重的地步，认为自己处在多么不利的地位。中国共产党可以充分利用冷战后出现的各种新的矛盾，为中国的改革开放和社会主义现代化建设服务。尽管国际垄断资本对中国实行制裁，但是支持中国和同情中国的人也会越来越多。从这方面来看，中国共产党不能为一时的挫折所迷惑，必须对社会主义的未来充满信心。

第二，稳住阵脚，是中国共产党打破困难局面的必然要求。邓小平说："中国的问题，压倒一切的是需要稳定。没有稳定的环境，什么都搞不成，已经取得的成果也会失掉。"② 在强大的反共逆流面前顶住压

① 《邓小平文选》第3卷，人民出版社1993年版，第321页。
② 同上书，第354页。

力、保持稳定，重新开创党际交往的新局面，是苏东剧变时期中国共产党面临的重大挑战。1989 年后，世界右翼政治势力和政治思潮对中国进行包围和侵蚀，致使中国国内资产阶级自由化思潮泛滥。资产阶级自由化分子实际上就是要借中国的改革开放，让资产阶级的意识形态、价值观念和生活方式进入中国，把中国引导到资本主义的道路上去。在国际上，随着冷战格局的结束，社会主义制度和资本主义制度的矛盾一度相当激烈，西方敌对政治势力企图凭借苏东剧变的契机，搞垮中国共产党和中国。作为资本主义社会内部改良力量的左翼社会民主党，在此时也重新突出了意识形态在党际交往和国际事务中的地位，声称"从来没有遇到过像现在这样的战胜共产党和共产主义的突破性机遇"，在实践上积极配合了右翼政党的反共战略。在国内搞资产阶级自由化的人以及包括社会民主党在内的西方敌对势力里应外合，将斗争矛头指向中国共产党的四项基本原则，通过各种途径对中国共产党施加压力，企图使中国共产党放弃四项基本原则。

面对右翼政党操控的世界舆论，面对国际资本的制裁，中国共产党没有示弱。中国共产党多次严正申明，坚持四项基本原则，反对资产阶级自由化是中国保持稳定的重要举措。中国共产党将长期与资产阶级自由化和西方对中国的"和平演变"战略作斗争，而坚持四项基本原则是反对资产阶级自由化和西方国家"和平演变"战略的锐利武器。坚持四项基本原则实际上就是强调坚持中国共产党的意识形态，这是中国共产党的立党之本，也是中国的立国之本。这其实是向世界政党表明了中国共产党中央对中国局势的控制能力以及中国走社会主义道路的坚定信心。事实证明，在苏东剧变后风云变幻的世界局势面前，中国共产党通过坚持四项基本原则，维护了党的意识形态和中国的社会主义道路，稳住了阵脚，并在此基础上开拓了国内建设和国际交往的新局面。

第三，沉着应付，是中国共产党开拓国内建设、国际交往新局面的科学态度和方法。苏东剧变后，西方国家对中国进行封锁，包括社会民主党在内的大多数西方国家的政党断绝了与中国共产党的关系。这对中国的改革开放和经济建设来说，是一个重大的威胁。打破制裁，避免孤立，通过党际交往扩大国家间的交往和合作，为中国的改革开放和社会主义现代化建设重新营造良好的周边环境，是中国共产党面临的重要任务。

　　在对国际国内局势进行辩证分析的基础上，中国共产党提出，中国共产党在制定内外政策时，要本着辩证的态度，坚持两点论。在原则问题上寸土不让，在策略问题上要有灵活性。只要实行了原则性与灵活性相结合的正确的内外政策，中国共产党就能正确处理复杂的国内国际事务，就能站稳脚跟。具体到社会民主党的反共立场和反共措施，中国共产党主张将社会民主党在意识形态领域的反共立场和在具体政治事务中的进步立场区分开来。中国共产党既同社会民主党的反共言论和政治活动进行斗争，又表示注意到社会党国际和社会民主党在和平问题、环境问题、经济全球化中的南北关系问题等方面的进步立场，多次表示愿意在国际事务中就这些问题与社会民主党继续进行合作。中国共产党强调，中国共产党和社会民主党的合作，不但有利于维护世界和平，建立国际政治经济新秩序，而且对扩大社会民主党和社会党国际的群众基础和影响力也十分有利。中国的广大市场和经济发展的良好势头，对社会民主党所在的国家经济的恢复来说具有强大的吸引力。中国共产党指出，中国共产党和社会民主党在党际交往时，可以在党际交往中注入经济因素，使中国共产党和社会民主党均能为本国的经济建设牵线搭桥，从而为推动本国经济发展作出贡献。这对于中国共产党加强和改善党的领导、社会民主党扩大选民基础而重获执政地位，具有重要意义。中国共产党表示，虽然社会民主党在苏东剧变时期单方面将其意识形态利益引入党际关系，对二者关系的发展造成了负面影响，但中国共产党愿意继续本着"独立自主、完全平等、互相尊重、互不干涉内部事务"的原则和"超越意识形态的差异，谋求相互了解与合作"的具体方针，与一切社会民主党合作。党和党之间发展关系必须"求同存异，合而不同"，这样才能保证政党之间关系的良性发展。社会民主党的经历、环境、经验和观察问题的角度与中国共产党都不同，对中国和中国共产党的内部事务有不同的看法是难免的。但是这些分歧可以各自保留，让历史和实践去检验、去鉴别。不能因为有分歧和差异就不进行合作，双方可以在共同关心和具有共同看法的问题上进行合作。通过这种合作，中国共产党和社会民主党可以互相交流，增进了解，在世界左翼政治运动处于低潮时，联手共同遏制右翼政治势力和政治思潮的泛滥，使双方共同走出冷战后面临的困境。

　　苏东剧变时期，尽管国际局势风云变幻，中国共产党保持了内外政策的稳定性和连续性，"超越意识形态的差异，谋求相互了解与合作"依然是中国共产党发展同社会民主党关系的总方针。在意识形态问题上，面对社会民主党的进攻，中国共产党保持了宽容和克制的态度，没有犯过去"左"的错误，没有回归到以意识形态划线的旧路线上去，也没有盲目地将斗争领域和斗争对象扩大化。中国共产党宽容与包容的态度，促使社会民主党在有关中国共产党的问题上放弃了反动立场，重新回到进步立场上，为二者关系的恢复与发展起到了决定性的作用。中国共产党也因此在国际政坛上树立了良好的形象。

（四）中国共产党与社会民主党的关系重新打开局面

由于中国共产党在冷战后采取了正确的应对之策，保持了对外交往的战略目标和政策策略的连续性，在实践上，中国共产党通过多种渠道和方式向世界政党表明自己的态度，阐述中国共产党的立场。中国共产党诚恳的态度和不凡的气度，很快征服了许多外国党派。一些社会民主党即使在苏东剧变时期，也与中国共产党保持了一定的接触。整个社会民主党和社会党国际在走出政治危机后，也认识到与中国共产党恢复和发展关系的重要性和必要性，于是，20世纪90年代后期，中国共产党和社会民主党的关系重新打开了局面。

在苏东剧变时期，社会党国际要求其成员党在党际交往中突出意识形态色彩，约束其成员党与中国共产党发展关系。但由于社会党国际比较松散和自由的组织原则，使得社会党国际的成员党在处理党的事务时有着比较大的自由度，所以社会民主党并不是整齐一律地执行了社会党国际的决议，个别社会民主党与中国共产党依然保持接触。一些社会民主党根据实际情况突破了右翼势力构筑起来的"封锁线"，与中国共产党保持了联系，增进了了解，并较早地恢复了与中国共产党的关系。

自20世纪90年代中期开始，具体地说，从1994年5月荷兰工党在大选中获胜时起，原欧盟诸国的社会民主党开始打破苏东剧变后的沉寂，不约而同地"收复失地"，欧洲政坛逐渐呈现出一片"粉红色的祥云"①。1998年是欧洲社会一个具有标志性的年份，到这一年年底，随

---

① 社会民主的国际性组织——社会党国际以红色玫瑰为徽记，国外舆论多以"粉红色"或"玫瑰色"形容民主社会主义政党或政府。

着德国社会民主党赢得大选，施罗德成为德国总理，原欧盟 15 国中有 13 国是社会民主党执政。只有西班牙、爱尔兰是右翼政党掌权。成为执政党的社会民主党，面临着使欧洲走出经济持续低迷的状态、发展欧洲经济的任务。而此时的中国共产党已经完全度过了苏东剧变时期出现的困难局面，社会稳定、经济发展的局面使中国共产党在中国人民心目中的地位愈益巩固，中国共产党对中国社会的影响力和控制力进一步加强。中国的综合国力比冷战时期加强了，国际地位提高了，影响也日益扩大。世界任何政治力量都不能无视中国的存在和发展。作为领导中国人民掌握政权并长期执政的党，中国共产党面临着进一步扩大对外开放、发展经济、将一个强大的中国带入新世纪的历史使命。中国是欧盟的第二大贸易伙伴，欧盟是中国最大的贸易伙伴，中欧之间建立良好的政治和经贸关系，对于中国和欧洲经济的发展具有重要意义。作为执政党的社会民主党，为了发展经济，取得政绩，保住执政地位，不得不开始考虑与中国共产党全面恢复关系。中国共产党也注意到社会民主党态度的变化，积极主动展开全方位、多渠道的政党交往。1998 年 4 月 9 日，中国共产党邀请意大利左翼民主党全国书记马西莫·达莱马访华。中国共产党邀请意大利左翼民主党领袖访华具有特殊的含义。

意大利左翼民主党由原意大利共产党演变而来，是冷战后西方共产党社会民主党化的产物。意大利左翼民主党于 1996 年通过大选，上台执政。原共产党的领袖达莱马现作为左翼民主党的主席就任政府总理。这一政治事件引起了冷战后世界共产党和社会民主党的广泛关注和反思。一些持极"左"观点的政党认为，这是意大利共产党向资本主义社会的彻底投降，应该对意大利左翼民主党的这一政治行为予以坚决地批判。一些更改了党名和党纲的原共产党却认为这是共产党社会民主党化后的一次具有历史意义的重要政治成果，表明了共产党走社会民主党化路线的正确。两派为此争论不休。

中国共产党本着通过政党外交推进国家外交的总原则，邀请执政的意大利左翼民主党以政党交往的名义访华。中国共产党的这一举动说明，中国共产党超越了左右两派的争议，在党际交往中既不计较政党过去的意识形态，也不计较政党现在的意识形态，政党对意识形态的抉择是每一个政党的内部事务，中国共产党既不干涉，也不以此作为党的对外交往工作的最高准则。中国共产党中央总书记江泽民在中南海会见达莱马时说："近年来，中国共产党和意大利左翼民主党的友好合作关系保持了良好的发展势头，我们为此感到高兴。……党际交往是中国总体交往的组成部分。中国共产党愿在党际关系四项原则的基础上，同一切愿与我党交往的各国政党发展新型的党际交流和合作关系，促进国家关系的发展。我们愿与意大利左翼民主党及西欧其他社会民主党，进行广泛的交流与合作，以推动国家之间友好合作关系的发展。"① 对于曾经是共产党的意大利左翼民主党，中国共产党在国际社会中，没有对它的所谓"背叛行为"大加批判，也没有上升到党际交往的领域，与它断绝往来，而是表示愿意与意大利左翼民主党合作，通过双方的合作推动国家关系的发展。这在社会民主党中引起了强大的反响。中国共产党选择通过与意大利左翼民主党这个具有特殊历史背景的社会民主党的交流和发展关系，很好地向社会民主党表达了自己党际交往政策和原则。中国共产党领导人在与意大利左民党领导人会晤时发表的谈话，彻底打消了社会民主党人（包括由前共产党转变而来的社会民主党）心中的疑虑，有力推进了中国共产党与社会民主党关系的全面恢复。

1998 年后，社会民主党与中国共产党的直接接触和交往又重新活跃起来。1998 年 7 月加拿大改良党领袖普雷斯顿·曼宁在访华时很有感触地表示，西方国家对中国共产党的报道很不全面，通过与中国共产党的直接接触，来到中国进行实地考察，对社会民主党客观全面地了解中国和中国共产党很有帮助。

社会党国际主席皮埃尔·莫鲁瓦应邀访华，标志着中国共产党与社会党国际关系的全面恢复。在社会党国际的大部分成员党都积极与中国共产党接触并恢复和发展关系时，社会党国际也逐渐改变了反共立场，开始寻求同中国共产党的接触。1998 年 9 月，应中国共产党的邀请，由社会党国际主席皮埃尔·莫鲁瓦率领的代表团访华。莫鲁瓦说，他此次是带着"所有成员党的共同愿望"来华访问的。中国共产党方面对社会党国际时隔十多年后的首次访华，十分重视。多位党的领导人与莫鲁瓦进行了会晤。14 日，中国共产党中央委员、中联部部长戴秉国与代表团进行了工作会谈。15 日，中国共产党中央政治局委员、中国社会科学院院长李铁映在人民大会堂会见了皮埃尔·莫鲁瓦一行，宾主进

① 李健：《天堑通途》，当代世界出版社 2001 年版，第 835 页。

行了亲切友好的谈话。同一天，中国共产党中央总书记、国家主席江泽民在钓鱼台国宾馆会见皮埃尔·莫鲁瓦。在会晤中，江泽民首先代表中国共产党中央对社会党国际时隔多年后派团访华表示欢迎。他说，近年来国际形势发生了巨大变化。世界多极化和经济全球化趋势加速发展，国际关系经历着深刻的调整和变化。人类面临许多关系到和平与发展的新问题。世界各国和各种政治力量，尤其是领导人之间，应本着求同存异的原则，加强对话与合作，共同探讨如何把一个和平、繁荣的世界带入 21 世纪。江泽民指出："意识形态不同的政党之间，应当提倡互相尊重、平等对话、增进了解、加强合作。中国共产党和社会党国际及其成员党之间，可以超越意识形态的差异，进行交流与合作。改革开放以来，中国共产党在与各国政党交往过程中，提出了独立自主、完全平等、互相尊重、互不干涉内部事务的新型党际关系四项原则，得到了世界各国各类政党的普遍赞同。"① 江泽民表示，中国共产党愿意继续在四原则基础上，同社会党国际加强往来，扩大合作，共同促进世界的和平、稳定与发展。江泽民还向社会党国际介绍了中国最近抗洪救灾的情况，并对社会党国际对中国遭受水灾的慰问表示感谢。

莫鲁瓦感谢中国共产党对社会党国际代表团的邀请和热情友好的接待，并对 13 年后以社会党国际主席身份再次访华，同江泽民总书记会见感到高兴。他说，社会党国际重视与中国共产党的关系，希望继续同中国共产党进行对话与多种形式的交流，共同探讨当今世界面临的重大问题，以发展面向 21 世纪的对话和合作。就中国共产党与社会民主党交往中的意识形态差异问题，莫鲁瓦还很含蓄地表示："任何制度都要与本国现实相符，各国民主制度不同是自然的。社会党国际尊重中国共产党的特征，相信中国的民主和法制建设会取得成功。"② 这显然又回到了勃兰特的"超越意识形态差异"与共产党进行合作的立场。这种立场与苏东剧变时期莫鲁瓦在社会党国际会议上发言的基调截然相反。这次访问，为中国共产党和社会党国际的关系的恢复奠定了基础。1999年社会党国际在巴黎召开二十一大，中国共产党被重新邀请参加大会。这实际上是向国际社会表明，中国共产党和社会党国际的关系正式

① 杨国强：《江泽民会见社会党国际主席》，《人民日报》1998 年 9 月 16 日。
② 李健：《天堑通途》，当代世界出版社 2001 年版，第 835 页。

恢复。

2003年社会党国际在巴西圣保罗召开了二十二大。社会党国际二十二大提出了新的和平观、新的安全观和新的发展观，在此基础上提出了全球治理新思想。社会党国际的新和平观突出了反恐怖主义的内容，但是又强调"同恐怖主义作斗争不能以牺牲自由和人权为代价"；在安全观上，社会党国际强调，西方发达资本主义国家推行全球化，导致许多第三世界国家经济发展和政治秩序陷入混乱，南北贫富差异的加大是造成世界上许多地区暴力和不安全因素增加的主要原因。在二十二大通过的《圣保罗宣言》中，社会党国际对美国的单边主义进行了明确的批判，认为美国的单边主义是对世界和平安全的重要威胁。在此基础上，社会党国际要求各国社会民主党致力于建设一个有效的多边体系，为建立一个有效的和民主的全球政治机制而努力。《圣保罗宣言》将"建立一个以多边主义、民主、尊重人权和可持续发展为主要内容的新的世界秩序"作为社会民主党人在新世纪追求的目标。① 由此可以看出，进入21世纪以来，社会民主党和社会党国际经过调整政策，更新观念，其进步性和现实性与苏东剧变时期相比，大大增强。这说明社会党国际和社会民主党观察国际政治的观点重新回归到左翼政党的进步立场。重新回归左翼政治立场的社会党国际对中国共产党的态度，与苏东剧变时期已完全不同。社会党国际二十二大表示社会党国际与中国共产党的共同点在不断增多。在实现国际政治民主化过程中，需要充分发挥各国政党的作用，尤其是像中国共产党这样的不属于任何国际政党组织的大国政党将起到举足轻重的作用。社会党国际必须超越意识形态差异，与中国共产党建立起积极的对话和合作的关系。大会最后通过的文件对中国共产党改革开放取得的成就给予了积极的评价，对中国共产党在国际政坛上发挥的积极作用给予了充分肯定，并希望中国共产党在新世纪继续在国际政坛发挥重要作用。大会还指出，为了共同维护世界和平与发展，推进国际政治的民主化，欢迎社会党国际成员党与中国共产党进行对话合作，社会党国际也希望与中国共产党建立长久的战略对话机制，就联合国和国际金融体制改革、世界贸易组织谈判、建立世界新

---

① 龚加成：《社会党国际纲领和政策的新变化》，《国外理论动态》2004年第1期，第20页。

秩序等问题开展经常性对话与合作。在社会党国际二十二大上，中国共产党中央对外联络部副部长张志军作为该国际主席古特雷斯的特邀客人偕助手与会，并在会上受到了广泛的欢迎。中国共产党代表团在与会期间表示了与社会党国际和各国社会民主党合作的强烈愿望，各国社会民主党与中国共产党代表团，就在新世纪发展关系的问题上充分交流了意见。中国共产党代表团在社会党国际二十二大上的发言和态度，为社会党国际对与中国共产党发展关系问题作出战略性调整，起了很大的促进作用。可见，二十二大上，社会党国际对与中国共产党发展关系问题所作的政策调整，并不是一般性的策略调整，而是一次重大的、具有全局意义的战略调整。社会党国际二十二大后，社会民主党专门召开会议讨论进一步在新世纪发展与中国共产党的关系问题，并成立了对华关系工作小组，具体负责研究、落实与中国共产党合作事宜。

2008 年社会党国际二十三大在希腊雅典召开。此次大会是在气候变化问题升温、世界石油价格飙升、全球发生粮食危机以及美国次贷危机加深的背景下召开的。二十三大在坚持二十二大确立的路线基础上，将目光转向了全球"共同问题"。社会党国际指出，社会民主党将本着"非意识形态化"和"世界观中立"的原则，竭诚与各类政党合作，在气候变化问题、和平问题、寻找新的发展道路问题、世界粮食危机问题及移民问题上采取共同有效的行动。这种淡化意识形态、将目光转向全球共同问题的立场，带有积极进步的意义。中共中央对外联络部副部长张志军作为中国共产党代表偕助手出席了会议，并应邀在会上做了发言。许多国家的社会民主党代表纷纷赞赏中方的政策和应对措施，认为中国在应对气候变化问题上是一个负责任的大国。

由于社会党国际二十二大、二十三大的战略调整，社会党国际的多数成员党放弃了苏东剧变时期的反动立场，回到左翼进步政党的立场上。苏东剧变结束后，社会民主党与中国共产党的关系一直保持良好发展势头，多数社会党国际成员党重视推进与中国共产党的关系。近两年来，有包括发达国家和发展中国家的四五十个社会党成员以及社会党国际、欧洲社会党等组织应邀访华，中国共产党也应邀访问了几十个社会党成员，参加了数十个社会党国际成员党的代表大会、年会、研讨会。中国共产党还采取其他形式与各社会民主党进行交流与联系，与社会党国际的战略对话机制顺利开展。许多社会民主党对发展和促进与中国共产党关系的意愿增强，一些党还专门邀请中国共产党作为唯一的共产党出席其党代会、年会及研讨会，新西兰工党甚至以"中共代表与会成为我党年会的保留特色"为荣。2007年中国共产党十七大召开时，有40多个社会党国际成员党向中国共产党发出贺电（函），纷纷表达了发展和深化同中国共产党关系的良好愿望。许多社会民主党在国际热议的"涉华问题"上对中国共产党表示了支持。从"3·14"拉萨骚乱事件、"汶川大地震"到北京奥运会、金融危机等，都深深地吸引着社会民主党人的眼球。社会党国际对中国政府平息拉萨骚乱事件态度相当谨慎，也没有借北京奥运会对中国共产党挑刺，这都表明了双方关系健康发展的良好势头。大多数社会民主党都对中国成功举办奥运会及残奥会给予高度评价，对中国共产党和政府在汶川地震中卓越的抗灾组织能力表示钦佩。但社会民主党中在对华政策上也有杂音，尤其是法国、北欧、东欧一些社会民主党的对华态度与政策反复波动，它们"谴责"中国政府平息拉萨骚乱，把奥运问题政治化，要求其本国领导人抵制出席北京奥运会开闭幕式。而且还借当前的经济和金融危机对中国进行指责，认为中国推销廉价商品、实行不公平的贸易政策，采取重商主义原则，不顾政治道德，巧取发展中国家的资源能源。但大多数社会民主党对中国政府在金融危机中的表现给予好评，认为中国正在负起大国责任，中国以自身扩大内需的重大举措为世界经济形势的稳定作出了重大贡献。同时，也有一些发展中国家的社会民主党对中国寄予很高的期望，希望中国能为发展中国家有效应对金融危机，为改革现行的国际金融体系、建立公正合理的国际经济新秩序发挥更大作用。

二　面对差异自信而包容

1992年，中国共产党召开了十四大，这是中国共产党在苏东剧变后召开的第一次全国代表大会。在大会上，中国共产党对苏东剧变后的世界局势作了清醒的判断。大会指出："两极格局已经终结，各种力量重新分化组合，世界正朝着多极化方向发展。新格局的形成将是长期的、复杂的过程。在今后一个较长时期内，争取和平的国际环境，避免新的世界大战，是有可能的。同时也要看到，目前国际形势仍然动荡不安。世界各种矛盾在深入发展，不少国家和地区的民族矛盾、领土争端和宗教纷争突出起来，甚至酿成流血冲突和局部战争。国际经济竞争日趋激烈，许多发展中国家经济环境更加恶化，南北差距进一步扩大。和平与发展仍然是当今世界两大主题。发展需要和平，和平离不开发展。霸权主义、强权政治的存在，始终是解决和平与发展问题的主要障碍。……世界要和平，国家要发展，社会要进步，经济要繁荣，生活要提高，已成为各国人民的普遍要求。"在此基础上，中国共产党明确肯定了意识形态和社会制度多样性存在的现实，并对此表明了中国共产党的态度："世界是多样性的，各个国家之间存在着种种差异。各国人民都有权根据本国的具体情况，选择符合本国国情的社会制度和发展道路。……在国际交往中，我们绝不把自己的社会制度和意识形态强加于人，同样，也绝不允许别的国家将自己的社会制度和意识形态强加于中国。我们的这个原则立场，是绝不会改变的。"① 这是中国共产党重新确立实事求是思想路线后，首次在全国代表大会上针对世界意识形态多样性问题表明态度。这也为中国学术界研究不同意识形态的政党、历史与理论提供了客观而科学的认知前提。十五大进一步强调了这一思想。"我们不把自己的社会制度和意识形态强加于人，也决不允许别国把他们的社会制度和意识形态强加于我们。……要尊重世界的多样性。当今世界是丰富多彩的。各国都有权选择符合本国国情的社会制度、发展战略和生活方式。"② 2002 年召开的第十六次代表大会是中国共产党在新世纪召开的第一次代表大会。十六大在强调维护世界多样性、提倡国际关系民主化和发展模式多样化的同时指出："世界是丰富多彩的。世界上的各种文明、不同的社会制度和发展道路应彼此尊重，在竞争比较中取长补短，在求同存异中共同发展。"③ 这道明了中国共产党借鉴民主社会主义中属于人类政治文明的优秀成果，不是要在意识形态和发展道路上与其趋同，而是要为建设中国特色社会主义服务的宗旨。

2007 年，中国共产党第十七次代表大会向全界发出了"共建和谐世界"呼吁。胡锦涛在大会报告中说："共同分享发展机遇，共同应对各种挑战，推进人类和平与发展的崇高事业，事关各国人民的根本利

---

① http：//news. xinhuanet. com/ziliao/2003 – 01/20/content_ 697148. htm.

② http：//news. xinhuanet. com/ziliao/2003 – 01/20/content_ 697207. htm.

③ http：//news. xinhuanet. com/newscenter/2002 – 11/17/content_ 632296. htm.

益，也是各国人民的共同心愿。我们主张，各国人民携手努力，推动建设持久和平、共同繁荣的和谐世界。"为此，中国共产党愿意与各类政党一同"在国际关系中弘扬民主、和睦、协作、共赢精神。政治上相互尊重、平等协商，共同推进国际关系民主化；经济上相互合作、优势互补，共同推动经济全球化朝着均衡、普惠、共赢方向发展；文化上相互借鉴、求同存异，尊重世界多样性，共同促进人类文明繁荣进步；安全上相互信任、加强合作，坚持用和平方式而不是战争手段解决国际争端，共同维护世界和平稳定；环保上相互帮助、协力推进，共同呵护人类赖以生存的地球家园"。① 中国共产党对不同社会制度、意识形态和发展道路所表现出的自信与包容的大党心态，不但在世界政坛上建立了良好的声誉、树立了良好的形象，而且为中国共产党本着世界眼光和开阔胸怀，对不同意识形态的政党和理论进行科学研究，并积极借鉴其中的优秀成果，提供了客观而理性的视角。

三　从比较与借鉴的角度认知和评价民主社会主义

改革开放后，中国共产党召开了六次全国代表大会、四十五次中央全会，及时研究新情况、解决新问题、总结新经验，集中全党和全国各族人民智慧，成功开辟了中国特色社会主义道路，构建了中国特色社会主义理论体系。中国特色社会主义道路和中国特色社会主义理论体系具有鲜明的时代特色、民族特色和实践特色，是中国共产党对世界历史时代、中国社会主义建设、世界社会主义运动等重大问题作出科学分析后得出的真理。对具有悠久历史和广泛政治影响力的民主社会主义进行重新认识和评价，是中国共产党开辟中国特色社会主义道路、构建中国特色社会主义理论体系的必要条件之一。

2007年5月10日、2007年5月16日人民日报理论版相继发表了《如何看民主社会主义》、《坚定不移地走中国特色社会主义发展道路》两篇文章。两篇文章从比较与借鉴的角度，对中国特色社会主义和民主社会主义进行了科学评价和认定，总结了改革开放以来中国共产党对中国特色社会主义、对民主社会主义的认知成果。两篇文章相得益彰，从

① http：//news. xinhuanet. com/newscenter/2007 - 10/24/content693856810. htm.

不同角度回答了两个至关重要又相互联系的问题：一个是民主社会主义不适合中国国情；一个是只有中国特色社会主义道路才能发展中国、振兴中国。文章首先明确界定了民主社会主义和中国特色社会主义的原则界限，强调二者在对待马克思主义、对待社会主义、对待资本主义问题上具有不可抹杀的本质区别。文章指出："科学社会主义同民主社会主义是两个不同的思想体系，它们之间存在着根本的区别。（1）在对待马克思主义上，科学社会主义把马克思主义作为指导思想。民主社会主义则由最初信奉马克思主义，逐步变为把指导思想多元化奉为自己的思想纲领。（2）在对待社会主义上，科学社会主义强调只有建立社会主义制度，才能最终实现人民的幸福、解放、民主和自由。同时，也强调社会主义要吸收借鉴人类的一切文明成果。而民主社会主义从最初把建立社会主义制度作为目标，逐步变为仅仅把社会主义作为一种价值追求，否认建立社会主义制度的历史必然性。（3）在对待资本主义上，科学社会主义认为资本主义有其存在的历史必然性和现实依据，但也有其自身难以克服的固有矛盾，社会主义代替资本主义是社会历史发展的必然趋势。民主社会主义主张用对经济的民主监督取代消灭私有制，用实行社会保障和社会福利制度来缓和资本主义内部的矛盾。中国特色社会主义是中国共产党人在长期的社会主义建设和改革过程中逐步探索形成的，同民主社会主义在理论和实践上都有着本质的区别。"①

其次，文章表达了中国共产党坚持走中国特色社会主义道路的信心和决心。在长期的革命、建设和改革的过程中，中国共产党人坚持把科学社会主义与中国国情相结合，不断推进马克思主义中国化的历史进程，逐步探索形成了中国特色社会主义。指导思想上，中国特色社会主义始终坚持马克思主义的指导地位，绝不搞指导思想多元化；政治上，坚持中国特色的社会主义民主政治发展道路，坚持中国共产党的领导，绝不搞西方的三权分立和多党制；经济上，坚持社会主义市场经济体制和以社会主义公有制为主体、多种所有制经济共同发展的基本经济制度；文化上，坚持社会主义先进文化的前进方向，努力建设社会主义核心价值体系，不断提高全体人民的思想道德素质和科学文化素质；社会建设上，坚持建设民主法治、公平正义、诚信友爱、充满活力、安定有

① 《人民日报》2007年5月10日。

序、人与自然和谐相处的和谐社会，最大限度地实现好、维护好、发展好广大人民群众的根本利益。中国特色社会主义是科学社会主义与中国国情相结合的产物，是马克思主义中国化的科学成果，是当代中国的旗帜。由此可见，中国特色社会主义是科学社会主义范畴和意义上的社会主义，绝不是民主社会主义性质的社会主义。中国特色社会主义在社会主义市场经济、社会主义和谐社会、社会主义民主政治、社会主义核心价值体系等方面的创造，已经远远超越了民主社会主义所能涵括的内容。民主社会主义不是马克思主义的社会主义的一种模式，中国特色社会主义也不是民主社会主义的中国版。"中国特色社会主义既立足于国情，又适应时代，是我国实现民族振兴、国家富强和人民幸福的必由之路。民主社会主义虽然在某些方面对建设中国特色社会主义有一定的借鉴意义，但它与中国特色社会主义是两种完全不同的思想体系和发展道路，无论从历史还是从现实来看，民主社会主义都不适合中国国情。只有坚持走中国特色社会主义道路，才能发展中国、振兴中国。"[1] 中国共产党和社会主义中国之所以能战胜困难，开拓进取，其根本原因在于顺应时代潮流，坚持走中国特色社会主义道路。文章指出："20 世纪 80 年代末 90 年代初，东欧剧变、苏联解体，世界社会主义出现严重曲折，我国社会主义事业的发展面临巨大的困难和压力。我们党坚持走社会主义发展道路不动摇，开创了中国特色社会主义事业的新局面。走中国特色社会主义道路，是历史的选择、人民的选择、时代的选择。我们党领导的中国特色社会主义事业，顺应时代潮流，坚持与时俱进，加强不同文明的对话和交流，在竞争比较中取长补短，在求同存异中共同发展，保持着自身的强大生命力，展现了中国特色社会主义道路的光明前景。中国近代以来一个多世纪的历史证明，只有社会主义才能救中国；新中国成立以来半个多世纪的历史证明，只有中国特色社会主义才能发展中国。中国特色社会主义开创了社会主义发展的崭新道路，实现了中国社会主义发展的历史性飞跃，是当代中国发展的唯一正确道路。"[2] 文章进一步从解放和发展生产力、维护社会公平正义、焕发社会主义的蓬勃生机、凝聚党心民心、维护民族团结和国家统一等方面论证了中国只有

---

① 《人民日报》2007 年 5 月 10 日。

② 《人民日报》2007 年 5 月 16 日。

走中国特色社会主义才能实现民族的伟大复兴。

胡锦涛 2007 年 6 月 25 日在中央党校省级干部进修班的讲话中，进一步强调了以上的这些观点。他说，中国特色社会主义，是当代中国发展进步的旗帜，是中国共产党和中国各族人民团结奋斗的旗帜。坚持中国特色社会主义道路，必须做到"四个坚定不移"，即"解放思想，是党的思想路线的本质要求，是我们应对前进道路上各种新情况新问题、不断开创事业新局面的一大法宝，必须坚定不移地加以坚持。改革开放，是解放和发展社会生产力、不断创新充满活力的体制机制的必然要求，是发展中国特色社会主义的强大动力，必须坚定不移地加以推进。科学发展，社会和谐，是发展中国特色社会主义的基本要求，是实现经济社会又好又快发展的内在需要，必须坚定不移地加以落实。全面建设小康社会，是我们党和国家到 2020 年的奋斗目标，是全国各族人民根本利益所在，必须坚定不移地为之奋斗。做到这四个坚定不移，对保持党和国家事业顺利发展的大局至关重要。"①

再次，中国特色社会主义不拒绝借鉴民主社会主义的优秀成果，但借鉴不等于照搬，更不是与民主社会主义趋同。中国特色社会主义"把借鉴他国社会发展模式与保持独立自主相结合。世界各国在谋求发展的道路上，都有自己的特色和经验；无论是社会主义制度还是其他社会制度，都有可以学习和借鉴的地方。但各国社会发展模式都是该国特定历史条件的产物，都有一定的适用范围。我们党开创的中国特色社会主义道路，摆脱了封闭式发展的束缚，也摆脱了照搬照套他国模式的束缚，坚持走自己的路，独立自主地建设中国特色社会主义"②。在这种观点的指导下，中国共产党认为，民主社会主义的政策主张整合了资本主义社会的内部矛盾，增强了资本主义的生命力，客观上维护和发展了资本主义制度。社会民主党对资本主义社会的改良，有助于改善劳动人民的生活状况，却无法将资本主义改造成社会主义，民主社会主义与资本主义实际上具有共生性。但是，在资本主义既有相当的生命力又有深刻的内在矛盾的态势下，在资本主义国家如何走向社会主义的问题还有待实践去回答的时代，社会民主党在资本主义国家内部高举民主的旗帜，致

---

① http://news.sina.com.cn/c/2007-06-26/001013307618.shtml.

② 《人民日报》2007 年 5 月 16 日。

力于对资本主义政治制度、经济制度、文化制度进行民主化的改良，是符合历史时代的要求和其所在国家国情的。因此，民主社会主义的探索无疑具有一定的积极意义。既要从理论纲领上认识到民主社会主义在是否坚持马克思主义的指导地位、是否坚持生产资料公有制的主体地位、是否坚持工人阶级政党的领导、是否坚持共产主义奋斗目标等原则问题上对科学社会主义的背离，也要看到其庞杂的思想体系中的正确成分及其在实践中的合理成分。民主社会主义在发展经济、改善民生、促进民生等方面的某些合理见解和措施，在建立社会保障、社会福利等方面的经验教训，应视为人类社会发展过程中政治文明和精神文明的成果，值得中国共产党借鉴。中国特色社会主义事业，是前所未有的伟大事业，要求中国共产党必须将理论与实践、世界与中国、意识形态中的原则性与具体政策的灵活性有机统一起来。

改革开放以来，中国共产党借鉴并实行了一些民主社会主义的政策措施，如鼓励多种所有制经济共同发展、增加社会福利等。但是中国共产党的一系列新政策主张的出发点和落脚点与民主社会主义是完全不同的。中国共产党以巩固和发展中国特色社会主义为出发点，以更好地发挥社会主义制度的优越性，实现共同富裕为落脚点，代表了中国最广大人民的利益。中国共产党的十六大报告明确指出："要坚持从我国国情出发，总结自己的实践经验，同时借鉴人类政治文明的有益成果，绝不照搬西方政治制度的模式。"① 借鉴而不照搬，这是一个必须遵循的重要原则问题。

总之，冷战后，中国共产党从比较与借鉴的角度，对民主社会主义进行了科学界定和认知。中国共产党认为，中国特色社会主义和民主社会主义具有不容抹杀的本质区别，中国必须坚持中国特色社会主义道路，民主社会主义道路不适合中国国情，民主社会主义道路与西北欧国家的历史与国情分不开。在当代中国，只有中国特色社会主义道路，才是维护统一、走向富强、实现和谐的正确道路，坚持中国特色社会主义是中国共产党和社会主义中国不断走向胜利的保证。中国特色社会主义是中国共产党突破教条主义和封闭发展模式后的产物，它具有与时俱进

① 江泽民：《全面建设小康社会开创中国特色社会主义事业新局面》，人民出版社2002年版，第32页。

与开放性发展的特点，它不拒绝一切有利于自身发展的优秀成果。对于民主社会主义，中国共产党借鉴了许多已见成效的具体政策和措施。借鉴不等于照搬，更不能因为中国特色社会主义借鉴了民主社会主义的某些具体政策和措施，就断言中国特色社会主义是民主社会主义的中国版。正如胡锦涛在纪念十一届三中全会召开30周年的大会上所说："经过30年的实践探索和理论创新，我们对中国特色社会主义在认识上更深化、把握上更深刻了。……在当代中国，坚持中国特色社会主义道路，就是真正坚持社会主义；坚持中国特色社会主义理论体系，就是真正坚持马克思主义。"①

---

① http：//news. xinhuanet. com/newscenter/2008 - 12/18/content - 10524481. htm.

第六章 准确认识和评价社会民主党

从20世纪70年代末之前的全面对立与全盘批判到80年代理性视野的回归再到90年代后从比较与借鉴的角度认知社会民主党和民主社会主义，中国共产党对社会民主党、民主社会主义的认知态度和认知水平的演进呈现出明显的阶段性特征。在不同的阶段背后，存在着起恒定作用的因素和问题。对这些重要因素和问题进行分析研究，有利于中国共产党总结过去的经验教训，正确处理与社会民主党的关系、辩证看待民主社会主义在当今世界的发展、科学借鉴民主社会主义的有益成果而发展中国特色社会主义。

一 影响中国共产党与社会民主党关系发展的两大因素

（一）意识形态分歧决定了二者关系的对立性

19世纪末20世纪初，由于所处的社会历史背景不同，社会民主党和俄国布尔什维克党在资本主义发展阶段、在实现社会主义的道路、方式等问题上出现了严重分歧，最终导致了共产党和社会民主党的分裂。第二国际破产后，1919年共产国际的建立和1923年社会主义工人国际的建立，标志着世界社会主义运动从此在两条不同的路线上推进。经历多年的发展，科学社会主义和民主社会主义之间的意识形态差异仍然在不断扩大。中国共产党和社会民主党之间的关系必然会受到意识形态分歧的影响。

意识形态的分歧，既是影响中国共产党和社会民主党之间关系的历史因素，也是现实因素。在改革开放前，中国共产党与社会民主党处于全面对立的状态。这与冷战的国际背景有关，也与意识形态分歧有关。

"文化大革命"时期，中国共产党在党际关系中以意识形态画线，对与自己意识形态不同的政党，一律采取批判态度。改革开放后，中国共产党的对外交往路线进行了调整，形成了科学的对外交往原则，摆正了意识形态分歧在政党交往中的位置，将意识形态差异与发展党际关系区分开来，提出了与社会民主党谋求相互了解与合作的主张。苏东剧变时期，在社会民主党和社会党国际的反共立场全面回归的环境下，中国共产党依然以沉着、冷静而宽容的态度表示了自己希望继续与社会民主党保持与发展关系的愿望。但这并不代表中国共产党在意识形态方面是毫无原则的。在政党交往中，中国共产党一向旗帜鲜明指出，中国共产党坚持马克思主义意识形态，坚持将马克思主义与中国实际相结合，不断推进马克思主义中国化，进而达到实现共产主义的最高目标。中国共产党虽不再以意识形态画线，但绝不会以牺牲自身意识形态立场为代价而谋求同其他政党的合作。从社会民主党方面看，社会民主党在 20 世纪进行了多次理论变革。1951 年社会党国际的成立暨《法兰克福宣言》的发表、冷战后的新"第三条道路"提出，是社会民主党对其意识形态的两次重要变革。通过这两次变革，社会民主党走出了危机，获得了发展，给世界政坛留下了勇于变革的良好形象。尤其是冷战后，由于西方共产党影响力的持续下降，社会民主党成为西方社会能与右翼势力抗衡的主要政党。但是，不管社会民主党怎样对其意识形态进行更新，其顽固的反共立场成为一种思维定式，融入了社会民主党的意识形态之中。这一思维定式从伯恩施坦开始一直继承下来，从未改变。社会民主党无视东西方历史文化背景和国情的差异，固执地从民主社会主义理论和实践出发，认为民主社会主义是唯一能给全世界人带来幸福的意识形态和政治制度。社会民主党对共产党人通过暴力革命推翻资产阶级统治，建立无产阶级专政和社会主义制度从而最终实现共产主义的意识形态目标，一直持坚决批判的态度。这使得社会民主党人在同中国共产党合作时，始终没有放弃对中国社会主义制度进行和平演变、战胜并消灭科学社会主义的意图。在与中国共产党的交往中，他们不断地把寻求单方面意识形态利益的努力注入到党际交往中。一旦有风吹草动，他们便会立即恢复到反共立场。苏东剧变时期，面对共产主义运动的重大危机，社会民主党人所表现出来的强烈的反共态度，恰恰说明了这一点。

中国共产党与社会民主党在意识形态方面的分歧，决定了二者关系具有对立性，在一定的特殊时期，这种对立有可能转化为在国际政坛上的现实对抗。因此，未来社会民主党和中国共产党的合作关系很可能出现多次逆转和反复，对这一点中国共产党必须保持清醒的认识。

（二）国际国内政治的现实需要决定了二者关系的合作性

意识形态的分歧在中国共产党和社会民主党关系中的影响力并不总处在决定性的地位，意识形态的作用时而公开，时而隐晦，时而突出，时而平淡。由此可以推断出，意识形态分歧在政党交往中的作用必定受到其他因素的牵制和制约，而国际政治的现实需要和国家民族利益是制约意识形态作用的主要因素。

从社会民主党来看，战后社会民主党的转型与发展是和西方竞争性的政党政治制度联系在一起的。这种政党制度具有一定的周期性，表现为主要的政党在一定时期内轮流执政。在 20 世纪的整个后半叶，完全融入资本主义政治制度的社会民主党逐渐崛起，赢得越来越多的选票和议席，社会民主党成为西方政党竞选制度下政党轮替的两大主角之一。在西方政党竞选制度的"钟摆法则"下，社会民主党人在执政时，必须整合社会多元化的利益要求，发展经济、谋取政绩以取信于大多数人，从而巩固执政地位；在国际社会上，作为执政党的社会民主党对外必须代表国家利益和民族利益。如果说社会民主党人不能做到这一点，必然会被国民认为是谋求一己之私的狭隘的政治力量而遭唾弃。因此，社会民主党在制定内外政策时，不能只考虑到本党的意识形态利益，而且还得考虑到国际国内政治的现实需要和国家民族利益。当社会民主党处于"建设性反对党"的地位时，它必须对执政的右翼政党的国内国际政策提出批评，并提出切实可行的解决办法来吸引选民的注意，以争取在下次竞选中上台执政。在批评指责右翼政党、提出自己的方案时，社会民主党必须尽量做到代表了"全民的利益"和"国家民族的利益"，而不能只表现出对本党利益的诉求。在这些因素的推动下，崇尚实用主义原则的社会民主党人，在国内会同各类左翼的、右翼的政党联手，以获取执政地位；在国际政坛上，社会民主党人也会同与他们有着共同利益的其他政党合作。

从中国共产党方面来看，中国共产党是中国工人阶级的先锋队，也是中国人民和中华民族的先锋队，是领导中国人民掌握政权并长期执政的党。中国共产党在制定国际国内政策时，始终将中国人民的利益和中华民族的利益放在首位。在国际上，中国共产党积极展开全方位、多渠道的整体外交，努力谋求为中国的社会主义事业营造有利的环境。中国共产党表示愿意与国际政坛上的其他政党合作，为维护世界正义事业的利益贡献力量。

在国际上，社会民主党和中国共产党作为国际政坛上两大重要的左翼政治力量，在遇到国际热点和难点问题时，双方的观点比较容易达成一致。在国内，社会民主党是主要的执政党之一，中国共产党是中国的领导党和执政党，双方在维护本国安全、发展本国的经济利益上也有一些共同语言。所以，国际政治的现实需要以及国家民族的利益，是影响中国共产党和社会民主党关系的重要因素。

20世纪80—90年代，中国共产党和社会民主党之所以能成功地谋求友好合作，成为二者关系史上的黄金发展时期，原因就在于国际局势发展和国内政治现实需要制约了意识形态分歧的作用，使意识形态分歧在二者关系中由决定性因素沦为非决定性的因素。冷战后期，两极格局比较稳定，资本主义制度和社会主义制度处于积聚力量的一种"均势"，科学社会主义和民主社会主义在不同的社会文化环境中向前发展。共产党和社会民主党都意识到，意识形态领域"谁战胜谁"的问题一时难以解决。在这种情况下，双方都将意识形态在国际政治中的地位暂时放在了隐晦的地位。在国际安全因素和经济利益的驱使下，中国共产党和社会民主党抑制了意识形态对二者关系的消极影响，改变了以前相互对抗的情绪，以现实主义的态度对待二者的关系。中国共产党和社会民主党在国际安全和经济利益的基础上，寻求相互了解与合作，致使国际政治现实中的安全和经济诸利益之同代替了意识形态之异，成为影响二者关系的决定性因素。

从国际安全的角度来说，冷战后期，从国际政治局势来看，美苏两个超级大国的霸权主义和扩军备战对世界和平形成了巨大威胁。中国共产党一向奉行维护世界和平的对外交往战略，对美苏的霸权主义进行了坚决的斗争。中国共产党的十二大指出，中国绝不依附于任何大国或国家集团，决不屈从于任何大国的压力，独立自主的和平外交是中国对外交往的政策，也是中国共产党发展党际关系的基本政策。在西方，由于美苏争霸的加剧和军备竞赛的升级，西方再度兴起了和平主义运动，并且达到了前所未有的水平。这对西方各国政府和所有政党组织产生了极大的影响。社会民主党为了争取选民，扩大影响，获得或巩固执政地位，必须努力争取和平运动中的广大民众。再加上社会民主党人一向自诩为"和平主义的政党"，追求"自由、公正、互助"的伦理价值，而且一向是作为资本主义的左翼改良力量而存在的政党，面对这种国际政治局势，理所当然要以一种新的国际视野来观察和处理世界共同性的问题。社会民主党无论是作为执政党还是作为"建设性的反对党"，他们都推行社会改良主义。而社会改良主义只有在和平的条件下才能顺利进行。一旦爆发战争，社会改良主义实践就会中断。当社会民主党作为执政党时，他们努力推行政治民主、经济民主和社会福利国家制度，但是，战争的爆发将会使他们苦心经营的"社会福利国家"的成果化为乌有。国际民主在世界战争的状态下自然也会成为一句空话。因此，面对强大的世界和平运动，无论是为了赢得很好的政党声誉以扩大选民基础考虑，还是为了巩固社会福利国家的成果着想，社会民主党都势必会把和平问题作为对外交往政策的重要组成部分，以维护世界和平作为对外政策的主要口号。维护世界和平的国际政治斗争的需要将社会民主党和中国共产党联系了起来，双方意识到在国际政治中的共同利益，认识到在共同关心的问题上进行合作的重要性和必要性，提出了"超越意识形态差异谋求合作"的原则，从此双方的关系进入了友好合作时期。

从国际经济形势来看，20世纪80年代后，随着经济全球化的发展，各国经济联系日益密切，经济上相互依赖程度不断加深，世界贸易、国际资金流动、技术和劳动力资源的国际转移不断发展。中国共产党的工作重心转移到经济建设上来后，实行了对外开放的政策，努力加强同世界各国的经济联系。中国共产党在改革开放的实践中认识到，简单地用意识形态划界来处理对外经济关系，只会阻挡改革开放的步伐，延缓经济建设的进程，阻碍中国社会主义现代化建设的发展。在西方，由于20世纪70年代的能源危机导致的西方经济危机，使得社会民主党苦心经营的"福利国家制度"难以为继，社会民主党面临着全面的经济困境。在这种情况下，社会民主党纷纷失去执政地位。以里根和撒切尔为代表的西方新自由主义对社会民主党的"福利国家"进行大刀阔斧的变革，西方的经济逐步走向复苏。右翼势力凭借经济复苏的政绩，在西方社会的影响力激增。社会民主党面临着右翼势力的严峻挑战。为了对抗右翼势力的影响，重新获得执政地位，社会民主党迫切要求在西方资本主义体系之外寻求市场，缓和西方经济的内部压力。中国经济的发展和巨大的市场潜力，极大地吸引了社会民主党的注意力。中国共产党在党际关系中注入经济因素的政策，也正好契合了社会民主党的这种需求。在世界经济发展的大潮驱动下，各国在经济发展的各个方面早已建立了超越意识形态分歧的密切联系。中国共产党和社会民主党在经济上也必须顺应潮流，进行"超越意识形态的合作"。

但是，意识形态的差异是永远现实存在的，特别是当安全和经济因素的作用有所降低时或共产党的事业遭受挫折时，意识形态的分歧在二者关系中的决定作用便会凸显。1989 年至苏东剧变时期，当世界共产主义运动遭受前所未有的挫折时，社会民主党对中国共产党就曾发起过强大的意识形态攻势，意识形态之异重新代替了国际政治中的利益之同成为了影响社会民主党和中国共产党关系的决定因素，大量社会民主党和社会党国际与中国共产党断绝了党际交往关系。这种局面直到 1998 年后才有所改变。

1998 年后，中国共产党和社会民主党在许多国际政治经济问题上重新达成共识。二者之间的共同利益增多。国际政治中的利益之同重新代替了意识形态之异，促进了二者关系的恢复和发展。

从 90 年代中期至 1998 年左右，社会民主党在经历了短暂的"神奇回归"后，继而又先后离开执政前台，在西方政坛面临着新的困境。社会民主党提出的新"第三条道路"理论，虽然取得了一定的成果，使社会民主党度过了苏东剧变时期强大的反社会主义逆流，保持了组织稳定。但冷战后以来，西方右翼占据优势的政治版图并未发生变化，社会民主党的力量在"神奇回归"后一直呈低迷状态。2002—2003 年，在社会民主党实力最强大的西欧，许多国家进行了大选和地方选举。在欧盟原有的 15 国中，社会民主党只在英国、德国、希腊、芬兰、瑞典和比利时 6 国蝉联执政或参政，其余 9 国均为中右或右翼政党执政。西欧的 24 国中，中右翼在 17 个国家执政。执政的右翼政党根据形势的需要，积极调整政策，致力于欧洲的发展模式，进一步巩固了对社会民主党的优势。在国际上，随着新自由主义主导的经济全球化的发展，社会民主党面临着努力实现社会公正以保持自身的政治特性，又要提出提高本国经济竞争力的新政策以获取选民的双重矛盾。面对全面的政治困境，1998 年后，社会民主党和社会党国际的国际政策发生了转变。社会党国际在 1999 年和 2003 年召开了二十一大和二十二大两次代表大会，分别通过了《巴黎宣言》和《圣保罗宣言》。二十一大全面分析了全球化对社会民主党人带来的机遇和挑战。虽然各国社会民主党对全球化的态度各不相同，但是，各国社会民主党均认识到，改良全球化过程中的弊端，努力建立新的全球治理体系和国际新秩序，对实现国际民主、扩大其在国际国内政坛上的影响力，具有重要意义。大会制定了名为"全球进步计划"的全球纲领，并在此基础上提出了"全球治理"的新理念。二十一大后，社会党国际继续深入研究新世纪战略，各国社会民主党也纷纷积极参与"全球治理"的讨论。二十二大全面总结了二十一大以来的研究成果，并在此基础上初步完成了社会党国际新世纪国际战略的总体设计。二十二大指出，要实施新世纪的国际战略，必须超越意识形态的差异，与各类政党，尤其是与不属于任何国际组织的大国政党建立积极对话和合作关系。社会党国际二十三大在坚持二十二大确立的路线基础上，将目光转向了全球"共同问题"。社会党国际指出，社会民主党将本着"非意识形态化"和"世界观中立"的原则，竭诚与各类政党合作，在气候变化问题、和平问题、寻找新的发展道路问题、世界粮食危机问题及移民问题上采取共同有效的行动。社会党国际这种淡化意识形态、将目光转向全球共同问题的立场，与苏东剧变时期的"肃清共产主义影响、扩大民主社会主义影响"的国际战略相比，具有积极意义。

调整后的社会民主党的国际战略，与中国共产党的对外发展战略在许多方面具有相同或相通之处。中国共产党强调，和平与发展仍是当今时代的主题。世界多极化和经济全球化趋势的发展，给世界的和平与发展带来了机遇和有利条件。维护和平，促进发展，事关各国人民的福祉，是各国人民的共同愿望，也是不可阻挡的历史潮流。不管国际风云如何变幻，中国共产党将顺应历史潮流，始终不渝地奉行党际交往四原则与各国党发展友好合作关系。中国共产党对外工作的宗旨，是维护世界和平，促进共同发展。中国共产党愿意与世界各国政党一道，共同推进世界和平与发展的崇高事业。在国际政治中，中国共产党将致力于维护全人类的共同利益；主张建立公正合理的国际政治经济新秩序；维护世界多样性，提倡国际关系民主化和发展模式多样化；反对一切形式的恐怖主义。这实际上是在新世纪初向包括社会民主党在内的各国政党表明中国共产党对外工作的根本态度和宗旨。可以看出，社会党国际的国际战略与中国共产党的对外战略在许多方面具有相同或相通之处。如，二者都主张对经济全球化的负面效果进行改良和控制；都主张建立公正平等的国际政治经济新秩序；都反对恐怖主义和霸权主义，主张维护世界和平；都主张保护生态环境，确保世界经济的可持续发展；都主张缩小南北经济差距，促进发展中国家的经济发展等。由于中国共产党和社会民主党在国际政治中的许多重大问题上存在着诸多共识，双方在处理国际事务时的共同语言也越来越多。在此基础上，中国共产党和当代社会民主党都进一步认识到，在国际上加强联系与合作，对二者的事业的发展均有益。

另外，冷战后中国共产党顶住了的巨大压力，在国内维护了国家稳定和人民团结，中国的社会主义事业不但没有受影响，而且获得了更大的发展，中国特色社会主义在中国获得了新的发展并进一步深入人心。这些情况使社会民主党人认为，对中国进行意识形态攻势是不现实的、暂时不可能成功的。而在国际问题上，致力于全球治理的社会民主党与中国共产党的立场基本统一起来，共同利益增多。这样，国际政治中的共同利益在中国共产党和社会民主党的关系中重新成为了决定性因素。社会民主党重新调整了对中国共产党的政策，二者关系进入了冷战后的新时期。

为什么具有意识形态差异的政党，在国际政治的现实需要面前，能暂时忽略意识形态的差异而进行合作？这必须从政党交往中政党的整体利益来看。在党际交往中，各党都在寻求整体利益的最大化。作为政党，维护和推广自己的意识形态，是政党的重要职能之一。意识形态利益作为政党整体利益的一个重要部分，当然要体现在各党的对外交往政策和实践中。由于意识形态利益是政党利益的一部分而不是全部，因此在政党的对外交往中，追求自身利益最大化的政党在一定的时候，必然会根据国际政治的现实需要，暂时要求意识形态利益服从于政党整体利益的需要。在国际政治现实需要中，政党的利益除了意识形态利益外，还有安全利益、经济利益等其他的内容。作为执政党时，政党还必须考虑到国家利益和民族利益。政党在国际政治活动中，必须综合考虑各种利益，以谋求整体利益的最大化。这时政党便会根据国际政治的现实情况重新调整党际关系。中国共产党和社会民主党的关系也不例外，国际政治现实需要和国家民族利益是影响二者关系的重要因素。中国共产党和社会民主党意识形态斗争是客观存在的，不可能回避。问题是意识形态因素是否会突出起来，成为一种意识形态攻势，从而成为影响双方关系的决定因素。意识形态在中国共产党和社会民主党的关系中的作用，会随着安全、经济、国家民族利益等国际政治现实因素的作用加强而下降，也随之削弱而上升。意识形态和国际政治现实需要以及国家民族利益之间呈现出一种相互制约、此消彼长的态势。

从以上的分析可以看出，意识形态分歧是影响中国共产党和社会民主党关系的重要因素，但绝不是唯一的因素。中国共产党和社会民主党的关系发展状况，是意识形态和国际政治现实需要共同作用的结果。意识形态斗争的需要和国际政治现实需要作为矛盾的双方，共同存在于中国共产党和社会民主党关系的统一体中，矛盾双方既相互依赖又相互斗争，其中一方在某一个时期居于矛盾的主要方面，对二者关系的影响起着主导作用；随着社会历史和国际形势的发展，另一方也迟早会在斗争中战胜现在的主要方面，成为影响二者关系的主导因素。矛盾双方既相互统一又相互斗争，使中国共产党和社会民主党关系呈明显的阶段性发展的特征。

二　划清意识形态界限是准确认识社会
民主党的重要原则

中国共产党信奉科学社会主义，社会民主党信奉民主社会主义（社会民主主义），从上文的分析来看，科学社会主义和民主社会主义（社会民主主义）虽然曾经"共生"过，但是，二者在实现社会主义的目标和手段上、对资本主义和社会主义制度的认识上，是具有原则性和本质性差异的。正是这些原则性和本质性的差异，导致了共产党和社会民主党的意识形态分歧和组织分裂。从这个层次来说，社会民主党的意识形态发展与中国共产党的意识形态发展是截然不同的两条道路，二者的意识形态具有原则性和本质性的区别。在这个层次上的问题，中国共产党和社会民主党的差异是不容抹杀的。

自从民主社会主义和科学社会主义出现大分野后，社会民主党经历

了三次理论变革，与中国共产党的意识形态差异呈现出不断扩大的
趋势。

（一）从社会民主主义到民主社会主义

从社会民主党的发展历史来看，20 世纪以来，社会民主党经历了
三次理论变革，其意识形态与马克思主义的科学社会主义渐行渐远。伯
恩施坦修正主义理论诞生后，在欧洲尤其是在英国和北欧诸国的影响力
强大。由于这些国家的资本主义发展较早，封建主义的残渣余孽较少，
资产阶级的议会民主制度发展较早而且比较健全，社会保障制度比较完
备，阶级矛盾相对缓和，致使改良主义情绪容易在工人运动中蔓延并逐
步占据了主导地位。到第一次世界大战结束时，除英国党得票没有超过
10％和法国党得票为 17％外，欧洲大多数社会民主党的得票率都在
30％以上，芬兰甚至到达 47％。① 这种结果使得 20 世纪初的社会民主
党人逐渐接受了西方国家多党议会竞选的政治规则，反对无产阶级革命
和无产阶级专政理论，主张在资本主义的框架内经过和平的议会道路，
对资本主义社会进行改良。伯恩施坦的修正主义理论也因此成为社会民
主党的指导思想。魏玛共和国建立后，社会民主党人更加确信议会民主
制的正确，毅然决然地与坚持无产阶级专政和暴力革命的布尔什维克决
裂。1931 年德国社会民主党人弗利茨·塔尔诺将社会民主党形象地比
喻为"资本主义病床边的医生"。这一比喻，得到了社会民主党人的广
泛认同。克赖斯基指出，弗利茨·塔尔诺的这个比喻，"虽然受到所有
左派的极力反对，但是它因此也是切中要害的"②。但直到第二次世界
大战前，社会民主党的改良主义，主要集中在反对暴力革命、在资产阶
级共和制的条件下以改良为手段建立社会主义道路问题上，即把"民
主"基本上还是作为一种手段来使用。而在建立生产资料公有制和实现
社会主义的重要目标上，起码从纲领上看与当时的共产党没有区别。这
种情况直到 1951 年《法兰克福宣言》及 1959 年德国社会民主党的
《哥德斯堡纲领》的发表才发生改变。

---

① ［德］托马斯·迈尔：《社会民主主义的转型——走向 21 世纪的社会民主党》，殷叙彝
译，北京大学出版社 2001 年版，第 12—13 页。

② ［德］勃兰特、［奥］克赖斯基、［瑞典］帕尔梅：《社会民主与未来》，丁冬红、白伟
译，重庆出版社 1990 年版，第 113—115 页。

《法兰克福宣言》的发表，使社会民主党的意识形态走向了现代化。《法兰克福宣言》将社会民主主义改称为民主社会主义，打出"民主"牌与社会主义国家和共产党相对抗，确立了社会民主党和民主社会主义既反对资本主义又反对共产主义的"第三条道路"的特征。在《法兰克福宣言》中，社会民主党人的反共论调远远高于反资的论调。社会民主党指责俄国革命导致了工人运动的分裂，并使民主社会主义在世界上的实现推迟了几十年。《宣言》明确指出共产党国家是新帝国主义的工具，共产党实行的是独裁统治。社会民主党人要努力在全世界推行民主和维护民主，改变在资本主义条件下存在的"剥削造成人群分化"的不公平现象和在共产党国家存在的人民深受"独裁统治之苦"的现象。《法兰克福宣言》将"民主"提高到一种至高无上的地位，将社会主义的目标定为伦理社会主义抽象的"人性解放"和基本价值目标。社会民主党的改良主义也因此获得了与之相适应的现代理论形态。对于《法兰克福宣言》的这一原则性转变，费多谢耶夫做出了这样的评价："第二次世界大战以后，社会民主党彻底脱离了科学社会主义思想，并且日益站到了反共产主义的立场上。正是在 50 年代和 60 年代，'民主社会主义'概念成了国际社会民主党激烈反对现实社会的基本思想纲领。这种激烈性，最充分的表现在社会党国际的《法兰克福宣言》中，社会党历史学家布拉温达尔证明，这是社会民主党彻底放弃关于社会主义到来的历史必然性这一思想的第一个文件。"① 从此，除了实现社会主义的手段外，在对社会主义目标的认识上，社会民主党和共产党开始出现原则性的差异。

1959 年德国社会民主党的《哥德斯堡纲领》的出台，进一步推进了社会民主党向伦理社会主义和"全民党"转变的趋势。第二次世界大战后，德国基督教民主联盟政府成功地建立了社会市场经济制度，引领德国经济进入了一个快速发展的黄金时期，而坚持传统路线的德国社会民主党在竞选中多次失败，长期处于反对派地位。为了重新赢得选民支持，德国社会民主党开始制定新的基本原则纲领，修正自己的政策，改变自己的政治形象。1959 年 11 月 13 日，在波恩的巴德·哥德斯堡

---

① ［苏］M. H. 费多谢耶夫：《什么是"民主社会主义"》，石健、贾宝廉、王明辉译，中国社会科学出版社 1985 年版，第 32 页。

召开了德国社会民主党的代表大会。大会通过了新党纲，即《哥德斯堡纲领》。纲领在重新解释社会主义基本价值时，明确地将社会主义基本价值归结为空洞的"自由、民主和团结互助"的伦理价值，并试图抹去与马克思主义的渊源关系。"自由、公正和团结互助，即从共同紧密联系中产生的相互义务，这些都是民主社会主义意愿的基本价值。民主社会主义植根于西欧的基督教伦理、人道主义和古典哲学，它并不想宣布什么最终真理，这并不是由于缺乏理解，不是由于对于世界观或者宗教真理采取漠不关心的态度，而是出自于对于人们的信仰决定的尊重。"① 纲领重新阐述了对生产资料公有制这一传统的制度性目标的看法，首次明确指出："生产资料私有制，只要它不妨碍建立一个公正的社会制度，就有资格获得保护和促进。"同时宣布"社会民主党已从一个工人阶级的党变为一个人民的党"，并提出，"社会民主党要通过同其他民主党派平等的竞争来赢得人民的大多数"②。为了招徕更多的党员，使自己迎合更多选民的口味，德国社会民主党宣布"德国社会民主党是一个思想自由的党。它是由来自不同信仰和思想流派的人组成的一个共同体。他们的一致性建立在共同道德的基本价值和相同的政治目标基础上。社会民主党努力追求一个体现这种基本价值精神的生活制度。社会主义是一个持久任务——为实现自由和公正而斗争，保卫自由和公正，而且自身也要经受自由和公正的考验。"③ 这种从"制度社会主义"向"价值社会主义"的转型是社会民主党历史上最重大最本质的一次转型，它构建了战后民主社会主义的基本理论框架和实用主义的政治哲学。

《哥德斯堡纲领》在完成社会民主党的理论转型后，依然对共产党和现实社会主义制度进行了批判。同《法兰克福宣言》一样，对共产党及其意识形态的反对与批判依然是社会民主党确定其身份特征的一个重要的维度。《纲领》指出："共产党人错误地援引社会主义传统，他们实际上歪曲了社会主义思想财富。共产党人为了建立自己的一党专政而利用社会分裂状态，社会主义者则希望实现平等和公正。"④ "共产党

---

① 张世鹏译，殷叙彝校：《德国社会民主党纲领汇编》，北京大学出版社 2005 年版，第 70 页。

② 同上书，第 75 页。

③ 同上书，第 85 页。

④ 同上书，第 71 页。

人残酷地压制自由。他们用暴力镇压人权，镇压个人和民族自决权利。今天，在共产党统治的国家，也有越来越多的人起来反抗共产党权力机构。那里也在发生变化。在那里，争取自由的努力日益增长，任何统治都无法把这种努力长期地完全地镇压下去。但是共产党的掌权者要为维护自己的生存而斗争。他们依靠压迫本国人民而建立起一种日益威胁自由的经济和军事权力。"①

　　如果说，第一次世界大战后，社会民主党和共产党的分歧主要集中在实现社会主义的道路和手段的差异上，双方还将对方看作是社会主义力量共同处在与资本主义对立的一极的话，那么，在《法兰克福宣言》和《哥德斯堡纲领》中，社会民主党将自己看成是"民主的卫士"，将共产主义和资本主义均看作是"反民主"的力量，共同处在与民主社会主义对立的不可调和的一极。社会民主党和共产党在意识形态领域的分歧和对立由实现社会主义的手段差异发展到对社会主义目标认识的差异，说明二者的差距在进一步扩大。这与第一国际时期的情况恰好相反。第一国际时期，由于第一国际《成立宣言》和德国社会民主党《爱尔福特纲领》的发表，整个欧洲的社会民主党均在这两个纲领的指导下，摈弃资产阶级和小资产阶级思想的残渣，转向科学社会主义，成为代表工人阶级利益和为共产主义目标而奋斗的新型政党。欧洲的工人运动从此风起云涌地发展起来。而20世纪50年代，社会党国际的成立宣言即《法兰克福宣言》的发表和德国社会民主党《哥德斯堡纲领》的出台，社会民主党在这两个纲领的指导下，背弃了科学社会主义的理论原则，放弃了对资本主义制度进行替代的目标，在意识形态上将社会主义解释成空洞的伦理价值目标。从此，在政党性质方面，社会民主党不再提自己是工人阶级的政党，而将自身打扮成所谓"全民利益的代表"。这一转变，说明社会民主党已经完全放弃了通过暴力革命实现无产阶级专政的手段、放弃了用社会主义代替资本主义的目标，彻底由资本主义体制外的反资本主义制度的政党转变为资本主义体制内维护资本主义制度的政党。曾任社会党国际副主席的帕尔梅明确地表示："在一定程度上我们社会民主党人确实是与资本主义共同生存的"，"资本主

---

　　① 张世鹏译，殷叙彝校：《德国社会民主党纲领汇编》，北京大学出版社2005年版，第85页。

义的现代危机同时也是工业社会的危机。这样，拯救工业社会就成了我们的任务"，所以"过时的废除资本主义的口号已经没有什么吸引力了，现在不能简单地说什么我们要废除资本主义"①。社会民主党及其意识形态的发展与西方资本主义的发展是分不开的。社会民主党的民主社会主义的意识形态其实与资本主义社会具有了共生性。当今的社会民主党也是承认民主社会主义与西方资本主义社会的共生性的。比如，德国社会民主党的著名理论家托马斯·迈尔在其新著的《社会民主主义的转型——走向21世纪的社会民主党》一书中，明确指出："西方民主制始终是社会民主党本身的政治设想的一个核心部分。"②

（二）从民主社会主义"回归"社会民主主义

冷战时期，民主社会主义和科学社会主义虽有着天壤之别，但是在一些具体的政策和表述上，还有一些相似之处。如民主社会主义谋求建立一个消除社会不公和克服资本主义生产盲目性的社会，主张对有关国计民生的大企业实行国有化，追求实现公有制和计划化管理经济为手段，来实现经济民主和社会民主的目标。冷战后，这些从社会主义工人运动中继承下来的理念在社会民主党的意识形态中已基本不复存在。社会民主党人认为，苏东社会主义模式的失败不但证明了共产党的意识形态是错误的，而且证明了以公有制和计划经济为主要特征的社会主义制度是失败的。与苏东社会主义模式的失败形成鲜明对比，新保守派大力推行"里根主义"和"撒切尔主义"，在西方普遍实行非国有化和放弃国家控制，使西方国家走出了20世纪70年代以来的经济危机，取得了很大的成功。在这种情况下，社会民主党对传统的公有制等社会主义目标的认同进一步发生动摇。托马斯·迈尔指出："共产党人把社会化和计划与控制的集中化置于优先地位，因为在他们看来，只有这样才能使经济落后的国家（他们是在这些国家取得政权的）的工业和经济的发展迅速赶上来，才能使生产力迅速增长而且不致发生危机。在共产党人取得政权后，经济民主很快就不再是他们真正严肃对待的目标了。他们

---

① ［德］勃兰特、［奥］克莱斯基、［瑞典］帕尔梅：《社会民主与未来》，丁冬红、白伟译，重庆出版社1990年版，第113—115页。

② ［德］托马斯·迈尔：《社会民主主义的转型——走向21世纪的社会民主党》，殷叙彝译，北京大学出版社2001年版，第92页。

期望，在一个可以预计的时期内，在生产资料国家所有制基础上对经济发展的控制和调节将会使共产主义实现，而在共产主义社会，贫穷、匮乏和不平等都将被克服，因而政治统治也就没有必要了。……社会民主主义流派直到第二次世界大战以后时期也一直坚持这样的期望，即归根到底只有一切重要生产资料的全部社会化才是克服经济发展产生危机的可能性、克服异化和不平等的理想道路。当社会民主党人根据选民意志承担政治塑造的责任时，当他们看到共产主义国有化模式所造成的新形式的监护、不平等、经济统治和专横时，当他们发现瑞典和美国对实行市场经济和承认财产私有权的经济制度进行新形式调控的经验时，他们从本世纪 20 年代以来对社会民主主义的经济纲领作了自我批评性的重新评价……这一过程最终导致社会民主主义政党制定了当前的经济纲领……在社会民主主义的理解中，在世纪之交修正主义的影响下以及在本世纪 30 年代瑞典社会民主党的影响下，'社会化'这一概念在愈来愈多的情况下被解释成对生产资料所有权的使用实行占优势的社会监督，它已越来越脱离替代性的国家所有制、合作社所有制或其他的社会所有制形式的含义了。"① 在具体的政策上，社会民主党人普遍放弃了"国有化"的口号和国家直接对经济进行计划调控的做法，主张以私有制为主体的混合所有制经济，并对传统的资本主义和社会主义的看法进行了新的调整。

在意识形态方面，社会民主党人在苏东剧变后认为，不应将社会主义再视为一种社会制度，视为反映历史规律的目标，从而要求社会主义对资本主义实行制度替代；应将社会主义视为对现实进行改良的永恒的社会运动，通过这个永恒的社会运动，不断实现"自由、平等、互助"的价值目标。不应再追求对资本主义的超越，而应把资本主义视为一种有效的进程，而把社会主义看作是对存在局限、矛盾和不平衡的资本主义历史进程的不断改革。20 世纪 90 年代以来，完全放弃马克思主义的历史决定论，从价值伦理的角度理解社会主义成为社会民主党人观念调整中的主要趋势。社会民主党人提出，社会主义应当是"一种解放理想，它以清除在逐步地发展和深化自由和平等的道路上的障碍为目标"；

---

① ［德］托马斯·迈尔：《社会民主主义的转型——走向 21 世纪的社会民主党》，殷叙彝译，北京大学出版社 2001 年版，第 27 页。

"必须把社会主义理解为一个推动社会进步的过程。这个过程的出发点是一组价值，这些价值同现存社会关系的一定形势发生矛盾或实际对抗，而且从这些关系中产生不平等、支配关系、依附关系、异化、道德匮乏。因此，在某种程度上，人们是通过对社会上可以确证为非人性的一切东西的否定性反应这一辩证关系而把社会主义具体化的"；"社会主义不外乎是一个在更多的自由和社会公正的意义上改变现今社会的实在的运动"；社会主义的道路"不是别的，正是当代的人道主义"①。极力主张将意识形态名称由"民主社会主义"更换为"社会民主主义"的托马斯·迈尔指出："现代工业社会和服务社会在它的不断发展进程中变得越来越复杂，越来越分化。几个较大的政治派别之间的基本共识越来越广泛，而进行社会改革的重大替代选择的活动空间越来越狭隘。尽管人们不再抱有幻想，不断进行自我批判，仍旧有一些乌托邦的残余附着在大的政治概念上，特别是'社会主义'概念上，而它们在这种情况下，已经失去了指引方向的作用。社会主义概念中仍旧体现出的那种和解许诺，在这些漫无头绪的、充满冲突、分歧和强制的极其复杂的社会中，即使是通过彻底的民主化、社会福利国家以及对市场进行政治干预也不会兑现。在这种情况下，旧的政治语言失去了它准确传达信息的作用。"②可见，迈尔主张更改意识形态名称的一个重要原因在于与作为旧的政治语言和传统的社会主义价值观划清了界限，或者说，剔除"民主社会主义"概念中的社会主义成分，使社会民主主义再也不是传统社会主义的同义语了，这是一个很大的非常值得关注的变化。

在《社会民主主义的转型——走向 21 世纪的社会民主党》中，迈尔对共产主义和社会民主主义的渊源以及社会民主主义于共产主义和自由主义的关系，进行了重新定位。这次定位的首要目的是划清社会民主主义与共产主义的历史界限和现实界限，分析社会民主主义在理论上和实践上与共产主义的不同之处，澄清社会民主主义受苏东共产主义失败所"牵连"的意识形态层次的原因。他说："共产主义社会模式的崩溃使自由主义在 1989 年以后的几年内获得了史无前例的复兴，在原苏联

① 参见王学东、陈林《90 年代西欧社会民主主义的变革》，中央编译出版社 1999 年版，第 162 页。
② 参见张世鹏《社会民主主义与自由主义的相互渗透——欧洲社会民主党的历史演变》，《欧洲研究》2006 年第 2 期，第 24 页。

过去的势力范围和在西方社会同样如此。在东方和西方很大部分的舆论中以及在社会上很大一部分人的意识中，错误地认为社会民主主义的纲领和共产主义纲领在论题和传统上有很大的相似之处，在历史和意识形态上是相近的；由于这种看法的影响，社会民主主义明显的遭到了削弱。在历史过程中，社会民主主义和共产主义的经济政策论题在核心上是同样的，因此尽管双方对这些论题的答案从一开始起就表明互相对立的方向，一部分政治语言却仍旧是相同的。双方的根本差别在各个时期都是清楚的，界限分明的。社会民主党人始终把民主看成是一个基本的基础，看成目的，也看成达到自己的进一步目的的途径，而对于共产党人来说，民主只不过是一种资产阶级的统治方式；为了实现不容许任何限制的党专政的方案，应当摒弃它和在历史上与它密切联系在一起的人权。在 1989 年以后苏联共产主义模式的崩溃而展开的报刊讨论和一部分学术讨论中，往往传播这样的起误导作用的方程式：共产主义 = 社会主义 = 社会民主主义。自由主义被看作替代共产主义的真正的经济、政治和社会抉择，而社会民主主义在东欧却猛烈的、在西欧国家也显而易见地被卷入处于崩溃中的共产主义的旋涡，因为共产主义和社会民主主义在基本思想和政治语言方面的模糊的相似之处被绝对化了。与此相反，自由主义由于它从 80 年代以来在欧洲和美国本来就以新自由主义的形态发动了思想上和政治上的进攻，因此这是表现为共产主义及其所主张的中央集权制、国家管制主义和国家规定的世界观文化的彻底对立面。钟摆最大限度地朝相反的方向摆动了……社会民主主义在媒体上以及在很大一部分居民中间被看成只不过是共产主义的一种略微温和的和略微软弱的形式，却不像社会民主主义在自己的全部历史中一直声称的那样是在人权、民主、多元主义和经济制度等决定性问题上采取与共产主义极端对立立场的……在西方，首先是有日益加重的对社会福利国家的压力、大批失业和经济全球化而造成的国家财政危机以及个人主义化过程和广大阶层社会地位的下降，还有左派由生态问题引起的分裂，迫使社会民主党不仅在选票箱面前，而且在公共的政治讨论中日益处于守势。共产主义的崩溃使这一守势地位又一次加深，在这一方面，关于社会民主党的方案和共产党的方案之间存在隐蔽的联系的观点也在公众的判断中起一定的作用。西欧任何一个国家的社会民主党都未能由于共产主义的崩溃而得到历史的'红利'并且发动一次新的攻势，而社会民主党的理论家和政治家早在共产主义试验开始时就根据有远见的分析对这一试验可能会有的进程做出了预断，这一事实无论如何本来是会成为它发动新攻势的依据的。社会民主党人不仅在纲领方面，而且尤其也在自己的政治实践中始终能够证明自己真正可以替代共产主义，因为他们懂得如何在社会的生活现实中同等程度地避免自由主义和共产主义这两个互相替代方案的重大缺陷。根据社会民主党的看法，这一情况在公众辩论中本来应当是能起一定作用的……共产主义的崩溃起初没有为社会民主主义的替代方案提供任何推动力，而不如说是反而在若干年内加重了它的负担。"① 从这段话中可以看出，迈尔急于抛弃社会民主主义与共产主义曾经同义的历史包袱，极力表示社会民主主义和共产主义虽然在某些政治用语上是"模糊相似"的，但从本质上却从来都是有"根本差别"的。至于迈尔用来与共产主义相区别的所谓"标志"，依然还是"民主"与"人权"这一老调重弹的主题。但值得注意的是，在《法兰克福宣言》中，社会民主党对传统的民主社会主义理论进行了重新解释，将民主社会主义定义为既不同于资本主义又不同于共产主义的"第三条道路"，但依然将民主社会主义和共产主义看成是替代资本主义的两种不同方式，二者共处于与资本主义对立的一极。冷战后，迈尔极力主张用"社会民主主义"代替"民主社会主义"的提法，不是简单的用语的改变，而标志着社会民主党对自身意识形态坐标的重新调整。从这段话的笔调中可以明显看出，迈尔虽然也提到社会民主主义对新自由主义替代，但却已经将社会民主主义和新自由主义作为替代共产主义的两种不同方式。社会民主主义与新自由主义由对立的两极变成共处的一极，而处在另一极的却是共产主义（或现实社会主义制度）。在迈尔那里，社会民主主义替代共产主义，向共产主义发动新的攻势，已经成为社会民主党势在必行的任务，而社会民主主义对新自由主义的替代，却摆在了次要地位，成为社会民主主义向共产主义进攻胜利后的副产品。

　　将托马斯·迈尔在不同时期出版的两本著作进行比较，可以进一步明确地看出社会民主党意识形态位移的轨迹。在 1980 年出版的《民主

---

　　① ［德］托马斯·迈尔：《社会民主主义的转型——走向 21 世纪的社会民主党》，殷叙彝译，北京大学出版社 2001 年版，第 98—99 页。

社会主义导论》中，托马斯·迈尔沿着伯恩施坦的思路写道："从历史的角度来看，近代社会主义是历史上自由党人的自由权利运动的合乎逻辑的延伸。社会主义使近代的自由概念摆脱资产阶级财产权对他的限制和歪曲。自由党人主张不论出身如何，人应享有自由权利，但是他们只让社会上拥有产业和受过教育的阶级享有这一权利。社会主义要使一切生活领域中的所有的人都能实际享有自由。它把自由党人的自由权利运动看成是争取和实现这一目标的手段，并把这个运动的真正成就纳入自己的纲领。"① 这本书从政治、经济、社会的不同角度对自由主义进行了全面批判。例如他说："按照自由主义对社会的看法，国家无权干预社会的经济生活。其论据是：国家的干预只会使问题更加严重和威胁个人自由。因而自由主义的思想阻止了社会对经济进程和后果承担任何责任。它阻碍了解决社会问题的道路。""资本主义经济制度本身必然使它许下的关于自由、平等和博爱的诺言，同劳动人民的现实处境之间出现矛盾。社会主义向往新的经济和社会秩序这种秩序的特点是从社会整体利益出发的经济计划和工人参与经济决策进程。"② 显然，在这个时候他还是把民主社会主义归入社会主义范畴之内，认为自己超越了自由主义，优越于资本主义，坚持认为民主社会主义与现实社会主义（指苏联等国家实行的社会主义制度）是替代资本主义的两种不同方案，双方共处在与资本主义相对立的一极。

但是，18 年以后，在 1998 年出版《社会民主主义的转型》的时候，托马斯·迈尔开始放弃这种看法，主张恢复欧洲社会民主党传统的意识形态名称——社会民主主义，放弃自 1951 年社会党国际《法兰克福宣言》开始普遍使用的民主社会主义的称号。原因之一当然是为了与那些社会民主党化的共产党划清界限。但另一个更重要的原因是，迈尔不再把社会民主主义和自由主义相互对立，而是把社会民主主义纳入广义的自由主义民主的框架之内。托马斯·迈尔在《社会民主主义理论》这本书中提出，根据欧洲理论历史传统的主流观点，人们把建立在实现人权基础之上的法治国家的多元化民主称为自由主义民主，在这个自由

---

① ［德］托马斯·迈尔等：《论民主社会主义》，刘芸影等译，东方出版社1987年版，第7页。

② 同上书，第16页。

主义民主所设立的框架内,有两个主要变异,一个是自由至上民主主义,一个是社会民主主义。前者,即自由至上民主主义的特点在于把民主和基本权利局限于政治领域,在经济和社会领域与这种民主相适应的则是社会上不受任何约束的私有制以及自我调控的市场。而社会民主主义则建立在这样一个设想之上,就是把民主与社会及经济领域的基本权利结合起来,这就需要符合宪法的社会经济参与,实行社会保障和以社会公正为目标的收入分配的合法要求,以及对于这种价值观念承担责任的民主国家的调节政策和分配政策。很显然,托马斯·迈尔在这里把社会民主主义说成是一种平等的自由主义,并且纳入传统的自由主义框架之内。他把社会民主主义的批判锋芒指向这个自由至上的民主主义,也就是欧洲所说的新自由主义。他说:"自由至上的民主主义仅限于表面上实行政治的、社会的和经济的公民权利的声明,但是完全不提使这些权利实际生效的社会条件这一问题。所有在最近两个世纪实行这个模式的国家的经验都证明了这个结论。"① 托马斯·迈尔总结说:"社会民主主义和自由至上民主主义是在当前条件下延续自由主义民主的两种互相对立的政治理论,而且是两条互相竞争的实践政治道路。它们的主要区别在于社会公民权利的作用。自由至上主义理论几乎完全无视这种权利,但对于社会民主主义来说,它们既是获得民主合法性的条件,也是实现稳定的条件。它们要求国家承担义务,要它切实保障实现所有公民基本权利的物质条件,相应地把政治优先于经济过程和结果的地位落实到具的组织机制之中,并且对于社会福利生活条件的落实承担责任。"② 这是社会民主党正统理论家关于社会民主主义和自由主义关系的最新表述,与以往历次表述相比,此次表述中,社会民主党和自由主义的关系进一步接近,变得更加密切。如果说,以前曾经把社会民主党的意识形态说成是一种真正的社会主义(他们认为所谓共产党的"现实社会主义"都是假的),认为民主社会主义已经突破了传统自由主义的历史局限性,能够实现后者无法实现的目标,是对后者最好的继承和超越的话,那么,现在这种突破、超越以及优越性都已经不复存在。社会民

① 张世鹏:《社会民主主义与自由主义的相互渗透——欧洲社会民主党的历史演变》,《欧洲研究》2006 年第 2 期,第 24 页。

② 同上书,第 26 页。

主义不过是自由主义的一种变种，一种与（美国式）自由至上自由主义不同的一个版本。尽管社会民主党对于新自由主义依旧保持批判姿态，但是这种对立关系以及社会民主党本身都已经被纳入一个广义的自由主义的范畴。总之，社会民主党意识形态已经由处于与资本主义相对立的一方，变成与资本主义的自由主义同处于一个广义自由主义阵营内的一方，而处在对立的一方的，却是所谓共产党的"现实社会主义"或共产主义。这是在20世纪90年代"第三条道路"讨论中欧洲社会民主党对自身意识形态又一次修正的结果。

　　冷战后经过修正的社会民主主义，依然坚持了反对共产党和共产主义的传统。对共产党及共产主义的批判、进一步划清社会民主主义和共产主义的界限，是社会民主党对其意识形态进行调整的重要目的。托马斯·迈尔在其著作《社会民主主义的转型——走向21世纪的社会民主党》中，设立专章论证苏联共产主义的终结对社会民主党的影响，并指出，社会民主党只有彻底抛弃与苏联共产主义的一切渊源与瓜葛，才能甩掉历史包袱，走向21世纪的新政治。迈尔首先对苏东剧变的根源表明了看法，他说："东西方对立的结束也使一些欧洲国家内部的政治形式和社会民主党的行动条件发生了决定性变化。共产主义社会模式的崩溃在70和80年代已经清楚地有所表现，到1989这个民主主义革命的一年，终于得到了确认。共产党还在一些国家掌握政权，但这绝不证明共产主义模式在前苏联本身及其以前的欧洲势力范围内崩溃以后还继续存在着……挖掉苏联东欧共产主义国家墙脚的决不是特殊的世界势力政治格局下的不利的外部环境，而是这一模式本身的一系列原则性结构的缺陷，它们使这些国家在经过了一个较长时间的停滞和衰退阶段之后终于垮台。这些缺陷在共产主义意识形态和实践的历史的初期就已经可以清楚地看出来，激进的社会主义批评家和社会民主主义批评家如罗莎·卢森堡、卡尔·考茨基、爱德华·伯恩施坦和鲁道夫·希法亭在布尔什维克党在俄国夺取政权之前以及在那以后立刻就以给人深刻印象的远见解释了这些缺陷。"① 从这一段话可以看出，迈尔将苏东剧变的根源完全归结为苏东共产主义模式自身固有的缺陷，完全掩盖了西方新自由主

---

① ［德］托马斯·迈尔：《社会民主主义的转型——走向21世纪的社会民主党》，殷叙彝译，北京大学出版社2001年版，第91页。

义政党及社会民主党共同对苏东国家实施和平演变策略对苏东转制的影响力。这样，一方面进一步败坏已经失败了的苏东社会主义制度的形象，另一方面为西方势力对苏东进行的和平演变策略进行开脱。迈尔对苏东剧变原因的分析，生动地表明了社会民主党的反对共产党和共产主义的立场。

冷战后，社会民主党和社会党国际先后接受了迈尔的建议，用"社会民主主义"代替"民主社会主义"，成为意识形态的新名称。这说明，社会民主党接受了迈尔对社会民主党意识形态的新定位。这一新定位，显示出社会民主党为了避免共产主义的"牵连"，尽量在意识形态领域向右偏移，以免惹祸上身的态度。社会民主党还表示要进一步铲除共产主义的"余孽"，以期获得"政治红利"，而摆脱其在选票箱前的尴尬。

显然，冷战后社会民主党人对社会主义的解释出现了进一步向资产阶级妥协的趋势。从冷战后社会民主党的竞选纲领来看，社会民主党人正日益放弃体现其传统特色的社会改革目标。他们在竞选纲领中提出的具体政策与保守派、自由派政党的主张出现趋同现象。这种趋同现象深刻地反映了社会民主党人在意识形态领域的迷茫和退缩。这种迷茫和退缩，对社会民主党人在西方社会的存在和发展产生了重大的威胁。因为，社会民主党如果放弃传统的"社会主义"旗帜，就有失去身份特征和存在意义的危险。2002 年的大选中，社会民主党人纷纷失去执政地位便是明证。

从伯恩施坦主义—《法兰克福宣言》到冷战后新"第三条道路"的变革，从与科学社会主义共生到与资本主义共生，社会民主党的意识形态发展走过了一条向资本主义制度妥协的轨迹。随着资本主义社会的发展变化，社会民主党在改造资本主义社会的同时，也接受了资本主义社会的改造，在意识形态领域与马克思主义或科学社会主义渐行渐远，放弃了对资本主义的替代目标，继续维持与资本主义社会的共生性。社会民主党和共产党在意识形态领域的分歧正在一步步扩大。

（三）中国共产党与社会民主党之间的意识形态差异不容抹杀

社会民主党和中国共产党在 20 世纪都经历了三次理论革新。经历了三次理论革新的社会民主党和中国共产党，在以下几个方面呈现出越来越大的差异。第一，指导思想的差异。中国共产党主张马克思主义是唯一的指导思想，反对指导思想的多元化；而社会民主党继承并进一步发展了思想多元化的传统，对于马克思主义，布莱尔认为马克思主义只是社会民主主义的思想来源之一，它的贡献在于提供了一种有价值的对西方资本主义社会的分析方法。第二，变革现实的途径差异。中国共产党认为，变革社会的主要途径有两种：一是通过暴力革命的道路，打碎旧的国家机器，建立社会主义；二是以和平的方式向社会主义过渡。变革社会的核心问题是国家政权问题，无产阶级要推翻资产阶级的统治，用无产阶级专政代替资产阶级专政，暴力革命是无产阶级的主要手段，它是由国家的性质和统治阶级的本性决定的。和平取得政权是有条件的，不能把这作为工人阶级变革现实的主要手段。而社会民主党认为，和平民主的手段是唯一的途径。当代社会民主党认为，当代发达资本主义国家的性质发生了重大的变化，它不再是垄断资本家利益的代表，而是具有"多样性、包容性、权利和义务的统一性的公民社会"。公民社会是尊重个人价值平等基础上的全体人民的共同体，没有必要通过暴力革命予以打碎，而应当加以利用和不断完善。第三，生产资料所有制的主张差异。中国共产党认为，坚持社会主义必须坚持以公有制为主体的原则，中国实行以公有制为主体、多种所有制并存的经济制度；而当代西方民主主义者却主张实行以私人占有为基础的混合经济。英国工党对其党章第四条的修改，使工党明确放弃了公有制原则。第四，奋斗目标的差异。中国共产党认为，共产主义是人类社会发展的必然，是无产阶级政党为之奋斗的目标。社会民主党认为，人类社会的发展没有规律可循，社会主义不存在终极目标，也不存在任何固定不变的社会制度，它只是一项不断追求美好社会的持久的运动。

总之，社会民主党和中国共产党在 20 世纪都经历了三次理论创新和变革，社会民主党通过理论革新保持了在西方资本主义的社会环境中的适应性，保持了组织稳定。但是，其意识形态却与马克思主义和科学社会主义渐行渐远，体现出逐步向右位移、向资本主义妥协的趋势。中国共产党通过三次理论创新，坚持了马克思主义意识形态的一元化，并在马克思主义中国化的基础上发展了马克思主义，坚持了共产主义的最高奋斗目标，并将最高目标和社会主义初级阶段的基本纲领结合起来，推进了中国的社会主义事业发展。既承认资本主义存在的长期性，又坚持了社会主义代替资本主义的目标，表现出既打算与资本主义长期共存又不向资本主义妥协的辩证态度。从实现社会主义的目标和手段来看，从对资本主义和社会主义的认识来看，社会民主党及其意识形态与中国共产党及其意识形态发展所走的道路，是毫无共同点的两条道路，二者之间的差距还在继续扩大。

从意识形态的层次来说，中国共产党和社会民主党的性质是截然不同的，社会民主党通过理论建设和政治实践维护了资本主义制度，而中国共产党通过理论建设和政治实践维护了社会主义制度，二者之间的差异是不容混淆和抹杀的。谋求与社会民主党合作的中国共产党，在这个层次的问题上，必须保持清醒的头脑，不能够以"谋求合作"为借口与社会民主党认同，不能泯灭与社会民主党的差异。当社会民主党在这个层次的问题上对中国共产党发起意识形态攻势时，中国共产党必须旗帜鲜明地维护自己的意识形态，并与社会民主党展开意识形态的斗争。这是中国共产党和社会民主党的关系中的对立性与斗争性的一面。

三　在当代政党政治图谱中准确定位社会民主党是认识社会民主党的重要途径

要正确而全面地了解社会民主党的性质，不能仅仅只看意识形态差异这一个层次。社会民主党的具体政策和实践，社会民主党在资本主义社会所代表的社会群体的利益，是中国共产党正确认识社会民主党必须考虑的另一个层次。

（一）社会民主党是对资本主义社会进行改良的左翼政党

从放弃了暴力革命的道路，到放弃了实现共产主义的远大目标，到冷战后将自己定位为与新自由主义同处于一个广义的自由主义阵营内的政治派别，社会民主党体现出向资本主义妥协的趋向。但另一方面，社会民主党一直没有放弃对资本主义进行改良的努力，一直高举着社会主义（虽然是社会民主党解释的社会主义）的旗帜。在《哥德斯堡纲领》中，虽然社会民主党人放弃将马克思主义作为唯一的指导思想，放弃了对资本主义进行制度替代的目标，开始转向伦理社会主义，但是，《纲领》还是坚持了对资本主义社会及资产阶级进行批判的立场。《纲领》

指出："社会主义运动要完成一项历史任务。它是作为雇用工人反对资本主义制度的自然的道德反抗开始的。由于科学技术引发的生产力巨大发展给一个很小的阶层带来了财富和权力，给雇用工人带来的起初仅仅是困苦和贫穷。废除统治阶级的优先权，给所有人带来自由、公正和富裕——这曾经是、现在依然是社会主义的本来含义。"①尽管《纲领》强调了"自由、民主、公正"等伦理价值对于民主社会主义的重要意义，但还是没有放弃建立一个新社会的努力。"社会主义者努力建设这样一个社会，在这个社会中，每个人都能自由发展自己的个性，并且作为位共同体服务的成员，负责地参与人类的政治、经济、文化生活……"②"世界的希望在于在民主社会主义基本价值基础之上建立起一种制度，民主社会主义希望与一切怀有良好愿望的人共同建立起一个实现人的尊严、摆脱贫困和恐惧、摆脱战争和压迫的社会。我们向这里和地球上的所有国家的每一个人，男子和妇女，发出号召。"③

　　冷战后的社会民主党，虽然放弃用"社会主义"作为自身意识形态的名称，认为自己与新自由主义同属于广义的"自由主义"范畴，但是，它们还是坚持了左翼激进政治立场，没有与新自由主义意识形态趋同。在民众的心目中，民主社会主义（社会民主主义）依然是与新自由主义相抗衡、相斗争的左翼政治派别。一些传统的左派批评家们认为，第三条道路接受了市场经济，特别是对全球市场的形成持肯定态度，表明第三条道路接受了新自由主义的政治框架，与新自由主义日益趋同。安东尼·吉登斯在《第三条道路及其批评》一书中，对此问题做出了回应。他说："第三条道路的政治学不是新自由主义的继续，而是它的一种替代性的政治哲学。当然，社会民主党人需要克服他们自己对市场的担忧和恐惧，但是新自由主义认为市场应当占领公共物品的几乎所有领域则荒唐可笑。新自由主义是一套有缺陷的政治方案，因为它认为不必对立足于市场的决定所产生的社会后果承担责任。没有社会和伦理框架，无论是积极的投资政策的效果，还是最低程度的福利国家都不能提供一个有尊严的社会所必需的社会物品。但是像老左派作者们建

---

　　① 张世鹏译，殷叙彝校：《德国社会民主党纲领汇编》，北京大学出版社2005年版，第83—85页。
　　② 同上书，第70页。
　　③ 同上书，第85页。

议的那样仅仅把国家与市场对立起来也不能解决问题。市场并不总是加剧不平等，有时也可以是克服不平等的手段。还有，当积极的政府需要促进平等主义的政策是，左派必须承认在这种情况下，国家也能制造不平等，同时对个人生活产生适得其反的效果——即使国家是一个公认的民主国家而且其用意良好。即使是最发达的福利国家也绝不是十全十美。"① 看来，吉登斯认为，第三条道路是民主社会主义为了生存与发展不得不进行的革新，是社会民主党包括社会福利国家走向现代化的必经之途。社会民主党重新认识国家与市场的关系，接受了市场经济的观点，并不意味着社会民主党的意识形态与主张市场至上的新自由主义的趋同。他认为，必须将国家与市场结合起来，克服传统左派们盲目排斥市场的做法，同时也要对新自由主义的市场至上原则进行批判，努力探索出一条既能体现社会民主主义传统的基本价值，又能解决现实问题，使社会民主党在"已经改变的世界上再度成为有前途的并且能争取多数的党"②。因此可以说，冷战后的社会民主主义（民主社会主义）对新自由主义、对资本主义依然是持反对立场，并主张对其进行改良的意识形态。

从国内政策和实践来看，社会民主党执政后，在资本主义的框架内，在政治、经济和社会等方面实行了许多有益于社会中下层广大民众的政策。在政治上，社会民主党人要求国家保障公民的信仰自由和良心自由，使每一个人都能够以自我负责的精神进行自决。在经济上实行工人参与经济决策为核心的经济民主。社会民主党人认为，工人参与经济决策，是要求每个人作为公民、消费者或工薪劳动者来影响生产的方向和分配生产资料的形态和劳动生活的条件，改变企业在做出决定是仅仅只考虑资本家的利益的趋势。国家应在法律上加以控制，保证工人能有效地参与经济决策。在社会民主方面，社会民主党人本着"必须在财富分配、福利、经济增长以及参与文化活动和分担政府责任方面保证最大可能程度的平等"的原则，建立了一套福利国家制度，遏制了资本主义社会的贫富分化。

① ［英］安东尼·吉登斯：《第三条道路及其批评》，孙相东译，中共中央党校出版社2002年版，第33页。

② 张世鹏译，殷叙彝校：《德国社会民主党纲领汇编》，北京大学出版社2005年版，第157页。

冷战后，社会民主党人面对国内外政坛上右翼势力的攻势，结合资本主义社会出现的新情况，对社会民主党的传统政策进行了新的调整。在福利政策方面，社会民主党提出"不承担责任就没有权利"的口号。提出福利政策要以促进经济增长为目标，资金支持的重点不是简单地发放救济金，而是创造条件促使公民学习技能、接受新工作、提高工作能力。不再强调"充分就业"，而改称"有效就业"，即通过培训，提高公民的就业能力，建立起以提高就业能力取代就业保障为核心的福利体制，从救济型的福利政策转向以人力资源开发为核心的"造血型"的福利政策。社会民主党主张将社会公正与社会效益结合起来，经济发展与社会福利结合起来。在经济政策上，社会民主党强调建立拥有多种所有制形式的混合经济模式。在市场和国家的关系上，主张减少国家干预，放松国家对社会经济的控制，强调国家只是社会经济生活的"掌舵者"而非"划船人"，国家的主要作用是为企业创造良好的私营和竞争环境，规范市场秩序，而不是包揽一切。现今社会民主党大都突出市场调节作用，推崇市场优先原则，主张建立具有活力的市场框架。同时，社会民主党也强调市场不是万能的，对市场不能完全放任而要有一定的控制，"要市场经济，不要市场社会"是社会民主党人提出的原则。所有的这些政策和实践，都是以剥夺资本的权利、维护工人的利益和实现社会公平公正为目的的。这说明，社会民主党在西方社会，与右翼政党相比，它是左翼政治力量。

在20世纪70年代后，社会民主党面临着如何继续保持传统的身份特征和吸引新兴中间阶层以巩固和扩大群众基础的双重矛盾。面临着这一矛盾的社会民主党人，在实施这些带有左翼色彩的政策时，常常由于受困于经济衰退的压力，在实践中坚持实用主义哲学，大搞模糊政治。社会民主党一方面在各种场合突出强调民主社会主义抽象的伦理价值，以保持其在国内政坛上的左翼身份特征，另一方面，为了推进本国经济的发展，社会民主党人不得不暂时放弃带有左翼色彩的政策，实行带有新自由主义色彩的实际政策。在实践中尽可能地采取小步渐进的改革，甚至执行"温和的撒切尔主义"，削减社会福利。在各国国内，由于社会结构的变化导致社会民主党原有社会基础急剧萎缩，党员人数和党内积极分子数量下降，党员年龄老化现象严重。为了吸引中间阶层，社会民主党本着实用主义的原则对国内政策不断进行调整，使得西方选民愈加觉得社会民主党与右翼政党的政策并没有多大差距，传统意义上的左右分界已经模糊不清。社会民主党在国内政坛上矛盾的形象，受到了传统左翼人士的批评。

其实从政党政治的角度来看，社会民主党人绝对不会与右翼趋同，与右翼完全趋同只能使社会民主党失去存在的价值空间，这对具有悠久历史的传统主流政党——社会民主党来说，是不可能没认识到这一点，并致力于解决这个问题的。从长远来看，社会民主党不会永远处于这种"左右为难"的境地，善于根据时代的变迁而进行革新的社会民主党必将在资本主义社会保持自身的左翼政治特征，致力于探寻一条既能推进经济发展，又能保持自身政治特征的新途径。因此，社会民主党人的政策和实践使得一些代表大资产阶级的政治家不无忧虑地说：外部的社会主义虽然消灭了（指苏联和东欧剧变），但内部的社会主义却发展了起来，有些人甚至将社会民主党人看作是钻入了资本主义社会内部的"特洛伊木马"。

从社会民主党对资方和对社会中下层的政策及其反映可以得出这样的结论：社会民主党的改良，虽然没有改变资本主义的性质，但它是以改良资本主义、实现社会主义（指社会民主党人解释的社会主义）为己任的，是对现实资本主义进行局部否定的力量之一。当然，社会民主党通过对资本主义的改良，并没有将资本主义社会变成社会主义社会，反而增强了资本主义的自我调节能力，缓解了资本主义社会内部的各种矛盾，维护了资本主义社会的稳定，维护了社会民主党与资本主义的共生性。对这一点社会民主党人自己也是承认的。如德国哥廷根大学教授、社会民主党人弗兰茨·瓦尔特说："通过社会民主党的公民社会，没有实现工人阶级的历史解放，没有建立至少是对所有社会阶层平等的机遇前提。"① 但在发达资本主义社会如何走向社会主义的问题处在探索的时期，在资本主义社会还完全没有出现革命形势的条件下，对资本主义进行一定程度的改良，也是对资本主义制度的制约和驯化，因而可以说，社会民主党人的这种有条件的"制约和驯化"，以渐进的方式积累了社会进步因素，推进了资本主义向社

① 《德国社会民主党转型后面临的挑战》，《国外理论动态》2007年第11期，第52页。

会主义转变的脚步。

（二）社会民主党代表了资本主义社会中下层劳动人民的利益

从社会民主党的增强党的阶级基础和扩大社会影响力的政策和实践来看，社会民主党人代表的依然是发达资本主义国家中工人阶级的利益，民主社会主义或社会民主主义依然是工人阶级的意识形态。社会民主党人的政策主要反映了工人阶级的愿望和要求。

虽然 1959 年德国社会民主党的《哥德斯堡纲领》宣布，社会民主党不再是工人阶级的政党，而是全体人民的党，但该纲领还是对 19 世纪以来工人运动成果在社会民主党发展历程中的重要意义作了肯定的回答。在《哥德斯堡纲领》的"我们的道路"一节中，社会民主党人写道："工人阶级在他们的斗争中只能依靠自己。由于认识到自身状况，由于他们具有改变这种状况的坚强与意愿，由于他们在行动中实现了团结互助，由于他们的斗争取得了明显的成果，他们的自我意识被唤醒了。尽管曾经遭受到严重的挫折，犯过一些错误，19 世纪和 20 世纪的工人运动还是迫使人们承认了它的许多要求。当初没有任何保护、毫无权利的无产阶级为了一份饥饿工资每天不得不劳动 16 小时，受尽折磨，现在实现了法定八小时工作日，建立了劳动保护，建立了针对失业、患病、长年重病和晚年生活的各种保险。他们实现了禁止童工、禁止妇女夜间劳动，青年保护和孕产妇保护以及支付薪金的休假。他们通过斗争获得了集会自由、建立工会的权利、劳资协议谈判的权利和罢工权利。现在正为贯彻参与决定的权利而斗争。他们当初仅仅是统治阶级的剥削对象，现在获得了具有工人的平等权利与平等义务的国家公民地位。……这些成果是充满牺牲的工人运动前进道路上的里程碑。它使得工人阶级的日益解放有利于实现所有人的自由。社会民主党已经从一个工人阶级政党变成了一个人民党。它要把工业革命以及所有生活领域的技术化释放出来的力量用于实现所有人的自由和公正。"①从这一段话可以看出，德国社会民主党认为，必须首先承认自己是工人阶级政党，代表了工人阶级利益，继承了自 19 世纪以来工人运动的精神及其成果，

---

① 张世鹏译，殷叙彝校：《德国社会民主党纲领汇编》，北京大学出版社 2005 年版，第 84 页。

在努力争取实现工人阶级的自由公正的前提下，将社会进步的力量和成果用于争取实现所有人的自由和公正。也就是说，工人阶级政党是人民党的前提，实现工人阶级的解放是实现全民解放的前提。从这个意义上说，社会民主党人在一定程度上继承了马克思主义关于社会分析及阶级分析的方法论。

第二次世界大战后，社会民主党人就面临着新兴中间阶级不断增加的情况，为了增强自身的阶级基础和扩大选民基础，社会民主党人制定了许多政策以争取日益壮大的中间阶层。20 世纪 70 年代以来，受科技革命的推动，西方国家的产业结构和社会经济结构有了进一步的变化。传统的产业工人人数减少，以白领工人、各级行政机构服务人员和知识分子为主的所谓"中间阶级"队伍不断扩大。到了 90 年代，随着第四产业（信息产业、生物产业）崛起，传统的从事体力劳动的产业工人的比重连年下降，已经缩小到了 20% 以下。新科技革命和新产业革命使劳动力从物质生产部门向非物质生产部门转移，新科技革命使一批受过良好教育的新中间阶级的比重在继续扩大。新兴的中间阶级由于有着很高的收入，能够保证自己的高质量的生活，对社会民主党的社会福利国家制度的认同和依赖远远低于传统的产业工人和低收入者。他们对社会民主党通过税收拉平收入差距的做法也比较反感，因此，中间阶级难以倾心于社会民主党的传统政策。这一切对社会民主党的传统政策提出了进一步的挑战。

为了迎接挑战，扩大党的选民基础，争取中间阶级，社会民主党提出了更新的主张。如，在党的性质上，社会民主党人向中间阶层靠拢，放弃了传统的工人阶级政党的提法。法国社会党宣布建立跨阶级的新联盟，宣称自己是"跨阶级的政党"，制定了以中间阶级为基本依靠力量的新战略。这套新战略在实践中的实际体现就是法国目前的"多元化左翼联盟"。德国社会民主党也强调必须得到中间阶级的支持，组建"在社会和文化上更加复杂、更加多元化的公民联盟"。泛希社运的"革新和重建"计划不再强调原来的"代表非特权阶层"的主张，而强调包括特权阶层在内的更广泛的人群的利益等。左翼社会民主党的这些变革措施，在实践中获得了一定的成功，许多中间阶层的人士认同了社会民主党的政策，将选票投给了社会民主党，社会民主党因此纷纷上台执政。上个世纪 90 年代中后期，在欧盟十五国中有十三个国家是社会民主党单独执政或联合执政的，社会民主党创造了"玫瑰色的欧洲"的"神话"。但是，这些变革措施也使社会民主党付出了代价。在执政期间，社会民主党为了迎合包括特权阶层在内的更广大人群的利益，实行"中右"政策，使许多中下层选民认为已经看不出社会民主党与右翼政党的区别而疏远社会民主党，再加上社会民主党在执政期间的政绩欠佳，使得欧洲社会民主党的"神奇回归"并没有维持多久。2002 年，社会民主党在欧洲纷纷失去执政地位，右翼势力重新雄踞欧洲政坛。"神奇回归"的短暂性，正说明社会民主党并没有走出政治低谷，社会民主党为它们实际执行的"中右"政策付出了惨重的代价。

在 2002 年大选失败后，社会民主党对其政策进行了进一步的调整。调整后的社会民主党继续坚持在中间阶层中扩大影响和发展力量的原则主张，进一步向中间阶层靠拢。同时，社会民主党强调更加关注劳动阶层内部新的分化组合及利益多元化，改变社会民主义代表结构日益脆弱的趋向，通过在就业、工资、公共服务等经济社会方面制定更加大胆协调的政策，重新赢得广大中下层选民包括传统的产业工人的支持。法国社会党表示"应同时考虑被社会排斥者、大众阶级和中产阶级的利益和愿望"，"有责任扩大自己的代表性，以更好地反映社会的多样性"，主张党的社会基础要不断更新和扩大，要"调和中产阶级与民众阶级的利益"，"取消在入党方面的种种限制"，提出建立包括"被社会排斥者"（指因失业、贫困等原因而被排除在现代社会之外的人）、平民阶级（指包括产业中人在内的中低收入领薪者）和中间阶级在内的新阶级联盟。西班牙工人社会民主党也表示必须使社会民主党的组织结构适应所有赞同社会民主党战略方案的公民，使党的内部运转能够不断反映多元制和参与制的价值。葡萄牙社会民主党在 2002 年召开的十三大上强调，党组织应向社会开放，特别强调提出社会民主党应该向青年人和文化、教育、科技、企业等"最具活力的社会阶层"开放，向工会开放，主张同各种社会力量进行对话并将这些对话机制化。社会民主党的这些最新措施能否达到预期的效果，还有待时间的检验。

由于当代资本主义的发展，许多西方学者质疑马克思的阶级分析论。马克思的阶级分析论认为，随着资本主义的发展，资本主义社会越来越分裂为两大阶级，即资产阶级和工人阶级。中产阶级是过渡阶层，他们随时会被大资本所吞并而沦为工人阶级，工人阶级具有日益扩大的趋势，社会结构呈上小下大的葫芦形结构。而西方学者认为，在现代社会，传统意义上的工人阶级日益减少，中间阶级占人口的大多数，社会两极分化的现象并没有出现，社会结构呈橄榄形。因此，马克思的阶级分析理论被社会事实证明是错误的。连一些左翼人士也对马克思的阶级分析理论提出质疑。如的国社会民主党学者米歇尔·施奈德在 1989 年说："有些左派的危机设想长期以来并没有得到准确的检验和证实。……工会的理论宣传工作是为了招募会员，如果两眼一味看着那些无法证实的错误设想，偏离现实，对职员也没有什么说服力。"①

应该承认，从生产和生活状态来看，现在的中间阶级与马克思所处时代的工人阶级确实是大不一样了。在马克思时代，由于科技水平不高，资本家只有通过延长工作时间和克扣工资等较原始的手段来提高利润。在这种社会状态下的工人阶级，工资收入低、生活条件差、知识水平低。资本主义社会工人阶级的主体是产业工人，从事着繁重的体力劳动。这是马克思时代的工人阶级生产和生活的总体状态。长期以来，人们误将传统产业工人贫困的生产、生活状态作为马克思主义阶级分析理论的根本标准和核心。随着科学技术的发展，西方社会阶级结构发生了巨大的变化，传统产业工人在人数上萎缩，已经成为工人阶级中的少数，不是工人阶级的主体。在科技革命中涌现出来所谓白领工人、金领工人、灰领工人的数量越来越大，这些人都是脑力劳动者，工资收入高，生活有了很大的改善。一些人还依靠自己的一技之长和掌握的信息，创办了自己的公司，拥有了股票、债券和住房等不动产。大量知识型的劳动者喜欢分散的劳动方式，较高的文化素养和较富裕的生活使他们的思维方式和价值取向同传统的产业工人相比，发生了全新的变化。用传统产业工人的生产、生活状态作为划分阶级的标准来衡量这些人、分析当代西方社会，当然会得出"当代科技革命的发展使资本主义社会的阶级界限模糊了"的结论。

其实马克思认为，阶级是一个以共同的经济地位为基础的具有共同的经济关系、政治关系和思想关系的社会集团。阶级首先从经济关系上产生出来，经济地位和经济利益是划分阶级的重要标准。马克思从未将工资水平、生活条件、受教育的水平等这些表面的东西作为标准来衡量

① 张世鹏：《当代西欧工人阶级》，北京大学出版社 2001 年版，第 63 页。

西方社会的阶级结构。恩格斯曾在 1888 年的《共产党宣言》英文版上加了一个注释，很明确地指出了马克思主义阶级分析法的标准："资产阶级是指占有社会生产资料并使用雇佣劳动的现代资本家阶级。无产阶级是指没有自己的生产资料、因而不能不靠出卖劳动来维持生活的现代雇用工人阶级。"[①] 可见，马克思主义是以对生产资料的占有关系、以人们在社会生产中的地位作为划分阶级的首要的、本质的标准的。如果用这个标准去衡量当代西方社会结构，可以看出，大量的中间阶级依然是"靠出卖劳动来维持生活的现代雇用工人阶级"。从他们在社会生产中的地位来说，他们依然不占有社会生产资料，被资本家用"无形的线"拴着，靠出卖劳动力为生。只是当代工人阶级出卖的劳动力不再以体力劳动为主，而以脑力劳动为主。由于科技革命的发展和资本主义社会的发展，资本家有了更高级、更成熟的方法来获取剩余价值。许多资本家也认识到，在经济全球化和市场经济的条件下，企业要获得发展，需要劳资双方共同的努力，劳资双方的利益有一定的共同性。必须在一定程度上考虑到工人的利益，才能缓和阶级矛盾，保持社会稳定和促进企业发展。因此，大多数工人由于自己的知识和能力，获得了比较高的收入和很好的生活条件。社会民主党的许多学者也将中间阶层列入雇用工人之列，只是现代中间阶级的自身劳动特点、物质生活保障水平等方面区别于传统产业工人。相当高的生活水平使他们（主要是科技知识分子）把精神价值放到首位，同时也保障了他们有可能全面展示个性的社会地位。

诚然，中间阶级并不是铁板一块，其中还包括一些非垄断性的资本家阶层，或者称为中等资产阶级。随着资本主义的激烈竞争和不断兼并，资本的国际化和全球化，大垄断集团和跨国公司的实力更加雄厚，非垄断性的资本家阶层受到垄断资本的欺压和排斥，随时会有被吞并的危险。非垄断资本家阶层具有过渡性，它们随时有被大垄断资本吞并而沦为工人阶级的可能性。可以说，它们是"潜在"的工人阶级。马克思关于中产阶级具有过渡性的理论在当代社会也没有过时。其实，尽管中间阶层的扩大持续了数十年之久，在资本主义发展的历史长河中也不过是短暂的一段时间。有人说，资本主义社会中等收入阶层的壮大，使

[①]　何家栋、陈林等：《热话题冷思考》，河南人民出版社 2002 年版，第 97 页。

社会结构呈橄榄形，说明马克思关于社会日益分化为两大集团的观点过时了。如果用马克思的阶级分析法分析当代资本主义社会，将"五颜六色衣领"的大部分中间阶级划分到工人阶级的范畴，那么再看资本主义的社会结构，依然是上小下大的葫芦形。所以说，中间阶级的主体或主体性质是工人阶级。马克思的阶级分析方法和资本主义"日益分裂为两大对立的阶级"的结论并没有过时。

不可忽视的是，由于现代资本主义社会工人阶级的经济地位、职业以及所受教育程度的差异，导致了工人阶级内部的分层和分化。这使得工人阶级的思想呈现出多元化的复杂局面。工人阶级内部出现了各种不同的意识形态。有的是自发产生的，有的是直接接受了别的阶级或阶层的意识形态。比如，除科学社会主义和民主社会主义两大主流思潮外，资本主义社会先后出现了绿色和平主义、女权主义、新社会运动等。法国社会党人用"自由主义类型"的概念描述新中间阶层多样化的意识形态，认为中间阶层拥有新的现代生活方式，其特殊的价值标准远远超出了传统工人阶级单纯的意识形态，因此，表现出具有"自由主义类型"的多元化的意识形态。① 其实，工人阶级内部出现多种意识形态和思潮的现象早已有之。如在巴黎公社时期，法国工人阶级内部产生了蒲鲁东主义和科学社会主义两种观点，除此之外，还有流氓无产阶级，正是这部分人，后来成为镇压巴黎公社的帮凶。基于工人阶级的内部思想的分歧和分化，马克思一向主张用科学社会主义来武装工人阶级，把"批判的武器"转化为"武器的批判"。从一定角度上来说，科学社会主义的传播过程就是理论逐步掌握工人阶级并提升工人阶级觉悟的过程，而科学社会主义正是在同各种非科学的社会主义流派作斗争的过程中不断得到发展和充实的。民主社会主义作为资本主义社会中的社会主义流派，它在一定程度上反映了资本主义社会工人阶级的意志与愿望，代表了资本主义社会工人阶级的利益。恩格斯在《共产主义原理》中曾明确指出："这些民主主义的社会主义，或者是还不够了解本阶级解放条件的无产者，或者是小资产阶级的代表，这个阶级直到争得民主和实行由此产生的社会主义措施为止，在许多方面都和无产者有共同的

---

① 张世鹏：《当代西欧工人阶级》，北京大学出版社 2001 年版，第 52 页。

利益。"①

随着科技进步和经济的发展，资本主义社会工人阶级的生活条件大大提升了。这使得工人阶级对资本主义社会产生了认同感，给右翼资产阶级思潮侵蚀工人阶级的思想提供了可趁之机，发达资本主义社会出现了左右翼政党争夺中间阶层选民的现象。这给未来世界社会主义运动带来了新的挑战。社会民主党人根据这一重大的社会变化，努力调整自己的政策和理论，以争取大量中间阶层选民的支持，可以说是在新的条件下，增强阶级基础和扩大群众基础的重要变革措施。随着资本主义社会的发展，中间阶层将进一步扩大，中间阶层的工人阶级性质决定了中间阶层是社会民主党变革社会的主要依靠力量。对社会民主党为了争取中间阶级的各种变革主张，应该进行客观的分析和评价。可以说，社会民主党的政策向中间阶层靠拢，并不表明社会民主党要脱离工人阶级而去向资产阶级右翼势力靠拢，而是为了很好地整合多层次化的现代工人阶级的主体利益所作的努力和尝试，对这种尝试，应该予以肯定。有人指出，社会民主党多次提出社会民主党不是工人阶级政党，而是"全民党"或"跨阶级的政党"，这表明社会民主党想极力掩盖其传统的阶级性，不再是工人阶级的代表。对这个问题，应该辩证地看待。在多党竞选的政治规则下，单独依靠一个政党的力量往往很难获得绝对多数的选票而单独上台执政，社会民主党必须与其他政党组成政党联盟，以获得多数选票，从而达到联合执政的目的。社会民主党称自己为"全民党"，很大程度上是为了扩展它与其他政党政治合作的空间，有利于它与其他政党组成联合政府而长期执政。比如，瑞典社会民主党在瑞典执政时间高达 70 多年，从 1932 年以来，瑞典社会民主党先后与自由党、农民党、绿党和左翼党（共产党）建立过执政联盟。另外，作为执政党的社会民主党掌握着是公共权力。公共权力具有广泛性的要求，其职责在于整合社会各阶层的各种利益。这就要求社会民主党必须处理好自身的阶级性和公共权力的社会性之间的关系。社会民主党在竞选中或上台后，总是表明自己是"全民党"、"跨阶级的党"，代表了社会大多数人的利益。这也是为了与右翼政党争夺选民以获得或巩固执政地位的需要。任何政党上台后，都面临着如何代表阶级利益和整合全社会利益的

---

① 《马克思恩格斯选集》第 1 卷，人民出版社 1995 年版，第 244 页。

矛盾，执政党不但要代表自己阶级的利益，而且要代表社会大多数人的利益，只有找到兼顾二者的适当政策，执政党才能获得社会民众的支持，从而巩固执政地位。因此，社会民主党说自己是"全民党"和"跨阶级的党"，不能用一句"掩盖阶级性"来简单否定，而必须结合国情实事求是地分析。

　　必须承认，社会民主党人的探索并没有取得彻底成功。许多传统左翼人士对冷战后社会民主党人的变革，持批判态度。他们认为，社会民主党对党的性质的修正，虽然使社会民主党争取到更多的中间选民的支持，扩大了社会民主党的选民基础，取得了上台执政的机会，但是危机也会随之产生。社会民主党在自身性质上的中性化定位，在政策上更多地关注中间阶级，而忽视和远离中左翼传统的选民基础——传统产业工人阶级，最终会使其失去了清晰可辨的政治形象，从而失去了大部分传统的支持者，最终削弱自己的社会基础。弗兰茨·瓦尔特的《德国社会民主党：从无产阶级到新中间》一书曾在德国引起了很大的反响。在书中，弗兰茨·瓦尔特认真解析了社会民主党迎合中间阶层的政策措施。他首先对中间阶层出现的原因进行了分析，认为中间阶层是"通过教育改革"而获得了专业知识的"工人的上层"，社会民主党是代表他们利益的政党。他说："20 世纪 60—70 年代推进的教育改革实现了社会繁荣。'新中间'时代在这些年里开始了。……通过勃兰特总理和施密特总理时期的教育改革，专业工人的上层获得了历史机遇。从此，这个以前由车工、矿工和印刷工人组成的政党日益成为由教师、管理职员、社会工作者和平等问题专员组成的'新中间'的政党。"同时，弗兰茨·瓦尔特对未能"通过教育来摆脱他们的社会处境"的"落在后面的其余的工人阶级"与社会民主党的联系越来越疏远进而失去政治家园的现象表示了关注，并警告社会民主党不可忽视这一部分工人阶级的利益，否则社会民主党在 21 世纪必然会走向失败。他说："从那时起，落在后面的其余的工人阶级在政治上和文化上依然是孤单的……作为共同主题的其余的无产阶级和次无产阶级崩溃了。无组织的下层阶级和'新中间'的社会民主党之间的联系断裂了。其余的工人阶级失去了政治的家园，德意志联邦共和国没有哪一个其他社会阶层像它们那样易变，最终在选举弃权、投票给基民盟和支持新的'左翼党'之间逡巡；反之，社会民主党则和自己从前的主体脱离了，放弃了这些人或者任其留在党内。被抛弃的主体因而宣布放弃对党的忠诚。在这个过程中，社会民主党自 21 世纪以来在一次次州议会选举中失败。"弗兰茨·瓦尔特在总结失败的原因时说："如果论述社会民主党的话，那么就等于是概括了一部失败的历史。流失的不仅仅是党员群众和有战斗力的干部群体……从前人们接受社会民主党的光环，是因为它的党员、干部和议员本身就来自较低的阶级，在政治上不属于具有社会影响的阶层。然而，这种状况也彻底改变了；这恰恰标志着社会民主党历史上决定性的转折。至少在其干部和议员的圈子里，社会民主党是成功晋升者的政党……它和失败者的新体验，和社会最低三分之一阶层在多次断裂的共同生活历史中由于教育失败而遭受的耻辱毫不相干。这两个世界彼此之间是完全陌生的。"① 从弗兰茨·瓦尔特的分析可以看出，当代社会民主党的理论家依然继承至少可以说部分继承了老社会民主党人的传统，对社会民主党为了迎合"新中间阶层"而疏远传统产业工人做法所带来的后果持批判态度。弗兰茨·瓦尔特提醒到，随着社会的发展，社会民主党的后备力量大部分来自受过良好教育并具有一定社会地位的中间阶层。这些人没有生活在社会底层的经历，对资本主义社会缺乏反抗精神。如果不对这些后备力量进行传统观念的教育，社会民主党将由"反对现实"的政党演变成"认同现实"的政党。久而久之，社会民主党将失去存在的基本价值。他说："目前跟随社会民主党的、联邦议会里的后备力量通常已经是第二代或者第三代受过大学教育的人。他们缺乏被歧视和受屈辱的体验，因而也就缺乏通过批评令人烦恼的社会状况而独具特色的基本渴望。新的一代不再像历史上的社会主义者那样，几十年都在考虑'反对现实'，而是被他们教条地看作'别无选择'的基本现实的极端热心的辩护者。他们组成的新社会民主党日益成为特氟隆政党——具有平滑的表面，但其实什么东西在它上面都待不住。""现在，社会民主党的核心群体不再站在与资产阶级社会敌对的反对派立场上了。"在此基础上，弗兰茨·瓦尔特尖锐地批评道："在这个意义上说，德国社会民主党当然也不再是左翼的，甚至不再是社会主义的运动。社会主义曾是我行我素者和受亏待者的意识形态。其中包括很多具有伟大才能和天赋的人，包括雄心勃勃的力量，这种力量催人向上，并向资产阶级表明将

① 《德国社会民主党转型后面临的挑战》，《国外理论动态》2007 年第 11 期，第 53 页。

竭尽全力清除其生活道路上的障碍和封锁，必要的时候还将粉碎它；其中蕴涵着社会主义解放运动的基本力量；它同时也是社会民主主义之火的燃料。"① 从弗兰茨·瓦尔特的分析可以看出，在当代社会民主党人中，有一部分理论家还是坚持了早期从传统工人运动中继承下来的观念，对当代社会民主党的理论变革和政策运行进行着监督、干预和影响。这也证明社会民主党在进行大刀阔斧改革的同时，始终关注着维持自身传统价值的重要意义。

随着科技革命的发展，要使世界各国多元化和对多层次化的工人阶级联合起来，社会民主党能敏锐地观察到资本主义社会经济结构和阶级结构的变化，并根据工人阶级出现知识化、脑力化、白领化和多层次化的现象，积极地、多次地进行自我调整，提出新的举措和政策以巩固和扩大阶级基础和群众基础，推进民主社会主义的事业。虽然在探索的过程中，社会民主党人会遇到各种困难和失败，会受到右的思潮的影响，但是社会民主党人一直高举着改革的大旗进行党的组织建设，这种勇气是可嘉的。从这个意义上来说，不能简单地用一句"社会民主党政策的右倾化"来否定和掩盖社会民主党在资本主义社会逐步推进资本主义社会进步的努力。

（三）社会民主党是国际政坛上维护和平的重要力量

维护和平始终是社会民主党人国际政策的主要口号。在 1951 年的《法兰克福宣言》中，社会党国际曾提出："民主社会主义者认为维护世界和平是我们当前时代的最高任务……社会民主党认为建立一个和平与自由的世界而努力。"② 1962 年的《奥斯陆宣言》又强调"社会民主党人寻求的只是持久和平"③。从冷战的高潮时期到冷战后全球化的高潮时期；从追随美国、支持北约军备建设的过去到批判美国、主张建立"全球治理"体系的现在，社会民主党人的国际政策发生了很大的变化。但社会民主党人国际政策的变化，都是在维护世界和平的口号下进行的。因为社会民主党对怎样维护世界和平问题的认识经历了一个发展

---

① 《德国社会民主党转型后面临的挑战》，《国外理论动态》2007 年第 11 期，第 55 页。

② 社会党国际文件集编辑组：《社会党国际文件集》，黑龙江人民出版社 1989 年版，第 9 页。

③ 同上书，第 146 页。

过程，所以社会民主党的维护和平的具体政策也经历了一个变化的过程。

在冷战初期，社会民主党人将苏联和社会主义阵营看作是战争的根源，认为要维护世界和平，就必须同这些国家进行对抗和斗争，所以，社会民主党人在国际政策上支持美国和北约进行军备建设，遏制共产党国家的"侵略性"。冷战后期，社会民主党人认识到，美苏两个超级大国的霸权主义和扩军备战是对世界和平的威胁，因此，此时的社会民主党认为东西方两大集团的缓和与裁军是维护世界和平的唯一途径。所以，社会民主党人率先突破东西方隔绝的"铁幕"，推行缓和政策。并通过与共产党和社会主义制度的国家缓和与合作，遏制了美苏两个超级大国的军备竞赛和扩张势头。为世界和平做出了不可磨灭的贡献。

冷战后，社会民主党人认为，美国主导的经济全球化和美国的单边主义是世界和平的威胁，所以主张对经济全球化进行治理，对美国的单边主义进行了越来越强烈的批判。社会党国际和社会民主党高举和平的旗帜，致力于对"全球治理"理念的探索。面对美国的单边主义对世界和平的威胁，社会党国际二十二大突出强调了维护和平与平等、公正的价值观念，倡导公正、负责的全球治理，对美国主导的"全球化"及其一意孤行的"单边主义"进行了猛烈的抨击。社会党国际在和平问题上的立场转变，使得社会民主党的国际政策越来越具有进步性。从社会民主党的国际政策的演变可以看出，社会民主党维护和平的国际政策呈现出现实性和进步性不断加强的总趋势，它们在维护和平问题上的作用也越来越积极。当今，社会民主党日益放弃了对社会主义国家和第三世界国家的偏见，转而采取了比较客观的立场来研究和认识和平问题，提出了许多合乎世界潮流的政治主张。社会民主党在国际上越来越多地关注第三世界国家的发展要求，关注世界人民的共同利益，努力将国际政治引向民主化。社会民主党在国际政坛上确实为自己建立起了"世界范围内的和平政党"的地位和形象。

对于中国共产党来说，维护世界和平并为国内社会主义建设争取一个持久的和平环境作为党的外交根本目标。中国共产党在维护世界和平问题上提出的很多具体的政策和主张，得到了许多国际力量尤其是社会民主党人的认可和支持。如在裁军的问题上、在反对任何国家以任何借口占领别国领土干涉别国内政的问题上、在主张建立公正合理的国际政治经济新秩序的问题上，中国共产党和社会民主党有着许多共同的观点和利益，并已经在许多国际场合进行了团结合作。在今后的国际政坛上，为了对抗美国的单边主义，为了遏制全球化的负面影响、为了维护第三世界国家的利益，社会民主党和共产党在许多方面还应该进一步加强交流与合作。

总之，在当代政党政治的图谱中，社会民主党相对于新自由主义政党来说，它是左翼；相对于共产党来说，它是右翼。"左翼的右翼、右翼的左翼"，是对当代社会民主党的准确定位。

四　客观分析社会民主党的政党文化是认识社会民主党的科学方法

政党文化是由政党意识形态及其宣扬的价值观念，以及政党成员共同的政治取向和由此决定的政党形象等内容所构成的政党的精神结构。政党文化是政党的灵魂，它是一套协调政党行动的价值、准则和信仰。① 社会民主党是一类数量较大的政党，各个政党又由于其具体的国家背景不同而有很大区别。尽管如此，对它进行一个总体的政党文化分析还是可能的。因为无论各社会民主党之间有多大差距，它们都具有共同的文化基因。德国社会民主党著名的理论家托玛斯·迈尔认为，大多数社会党都具有确立其身份特征的六个共同维度。这六个维度包括社会经济维度、生态维度、参与性民主维度、文化和人权维度、超越民族国家的维度、平等和自由的维度。② 他指出："在大多数欧洲国家当前的政治舞台上，社会民主党……的政治面貌和独特性，都取决于它们是否能做到在六个内部互相联系的维度上象征性地鲜明突出自己的政治面貌并且为这些维度拟定具体的、可以付诸实施的行动纲领。"③ 他认为，这些维度已在一些社会民主党，特别是在 80 年代末 90 年代初奥地利、

---

① 赵理富：《政党的灵魂：中国共产党政党文化研究》，武汉大学出版社 2008 年版，第43—44 页。

② 参见［德］托玛斯·迈尔《社会民主主义的转型——走向 21 世纪的社会民主党》，北京大学出版社 2001 年版，第 157—158 页。

③ ［德］托玛斯·迈尔：《社会民主主义的转型——走向 21 世纪的社会民主党》，北京大学出版社 2001 年版，第 157 页。

芬兰、荷兰、法国和德国的社会民主党的新纲领和 1989 年斯德哥尔摩社会党国际原则声明中得到了体现。这表明，各国社会民主党由于认同一些共同的原则，必将表现出一些共同的文化特性，一些共同的政党文化内容。

（一）从政党文化的基本结构全面界定社会民主党

政党自成立起，就形成了自己的文化系统。这个系统即政党文化的结构。这个文化系统随着政党自身的发展而发展，随着政党与外界环境之间的矛盾运动而不断完善。政党文化的结构要解决的是特定政党文化是如何构成的。① 社会民主党政党文化主要由政党意识形态、政党政治价值、政党政治心理及政党形象几个部分组成。

政党意识形态。社会民主党的意识形态是民主社会主义思想。从根本上说，民主社会主义是企求在资产阶级民主共和国的框架内通过利用和改善议会制民主和政党政治，对资本主义制度实现逐步改良或"纠正"的改良主义思想体系。② 德国社会民主党基本纲领概括了民主社会主义的基本要求："我们的历史深受民主社会主义思想，也就是一个自由而平等的社会的思想的影响，我们的基本价值在这个社会中得以实现。这一社会要求这样一种经济、国家和社会的制度：在其中，所有人的公民的、政治的、社会的和经济的基本权利都得到保障，所有的人都能够过上一种没有剥削、压迫和暴力的生活，即处于社会的保障和人的保障中的生活。"③ 民主社会主义思想继承了近代西方自由主义和社会主义的传统，并力图把两者结合起来。它强调不仅要争取和扩大传统自由民主主义在政治上的成果，而且要解决资本主义发展带来的一系列社会问题，如剥削、贫困、失业等。它对自由放任的资本主义和垄断资本主义持批判态度，主张用社会主义的原则改造传统的资本主义社会。但是与科学社会主义不同的是，它反对利用暴力革命来变革社会。④ 社会

① 赵理富：《政党的灵魂：中国共产党政党文化研究》，武汉大学出版社 2008 年版，第 74 页。

② 殷叙彝、张世鹏、王学东、陈林：《热话题冷思考——当代世界与社会主义前沿问题对话》，河南人民出版社 2002 年版，第 214 页。

③ 张文红：《德国社会民主党基本纲领（汉堡纲领）》，《当代世界社会主义问题》2007 年第 4 期，第 5 页。

④ 《中国大百科全书·政治学卷》，中国大百科全书出版社 1998 年版，第 322 页。

民主党的意识形态具有这样几个特点：一是理论基础多元化。民主社会主义政党没有一个确定的理论基础和统一的指导思想，它们从各种思想中汲取对自己有用的东西。它是在自由主义和马克思主义交互影响下形成和发展起来的，其思想立场总是摇摆于自由主义和马克思主义之间。除了自由主义和马克思主义，民主社会主义的来源还包括宗教教义等因素。1989 年德国社会民主党的《柏林纲领》指出："欧洲社会的民主社会主义思想渊源来自于基督教、人道主义哲学、启蒙主义思想、马克思的历史和社会学说以及工人运动的经验。"[①] 二是社会改良主义。社会民主党普遍主张局部地渐进地改造资本主义社会，反对进行全面、彻底的根本改造。它们主张把对资本主义的改造限制在现存国家的政治、法律制度所允许的范围之内。此外，社会民主党的改良主义还表现为阶级调和主义和阶级合作主义，它在社会改造中实行的是阶级妥协和阶级合作的政策。三是崇拜当下的资本主义国家。它们把资本主义的自由民主制度看成是理想的国家制度，希望利用现有的国家政权实现社会主义。[②] 多元、改良和维护资本主义宪政制度，是社会民主党意识形态的三个重要维度。

政党政治价值。政治价值体系是政党文化的深层观念性结构。政党政治价值确立了政党存在的意义、方向和目标，提供了政党组织和成员行为评价的标准，规定了政党组织安排的基本原则。自由、公正、团结互助是民主社会主义的基本价值。德国社会民主党 1959 年的《哥德斯堡基本原则纲领》中提出："自由、公正和团结互助，即从共同紧密联系中产生的相互义务，这些都是民主社会主义意愿的基本价值。"[③] 德国社会民主党在其最近的汉堡纲领中强调："自从平等自由的目标在现代转变成为公正的概念之后，自由、公正和互助在过去和现在都是自由的、民主的社会主义的基本价值。它们始终是我们评价政治现实的标准，是衡量更美好的社会制度的尺度，是社会民主党人行动的指南。"[④] 这三个基本价值是从法国大革命的"自由、平等、博爱"发展而来的，

① 张世鹏编：《德国社会民主党纲领汇编》，北京大学出版社 2005 年版，第 93 页。
② 徐大同主编：《现代西方政治思想》，人民出版社 2003 年版，第 46—47 页。
③ 张世鹏编：《德国社会民主党纲领汇编》，北京大学出版社 2005 年版，第 70 页。
④ 张文红：《德国社会民主党基本纲领（汉堡纲领）》，《当代世界社会主义问题》2007年第 4 期。

正如法国社会党在它向社会党国际 1999 年巴黎代表大会提交的文件《走向一个更加公正的世界》中所说，把各国社会党团结在一起的"首先是我们共同的价值观。法国大革命的三个原则'自由、平等、博爱'迄今仍是我们保证遵守的基础"①。虽然自由、公正等价值在字面上与自由主义政党和保守党的政治价值看起来没有什么区别，但事实上，社会民主党对这些价值有着不同的认识。正是这些不同的认识，构成了社会民主党政党文化的内在特质。自由主义把"平等地进入自由市场的条件，也就是机会平等"作为"实现公正的足够的条件"，而社会民主党却认为，以不是由于自己过失造成的成就差别为衡量标准是"不合法的"。只有当人们力图减少"没有道理的社会不平等"时，平等原则才能在相应的程度上实现。至于自由，社会民主党人认为，20 世纪的经验证明，自由必须包含享受那些使自由行动成为可能的社会物品的权利，而教育机会、收入保障、健康保护、社会分享是这些社会公共物品中最重要的。②

政党政治心理。政党政治心理是指政党成员对政治生活某一特定方面的认知、情感、态度、情绪、兴趣、愿望和信念等等。它是政党成员在政治活动和组织活动中表现出来的精神状态和道德风貌。是党内普遍存在的一种大众心态。③ 社会民主党的政党政治心理，主要表现在对理性力量的信心和较强的政党认同。首先，社会民主党人具有理性主义精神。这些政党普遍相信，可以通过社会改革达到一个更为理想的人类社会。社会改革工程是可以可靠地预测、大规模地事先计划，并通过连续的步骤来实施的。德国社会民主党著名的理论家托玛斯·迈尔在对左派和右派的对比中，描述了社会民主党的政治心理。他指出，左派的政治心态"以相信人们具有恰如其分地理解和评价社会的生活关系的理性能力为基础，也相信人们有能力通过彼此间合乎理性的谅解而设计可以大大改善社会的生活关系的替代方案"。"左派对人类抱有这种看法，认为他们实行自决的权利和能力是不可转让的。""凡是在人们关心社会

---

① 殷叙彝：《德国社会民主党新纲领制定过程中关于基本价值的讨论》，《国际政治研究》2007 年第 2 期，第 4 页。

② 同上书，第 5 页。

③ 赵理富：《政党的灵魂：中国共产党政党文化研究》，武汉大学出版社 2008 年版，第 77 页。

地位的改变而一切总是与此相联系的风险表现得很突出的地方，在存在强烈的自我信任以及自我负责意愿的地方，左派的政治心态就容易得到理解，或者说能够引起反响。"① 这些被托玛斯·迈尔称为政治心态的东西，是对社会民主党崇尚理性的心理的恰当表述。社会民主党人政党心理的另一个重要特征，是它的较强的政党认同。政党认同"被公认为是一种社会心理依恋，它可以定义为'一种心理认同，即对于某一政党或其他政党的依恋之情'"②。一般而言，左翼政党的政党认同要高于右翼政党。一个有意思的例子是，法国社会党 1950 年决定采用比例党费制。目的是照顾低收入的贫困党员。但是比例党费制引起了争论。而且对此项制度的抗拒主要来自最贫穷的党员，尽管这项制度恰恰是为了维护他们的利益。贫穷党员认为让他们少交党费使他们"变得好像是打了折扣的社会主义者"。在党费问题上的这种态度，反映了法国社会党的党员对党和党的思想的忠诚。党费代表一种入党与参与的心理因素，它既是忠心的象征，同时也是忠心的来源。按期交付党费和缴纳昂贵的党费包含一种牺牲意义，它显示了党与党员之间联系的强固。③ 同时，社会民主党的集中性和纪律性也强化了党员对党的忠诚。

政党形象。社会民主党的形象，主要表现为左翼政党形象和变革政党的形象。说起社会民主党，人们都会想象到在政治光谱中，它的左翼变革者的形象。这一点，从社会民主党的政党标识中都可以看到。政党标识主要指政党所具有的一些外显符号因素。比如党的名字、党旗、党徽以及党的音乐等。政党的名字、党旗党徽、政党的色彩和政党乐曲等都会间接反映政党意识形态、价值、情感以及态度等重要文化内容。人们有时会在听到某一个名字、看到一个色彩或听到一首乐曲而自然地联想到某类政党。大多数社会民主党的党旗和党徽都是粉红色的，许多社会民主党集会时唱国际歌。红玫瑰成为全球社会民主党人的标志。社会党国际和法国社会党都以"拳头和玫瑰"为标记。对于社会民主党来

---

① ［德］托玛斯·迈尔：《社会民主主义的转型——走向 21 世纪的社会民主党》，殷叙彝译，北京大学出版社 2001 年版，第 176—178 页 。

② ［英］戴维·米勒、韦农·波格丹诺编：《布莱克维尔政治学百科全书》，邓正来译，中国政法大学出版社 2002 年版，第 566 页。

③ ［法］莫里斯·迪维尔热：《政党概论》，雷竞璇译，香港青文文化事业有限公司 1991 年版，第 70 页。

说，唯一不变的是它们永远在变。这一点奠定了它变革政党的形象。第二次世界大战以后，欧洲社会民主党就实现了阶级政党向人民党（或大众党）的转变。在 20 世纪末，社会民主党人又倡导第三条道路。欧洲社会党的变革，不是另起炉灶，而是在"基本价值观保持不变"的前提下进行的。这是世纪之交社会党改革浪潮的一个基本特征。像社会民主主义、多党制等，都是社会党一再声明要加以坚持的。德国社会民主党强调，"自由"、"公正"、"互助"仍然是党的三项基本价值。法国社会党明确表示，要继续对资本主义持批判态度，反对新自由主义，捍卫社会民主主义的价值观。该党还提出了"现代社会主义"理论，以表示和英国工党的"第三条道路"相区别。泛希腊社会主义运动的领导人反复强调，党的性质从建党到现在都没有变，将来也不会变，这是必须坚持的原则。① 可见，社会民主党的变革，是在基本价值稳定之上的一般价值的流变。正是基本价值的稳定性确保了社会民主党的"身份特征"，保证了政党文化的稳定性。

（二）从政党文化的发展把握社会民主党的历史流变

变革党是社会民主党的主要形象，发展则是它的政党文化的主要特征。"社会民主党人是随时随地改变自己的'主义'的。"② 深入考察社会民主党政党文化发展的背景及动因，可以发现在它的政党文化发展的背后有一种规律或者说机制在发生作用。这个机制，一是压力与回应，二是冲突与整合。

首先是在回应社会变迁的压力中创新。

第二次世界大战以后，特别是上世纪末本世纪初，社会民主党加速了改革的步伐。而这种改革的核心内容是它的政党文化的创新。就政党文化的视角来看，社会党的变革就是对社会生态环境变迁所带来挑战的一种回应。著名历史学家阿诺德·汤因比认为，人类文明的创造和生成，是人类对于特别的挑战进行应战的结果，挑战是人类所处的某种逆境。事实上，包括政党在内的所有组织，其文化的创新也都是对所处环

---

① 王长江：《时代的声音》，青岛出版社 2002 年版，第 356 页。

② 殷叙彝、张世鹏、王学东、陈林：《关于转型中的社会民主主义的对话》，《热话题冷思考——当代世界与社会主义前沿问题对话》，河南人民出版社 2002 年版，第 203 页。

境挑战进行应战的成果。环境主义理论认为，政党嬗变的主要根源来自于外部环境的影响。卡茨和梅尔认为，导致政党组织发生嬗变的根本原因是政党所处环境的变化。究其原因，一是政党无法控制或操纵其所在环境的变化，因而政党不得不调整自身以适应环境的变迁，否则政党组织本身难以生存；二是政党领袖面对环境的变化，只可能有三种作为，或者改变党的组织，或者改变党的意识形态和立场，或者他们被另一些更愿意变革的领袖所取代。① 政党所处环境的改变不仅是影响政党组织的嬗变的根本原因，而且也是导致政党文化嬗变和转型的根本原因。政党作为整个社会生态系统中的一个子系统，它只有在环境中吸取文化资源，来充实和创新自己的文化内容，才能在进步中获得持续发展和生存的能力。对社会生态环境变迁的回应，是政党文化创新的不竭动力。

一些学者注意到了社会生态环境变化对政党文化的影响。他们认为，在过去半个多世纪里，社会结构的变化导致了价值取向及相关问题的变化；此间社会结构的变化有：大众传播的兴起，现代技术的推广，劳动力市场的重组，最后是一般公民达到前所未有的富裕水平和安全水平。在这种背景下，从传统价值向现代价值的转变发生了；与此同时，传统的"黄油面包"问题失去了显要位置，让位于新政治问题。② 事实上，正是社会结构的变化和全球化等对社会民主党带来了空前的挑战，在对这种挑战的应战中，促成了社会民主党政党文化的创新。

科技革命的发展加速了西方工业国家社会生态环境的变化。由于产业结构的调整，蓝领工人的总人数迅速减少，中产阶级的人数迅速上升，在社会阶级结构中，中间阶层占有越来越高的比重。这导致工业化初期以来的传统的阶级对立的社会界限开始淡化，阶级间分化的集体认同开始弱化。在多党或两党制的政治制度背景下，政党面对这种阶级结构的变化，若要在选举政治中获得生存，就不得不使自己的意识形态和政策取向尽可能地代表居于大多数的中间阶层。这是社会民主党自上世纪五六十年代以来淡化其意识形态色彩，转而向全民党方向发展的重要原因。英国工党、法国社会党、德国社会民主党都高举"第三条道路"

---

① 李路曲：《当代东亚政党政治的发展》，学林出版社 2005 年版，第 60 页。

② ［美］特里·N. 克拉克、文森特·霍夫曼－马丁诺：《新政治文化》，甘荣坤译，社会科学文献出版社 2006 年版，第 293 页。

的旗帜，恰是其意识形态中间化的公开表达。为了应对中产阶级的崛起，社会民主党纷纷放弃了公有制的主张，到 1995 年，坚持公有制理想的英国工党也修改了其公有制条款，即党章第四条。在新的第四条中，工党充分肯定了市场和私营企业在经济发展中的作用。

大众传媒的发展也是科技革命的一个重要影响。媒体的发展为政党领袖直接与党员和基层群众的互动提供了便宜利，政党对严密的选区组织的依赖大大降低。发达的、多元而便捷的新媒体如网络的出现使人们获取信息的速度大大提高，参与政治的渠道更加直接。"1997 年英国工党的选举胜利和 90 年代上半期德国社会民主党的困境这两个例子形成鲜明对比，其中似乎含有向受媒体决定的民主制度下社会民主党发出转变任务的信息。这一信息似乎归结为一个成功模式：归根到底只有通过把具有非凡魅力的媒体波拿巴和转变成设计师社会主义的纲领信息结合起来，才能在当前的传媒社会中有希望取得选举胜利。"① 媒体的发展导致了社会民主党的"传媒党"化。传媒的发展也为社会民主党的政党文化建设带来契机，它们纷纷利用网络和其他媒体改变自己的形象，提供党员参与的平台，加强党组织与选民的交流和互动，使党的价值观更加社会化，党的形象更加开放。

经济全球化浪潮是欧洲社会民主党产生危机和变革紧迫感的最根本原因。经济全球化给社会民主党带来的负面影响主要表现在：在国际竞争的压力下，为了向本国吸引资本，政府可能不得不为投资者提供税收优惠，对税率的压低将不断加重国家的财政负担。即使是社会民主党执政，也很难兑现其福利国家的政策。反过来，高税率又必然导致资本的外逃，导致经济增长率和就业率下滑，从而增加福利改革的负担。这给社会民主党提出了新课题。这些问题包括在全球化条件下，是不是意味着要放弃为维护劳动者利益已经形成的成果？承认国际社会的标准，是否会导致社会公正的降低？加入经济全球化和欧洲一体化进程，是否在向自由资本主义让步？这些问题，对于社会民主党长期标榜的自由、平等、公正、互助等价值和实现手段都形成了冲击和挑战。② 面对这种情

① ［德］托玛斯·迈尔：《社会民主主义的转型——走向 21 世纪的社会民主党》，殷叙彝译，北京大学出版社 2001 年版，第 166 页。
② 王长江：《世界政党比较概论》，中共中央党校出版社 2003 年版，第 136—137 页。

况，社会民主党不得不对挑战做出应对，思考与社会生态环境变化相适应的变革对策。英国工党前领袖布莱尔就表示：我们必须"为新的不断变化的世界制定一种新的基本政治纲领"。"在经济方面，政府的作用是代表国家利益，在基础设施和人力技术上创造竞争力，以吸引能为工人带来工资、为投资者产生利润的资本。"① 在经济全球化背景下，对于打算执政的社会民主党来说，实行一种彻底摆脱传统左派的平等主义和对社会福利国家恋恋不舍情绪的、不带任何幻想的供方政策成为当务之急。②

其次是在调和冲突中整合新的思想理念。

政党是阶级冲突的产物，社会民主党是在 19 世纪工人运动中成长起来的政党。早期在与传统资产阶级政党的斗争中，社会民主党既坚守了一些马克思主义的传统，使之具有左翼政党的文化特色，但同时，它也把资产阶级的自由主义理念整合到自己的政党文化之中。社会民主党毫无保留地坚持由启蒙运动表述并从哲学上提供论证的自由、平等、博爱这些现代自由主义的基本价值。在坚持这些价值的同时，它也注意克服自由主义者的纲领和实践中一切为了满足资产阶级的财产利益要求而与这些价值尺度相违背的东西。③ 社会民主党是善于调和冲突，并把他们认为正确的对手的观念吸收到自己的文化中的政党。

在党际的冲突中，社会民主党不断地从右翼政党那里获得思想资源，将之整合吸收，在自己的政党文化系统中形成新的内容和新的特点。这与社会民主党身处的两党或多党竞争的政治制度环境有很大的相关性。在两极化的竞争性政党制度中，为了在选举中获胜，左、右政党都会从对方的纲领中吸收一些文化要素，整合到自己的政党文化系统之中。安东尼·唐斯提出的中间选民定理是对这一现象的理论概括。这一定理认为，两党制内部的竞争将使其中一方在意识形态上逐渐向其对手靠拢。在两党制中，政党表述施政纲领要吸引位于中心位置的选民，它

① 王长江：《世界政党比较概论》，中共中央党校出版社 2003 年版，第 137 页。
② ［德］托玛斯·迈尔：《社会民主主义的转型——走向 21 世纪的社会民主党》，殷叙彝译，北京大学出版社 2001 年版，第 175 页。
③ 同上书，第 8 页。

们认为在选举中处于中间标度可以同时吸引左右两边的选民。① 选举和生存的压力迫使社会民主党不得不遵循中间选民定理，从而使自己的意识形态不断地中间化。所以美国哥伦比亚大学的罗伯特·蒙德尔说，欧洲中左派政府的职能是遵循中右派的经济政策，因为它们没有任何采用另一种政策的余地。② 国内也有学者指出：为了能继续生存和发展，社会民主党只能选择修正自己的纲领和政策，彻底抛弃工人阶级政党的传统形象，向广大的新中间阶级，甚至向资产阶级全面开放。③ 当然，中左派的社会民主党不可能完全照搬右派的政策，也不可能在政治定位上与右派完全趋同，但是为了获得中间阶层的支持，吸收更多的右派纲领中的理念和思想却是事实。

社会民主党不仅在与老对手——右派政党的斗争中获得思想资源，而且也在与左翼阵营的其他政党的冲突中获得文化养料。社会民主党把同为左翼的生态主义观念纳入自己的观念系统就是明证。随着上世纪80年代生绿色生态主义政党的兴起，对社会民主党面临来自左翼的争夺选民的压力。这迫使一些社会民主党重新思考自己的进步观，且承认生态问题与经济发展具有同等重要的地位，制定了使生态利益与经济利益在内部互相协调的纲领和行动设想。④

通过对社会民主党政党文化的结构和发展两个维度的分析，可以得出几点带规律性的认识。

一是全面总结社会民主党的政党文化是准确认识这类政党的科学途径之一。政党文化不仅确立了政党的"身份特征"，也是政党彰显形象、制定政策、规范行为的内在依据。从社会民主党本身具有的政党文化出发，可以合理地解释这类政党与其他政党之间在结构、功能、政治行为以及政策取向上的差异。理解了政党文化及其发展机理，就能理解它的生成和发展的理由。正确认识社会民主党，乃至准确认识政党兴衰成败的规律，政党文化研究不失为一个有效的视角和可靠的路径。

---

① ［挪威］斯坦因·U. 拉尔森：《政治学理论与方法》，任晓译，上海世纪出版集团2006年版，第204页。

② 殷叙彝、张世鹏、王学东、陈林：《关于转型中的社会民主主义的对话》，《热话题冷思考——当代世界与社会主义前沿问题对话》，河南人民出版社2002年版，第203页。

③ 同上书，第208页。

④ ［德］托玛斯·迈尔：《社会民主主义的转型——走向21世纪的社会民主党》，殷叙彝译，北京大学出版社2001年版，第31页。

　　二是必须把社会民主党政党文化放到其产生和发展的社会生态环境中去认识。社会民主党诞生在 19 世纪后半期的欧洲。这时现代资本主义的国家制度已经在这些国家确立，启蒙运动后在欧洲广泛传播的自由主义理念的社会化程度已经很高，同时这一时期也是工人运动风起云涌、马克思主义深入人心的时代。所有这些都构成了社会民主党生成的社会环境。自由主义的文化基因和马克思主义的血脉都对社会民主党的文化生成产生了不可估量的影响。竞争性的政党制度，以及 20 世纪的科技革命和经济全球化的发展，逼使社会民主党以变求存，不断革新。

　　三是不断变革是社会民主党生存和发展的重要途径。政党要生存，就必须不断创新，顺势而变。在社会民主党的发展历程中，危机总是不断出现，但变革和创新总能使社会民主党化危为机。

　　正确认识和评价社会民主党的理论性质和实践功绩，是中国共产党借鉴社会民主党的治国治党的经验教训、积极发展与社民党关系的首要问题。通过以上的分析，可以看出，对社会民主党进行确切而公允的评价是一个复杂的问题，必须从多方面去分析把握。相对于共产党来说，社会民主党放弃了对资本主义进行制度替代的目标并在实践中反对采取革命的手段，因此，它是改良主义的、保守的，是左翼中的右翼；相对于右翼资产阶级政党来说，社会民主党主张对资本主义进行改良，代表了资本主义社会工人阶级及广大中下层劳动者的利益，因此，它是激进的、进步的，是右翼中的左翼。只有将这个问题弄清楚，才能全面而准确地认识当代世界的社会民主党，正确把握"超越意思形态的差异谋求相互了解与合作"的基本原则。

五　科学借鉴社会民主党的治党治国经验

　　新中国成立 50 多年来，中国共产党团结和带领全国各族人民，战胜了各种风险和挑战，把曾经四分五裂、贫穷落后的旧中国建设成为人民生活总体上达到小康水平、正蓬勃发展的新中国，取得了举世瞩目的成就。进入新世纪，中国共产党要带领全国各族人民全面建设小康社会、实现继续推进现代化建设，完成祖国统一，维护世界和平与促进共同发展这三大历史任务，必须大力加强党的执政能力建设。加强党的执政能力建设的主要内容是：按照推动社会主义物质文明、政治文明、精神文明、生态文明协调发展的要求，不断提高驾驭社会主义市场经济的能力、发展社会主义民主政治的能力、建设社会主义先进文化的能力、应对国际局势和处理国际事务的能力。①

　　为了加强党的执政能力建设，中国共产党提出，必须始终坚持以马克思列宁主义、毛泽东思想和中国特色社会主义理论体系，立足于中国共产党执政 50 多年来的主要经验。同时，面对当今世界日益开放的趋势，用"宽广的眼界观察世界"的要求。也就是说，中国共产党不但要立足于自己 50 多年的执政经验，而且要大力吸收和借鉴世界各类政党先进的治党治国经验。世界各类政党在实践中积累了丰富的治党治国经验，形成了成体系的政党活动理论。在这些理论中，有既不姓"资"又不姓"无"的内容。这些内容属于世界政治文明的部分，是中国共产党可以借鉴和利用的。虽然共产党与社会民主党在意识形态和最终的奋斗目标上有着根本性的区别，但是，历经多年的社会民主党，在它们所在的国家始终有着广泛而深厚的群众基础，在世界政坛的影响也越来越大，这其中必然有值得共产党包括中国共产党深思和借鉴之处。过去，共产党对社会民主党的理论创新、政策更新和组织革新，一概冠以"修正主义"的帽子，简单地加以反对。现在，必须纠正以前对待社会民主党的形而上学的态度，认真学习和借鉴社会民主党顺乎时变的理论勇气和实践精神。在社会民主党治党治国的经验中，值得中国共产党借鉴的主要集中在以下几个方面。

（一）观念方面的借鉴

　　从政党政治的角度来说，政党意识形态的阶级性及意识形态斗争的基本表现形式是意识形态批判。意识形态批判是人类社会的普遍现象，尤其在风雷激荡、新旧交替的社会大变革时期，意识形态批判更是非常激烈尖锐。而历史上进步的意识形态对落后腐朽的意识形态的批判，曾经谱写了人类文明史上光辉灿烂的篇章，成为推进人类文明发展的动力之一。作为人类最先进的意识形态体系，马克思主义更是具有批判性。而马克思主义的批判精神之所以具有恒久强大的生命力，在于马克思主

---

① 《中共中央关于加强党的执政能力建设的决定》，人民出版社 2004 年版，第 8 页。

义的批判不是一般意义的批判，而是一种辩证的批判，即在否定中有肯定，在批判中有包容，在变革中有继承。一部马克思主义的发展史，就是一部不断批判地继承和吸收人类其他优秀思想文化成果的历史。考察人类文明的发展史可以看出，政党的意识形态愈是具有包容性和整合力，它就愈是丰富博大，历久弥新；政党意识形态愈是缺乏包容性和整合力，它就愈是苍白贫乏，衰朽无力以至渐行消亡。意识形态褊狭、僵硬的政党，往往很难适应执政党的角色，而且也很难做到与时俱进。从政党的具体政策主张来说，政党的政策主张与政党的意识形态既相联系又相区别。政党的政策主张，虽然是政党的意识形态的体现，但同时也是政党对具体事物的看法和反应。意识形态虽然对政党的具体决策起最终的决定作用，但是，由于竞争环境的变化，由于党的追随者和党员短期利益、愿望、要求的变化，政党的政策必须做出适时的反应，以增强党的阶级基础并扩大党的群众基础。这也要求政党的意识形态必须有足够的包容力和弹性，使政党随着实际的变化发展，适时做出变革和创新，以及足够的自由度和灵活性。

　　社会民主党在这方面具有丰富的经验。社会民主党以实用主义和善于变革的形象存于世界政坛。但是，无论社会民主党怎样高举改革的旗帜，其基本价值观念却始终没有改变。"自由、互助、公正"的基本价值观，是社会民主党进行改革的基本前提。法国社会党在向社会党国际二十大所交的提案《走向一个更加公正的世界》中重申，这三个原则"迄今仍旧是我们保证遵守的基础"，把各国社会民主党人团结在一起的"首先是我们共同的价值观"。法国社会党2001年制定的新党章把这些传统价值具体表述为："自由、男人和女人的平等与尊严、福利、责任和团结一致。"① 法国社会党明确提出，要继续坚持对资本主义社会持批判态度，反对新自由主义，捍卫社会民主主义的价值观。意大利左翼学者诺贝托·博比奥在论述当前政治光谱的中左中右派对立时认为，是否主张平等是左右分野的主要标志。②实际上，欧洲各国社会民主党都是通过强调社会平等或公正来显示自己作为中左政党的身份特征

---

　　① 殷叙彝：《法国社会党对社会民主主义理论革新的贡献》，《当代世界与社会主义》2002年第3期，第18页。

　　② 同上。

的。社会民主党通过对更高的抽象层次的基本价值观的坚持，使其意识
形态相对来说，具有了一定的弹性。这为社会民主党不断兼收并蓄，各
取所长，顺势变革提供了足够的理论空间。社会民主党人往往根据时代
和政局发展的需要，不断将新的政策纳入政党原有的意识形态轨道。他
们根据时代的发展，对基本价值观进行新的阐释。在具体政策方面，社
会民主党更注重于进行务实性的政策调整和改革。如法国社会党对"改
革"的解释是：要以新的方法为传统的价值观服务。德国社会民主党价
值委员会副会长托玛斯·迈尔说："改革的重要目的是提高党的行动能
力，激发人们参与政治的积极性。"德国社会民主党专门就党的基本纲
领问题展开广泛的讨论，重新理解指导党的基本路线的"自由、互助、
公正"三项基本价值观念。通过讨论，党内多数人的观点是：不放弃基
本价值观念，但要"延伸对基本价值观的理解"，并根据新形势、新变
化，努力寻找实现基本价值的新手段。在对"公正"的看法上，德国
社会民主党强调，传统的"公正"观往往把公正理解为"分配和结果
的平等"，而"在全球化了的世界经济的天平上"，这种"令人骄傲的、
在民族国家屋顶下保证社会公正的相关制度已失去了以前的分量"。新
的"公正"观应该首先强调"机遇公正"和"起步条件的公正"，"不
断地体现机遇平等并保障个人有自我发展的条件"。在这种情况下，即
使出现结果上的"有限的不平等"，实际上，也是公正的，而且是推进
发展的动力。① 在冷战后的社会民主党的纲领中，"公正"和"平等"
概念往往交替使用，而"公正"概念可以覆盖"平等"概念，突出
"机会均等"思想，避免把"平等"解释成平均主义。

　　对于中国共产党来说，建构中国的主流意识形态，首先，必须坚持
一元主导性。坚持一元主导性，最根本的就是要坚持马克思主义的一元
指导地位。这是由意识形态的阶级性质和维护功能所决定的，也是中国
改革开放的社会主义性质的必然要求，不能有丝毫动摇。在当代中国，
坚持马克思主义的一元主导地位，就是推进马克思主义中国化，推进马
克思主义当代化，使马克思主义始终与国情相结合、与时代同进步、与
人民共命运，并通过不断产生马克思主义中国化新成果，带动当代中国
主流意识形态的整体性创新，不断把主流意识形态建设提到高一级的程

① 王长江：《现代政党执政规律研究》，上海人民出版社 2002 年版，第 366 页。

度。其次，在坚持一元主导性的前提下，中国共产党必须使主流意识形态具有包容开放性。也就是说，在社会主义初级阶段，主流意识形态的理想目标、价值观念、道德规范必须要适应多元利益冲突下的最具共同性和广泛性的要求，具有中国特色社会主义文化统一战线的性质。面对当今世界全球化的浪潮，面对各国跨文化对话和交融的格局，面对世界各国政党意识形态由互相排斥、互相冲突转向互相借鉴、加强合作、长期共存的趋势，中国共产党和中国人民要建设面向现代化、面向世界、面向未来的、民族的科学的大众的社会主义文化（社会主义意识形态是其主体），就必须坚持马克思主义的开放意识，弘扬中华文明的开放传统，以海纳百川、熔铸万物的广阔胸襟和恢弘气度，大胆地吸收和借鉴人类社会创造的一切优秀文明成果，广纳博采世界各国文化以及各政党意识形态的长处和合理因素，以建构中国的主流意识形态和繁荣丰富社会主义先进文化。在过去，中国共产党往往片面强调政党的阶级性，将政党的阶级性和作为人民群众进行政治参与的工具对立起来，认为只有这样才能表现出政党的先进性和纯洁性。其实，作为执政党的中国共产党，必须使自己的意识形态产生更广泛的向心力、凝聚力，使各种能够推动社会发展的力量都能在党的意识形态里找到思想上的归属感。当然，扩大意识形态的包容性和弹性，并不是要摈弃意识形态的基本原则。一个政党，特别是作为马克思主义政党，必须有鲜明的"身份证"。但是，问题不是要不要这个"身份证"，而是怎样保持这个身份特征？是采取教条主义的、封闭僵化的态度维护这个"身份证"呢，还是采取解放思想、实事求是、与时俱进的世界观和方法论，把它看成是不断发展的动态过程，主张在动态中维护党的身份特征？结论当然是后者。社会民主党不但通过对基本价值观念的维护，保持了自己左翼政党的身份特征，而且由于具体政策具有很强的适应性和灵活性，使其群众基础不断扩大，影响力持续上升。社会民主党在这方面的经验，值得中国共产党借鉴。

（二）党的组织建设方面经验的借鉴

社会民主党自身组织建设的特点十分明显。社会民主党根据阶级结构的变化，努力扩大党的选民基础，是其突出特征之一。在这方面，社会民主党都提出了明确的主张。自从德国社会民主党的《哥德斯堡纲领》宣布自己不再仅仅是工人阶级的政党,而是"全民党"后,社会民主党也纷纷在各自的党纲中接受了"全民党"的概念。如法国社会党宣布自己是"跨阶级的政党",德国社会民主党允许非党员参加党组织的生活,参加各级论坛和主题工作委员会的讨论。泛希社运的"革新和重建"计划,强调党代表了包括劳动者、年轻人、学者、中间阶级、收入者和退休者甚至企业家在内广泛的人群的利益。

另外,社会民主党把"党的形象和党的吸引力"作为党的自身建设的中心问题。许多社会民主党的改革措施都围绕着这个问题展开。如利用媒体的特点,树立党的领导人的个人形象并宣传党的政策主张,成为现今的社会民主党扩大影响、树立形象的重要手段。在信息化时代,社会民主党比较早意识到媒介对于政党活动和政党吸引力的重要意义,提出了尽快把党从"新闻报道的对象"变成"影响新闻报道的主体"的战略目标,把拥有"适合媒体社会的交流能力"视为党的工作的重要目标之一,近年来又提出了"网络党"的概念。所谓"网络党",有两层意思。一是指通过现代化的网络工具把人们联系起来。二是指通过上述联系结成的人与人之间的网络。目前,在许多社会民主党总部处理的地方来信中,超过80%是电子邮件。社民党在网络上开展组织活动,打破了参加党内讨论的时空限制。德国社会民主党还提出了"红色电脑计划"和"红色手机计划",通过这两个网络,向所有人发布有关消息,以提高党的影响力。

社会民主党的这些措施,带来了两个方面的结果。一方面使自己成为开放的党,使一个"老大的"党树立了现代化政党的形象,扩大了党的影响力和群众基础。另一方面,在短时期内,可能会模糊党的阶级界限,使党在短期内失去了一部分传统的选民基础。社会民主党在党的自身组织建设方面的经验和教训,为中国共产党提供了前车之鉴。

中国经历多年的改革开放,社会阶级构成也发生了一系列变化。随着多种所有制经济的发展,出现了民营科技企业的创业人员、个体户、私营企业主、中介组织的从业人员、自由职业者等社会阶层。而且,许多人在不同所有制、不同行业、不同地域之间频繁流动,身份和职业经常变动。这些人通过勤劳劳动和市场竞争,获得了数目不小的私有财产。即使在传统的工人阶级内部,由于国有企业的改革,建立了现代企业制度,一些工人成为拥有股票的股东,拥有一部分企业资产所有权。

经济的发展使工人阶级的生活水平也得以提高，一些工人的生活已相当富裕，不再像以前那样一无所有。这些变化，造成了人们在中国共产党的阶级基础和群众基础问题上的种种疑惑。在中国阶级结构出现多层次化的情况下，如何巩固阶级基础、扩大群众基础，需要中国共产党在理论和实践上做出回答。

中国共产党明确指出："在党的路线方针政策指引下，这些新的社会阶层中的广大人员，通过诚实劳动和工作，通过合法经营，为发展社会主义社会的生产力和其他事业做出了贡献。他们与工人、农民、知识分子、干部和解放军指战员团结在一起，他们也是有中国特色的社会主义的建设者。"① 这就从政治上肯定了新兴阶层是中国共产党群众基础的一部分，他们与工人、农民、知识分子、干部和解放军指战员共同构成中国共产党的执政之基和力量之源。同时，为了提高党在新兴的社会阶层中的影响力，中国共产党在组织建设方面进行了改革，在党员的成分和党的性质的关系问题上，提出了新的观点。中国共产党指出，判断一个党是否是工人阶级的先进政党，不是看党员的成分和职业，也不是看党员是否拥有私有财产或私有财产的多少，而是看党的纲领和理论是不是马克思主义的、是不是代表了社会发展的方向、是不是代表了最广大人民的根本利益。在中国现阶段，中国共产党作为执政党，必须将中国社会各阶层、各群体中的先进分子吸引到党内，并通过党这个大熔炉不断提高思想政治觉悟，从而不断提高党在全社会的影响力和凝聚力。只有这样，中国共产党才能充分发挥其社会整合功能和政治整合功能，将多层次化的中国人民团结起来共同建设中国特色社会主义。在增强党的阶级基础和扩大党的群众基础的问题上，中国共产党坚持了实践是检验真理的唯一标准，坚持了实事求是和与时俱进的思想路线，自觉地把思想从不符合客观实际的观念中解放出来，从教条主义中解放出来，以开放的胸怀，对新兴的阶层敞开了大门。中国共产党由一个相对封闭的政党成为了开放性的政党。

中国共产党在新的时期增强群众基础和扩大阶级基础的理论和实践，取得了很大的成功。可以说，在这个问题上，中国共产党学习和吸

---

① 江泽民：《为中华民族的伟大复兴而奋斗——在庆祝中国共产党成立八十周年大会上的讲话》，学习出版社、中国言实出版社 2001 年版，第 19 页。

取了从 20 世纪 60 年代起社会民主党在这个方面积累起来的经验和教训。中国共产党在扩大党的群众基础时，既强调了党的阶级性又强调了党的开放性。将党的阶级性和党代表全体人民的利益有机结合起来。党代表全体人民的利益是从党作为执政党的角度来说的；党是工人阶级的先锋队是从党的性质方面说的。党只有坚持自己的阶级性，才能巩固执政地位，才能代表广大人民的利益；党只有成为广大人民利益的代表，才能永远保持党的先进性。中国共产党所讲的扩大党的群众基础是以坚持党的阶级性、增强党的阶级基础为前提的。中国共产党吸取了社会民主党搞"全民党"时，模糊了自身阶级基础，从而失去一部分传统选民的教训，既保持了自己的阶级性又扩大了自己的群众基础和社会影响力。

中国共产党不但在具体的操作经验上借鉴了社会民主党，而且在治党的观念上也借鉴了社会民主党。社会民主党根据时代和社会阶层的变化，适时进行自我调整，包括对党的阶级基础和群众基础的理论进行调整，将党变成开放的政党组织，发挥党组织的社会"大熔炉"的作用，以整合全社会的利益，扩大党的影响并巩固执政地位。虽然在具体的操作上，社会民主党没有取得完全成功并为此付出了代价，但从观念的层次来说，社会民主党的顺乎时变、积极调整的观念给了中国共产党很大的启迪。中国共产党和社会民主党关系的正常发展，有利于双方今后在这个问题上互相学习、互相交流，共同推进社会主义事业的发展。

（三）治理国家的具体政策方面的借鉴

社会民主党人在建立社会保障制度方面、在管理市场经济方面、在治理失业方面、在职工参与经济管理方面的具体政策和经验、在现代民主政治建设方面的观念和具体措施，很多是被实践证明了的优秀的经验。对于领导中国进行改革开放和市场经济建设的中国共产党来说，是值得借鉴的宝贵经验。中国共产党应该本着博大的胸怀，用实事求是的态度对待社会民主党的政策和理论，吸收其中的优秀成分，结合中国的国情加以借鉴和利用，为中国的社会主义事业服务。

中国共产党在改革开放后，提出建立社会主义市场经济体系是我国经济体制改革的目标。经过多年的发展，中国共产党在这方面积累了一定的经验。如在如何处理公有制经济与非公有制经济方面、如何协调市场与宏观调控的作用方面、如何做到效率优先兼顾公平方面都取得了一定的经验。但是，中国共产党驾驭市场经济的时间并不长，市场经济的许多特征还没有完全成熟地表现出来，在许多方面，中国共产党还处在探索阶段。在中国经济由传统形态向市场经济转型、中国社会由相对封闭的状态向全方位开放的状态转型时期，中国共产党面临着许多在计划经济和相对封闭状况下没有遇到过的问题。如，随着社会主义市场经济的发展，中国共产党如何将社会主义的原则与市场经济紧密结合起来；在以市场经济为主导的社会里，如何既体现效率又体现出公平，既重视市场经济下的成功者，又顾及社会低收入阶层和弱势群体的利益；在社会阶层和利益出向多元化的情况下，如何通过整合使人们为社会的发展和进步共同努力等。这些都对中国共产党的执政能力提出了更高的要求。

社会民主党无论是作为执政党还是作为"建设性反对党"，都长期处在市场经济的大环境中。在驾驭市场经济的能力方面，社会民主党有着比中国共产党更丰富的经验。他们的许多政策，不但适应了市场经济发展的需要，而且体现出对社会中下阶层的关怀，基本体现出了"公正、互助"的价值理念。在发展市场经济和体现"社会公正"方面，社会民主党的许多主张值得借鉴。社会民主党长期在市场经济的条件下进行政治活动，所以他们具有丰富的驾驭市场经济的能力。他们通过控制和制约市场经济的负面影响，致力于社会福利国家的建设，提高了工人的生活水平，缩小了西方国家的贫富差距。从而体现出其"社会公正"的基本价值，保持了左翼政党的身份特征。虽然自20世纪80年代以来，西方社民党的"福利国家"制度面临着困难。右翼政党通过对"福利国家"大刀阔斧的变革，破坏和限制社会民主党的政绩。但是，90年代以来，西方社民党及时对福利政策进行了调整，使社民党的传统福利政策焕发出新的生机。社会民主党提出兼顾"公正与效率"，重塑社会团结观点，创建出均衡"权力与责任"的"利权人型"的福利制度。社民党人认为，公正与效率必须得到兼顾。公正和效率不是矛盾的，而是互相促进的。公正有利于效率的实现，效率也有利于实现公正。经济增长是国家发展的迫切需要，所以必须放弃传统的国家干预主义和自由放任主义的对立，把两者结合起来，同时制定再分配的税收政策，提高以财产总额为收税计算基础的税率，降低以工资为税收计算基础的税率，减轻中间阶层的税收负担，让富有的人缴纳更多的税收来帮助贫苦大众，以此加强社会团结。在福利制度上，社民党人主张进行"积极福利"，将责任和权力结合起来，提出"不承担责任就没有权利"，改变了过去以失业救济为核心的福利制度，建立以增强就业机会为核心福利制度。在国家与市场的关系方面，社会民主党的许多政策同样值得中国共产党借鉴。社民党主张靠公共权力的干预来弥补市场的缺陷。若斯潘提出了"要市场经济、不要市场社会"的名言。长期以来，社会民主党既鼓励市场经济中的成功者，又通过积极的福利政策，提高中下层劳动者的就业能力，从而改变他们的生活状态；既致力于建立完善的市场经济体系，同时又不放弃国家干预和道德制约的政策主张，正确处理了经济增长和社会公正之间关系。社会民主党的这些政策主张，有许多正确反映了社会发展的一般规律，是整个人类社会的宝贵精神财富。日益走向开放的中国共产党，要提高驾驭市场经济的能力，必须认真总结社会民主党的这些经验，并合理地加以利用，为中国的社会主义建设事业服务。

在现代民主政治建设方面，社会民主党具有丰富的经验，其中许多经验属于人类优秀文明成果的范畴，值得中国共产党借鉴。改革开放后，邓小平提出，没有民主就没有社会主义，就没有社会主义现代化。民主是社会主义题中的应有之义。改革开放以来，中国共产党在推进社会主义民主政治建设方面取得了巨大的成就。如完善人民代表大会制度方面、在加强和改善党的领导方面、在发扬党内民主方面、在废除人治实行法制方面，中国共产党都取得了丰硕的成果，积累了宝贵的经验。这些成果和经验，为全人类的政治文明做出了贡献，对中华民族的伟大复兴是个促进。但是，应该承认，在理想与现实之间，还存在差距。在民主政治的建设方面，中国共产党过去一直存在着认识上和实践上的偏差。对于现代民主政治建设，中国共产党还缺乏经验。

而社会民主党人一直将"民主"视为其意识形态和政治实践的核心。在国际国内都高举民主的旗帜，在推进经济民主、社会民主和国际民主方面取得了公认的成就。他们对于资本主义社会的民主化改革，起了主要的推动作用。他们在保证"公民平等的参与政治"方面的一系列具体的政策措施，对于中国特色社会主义民主政治制度建设具有一定的借鉴作用。虽然社会民主党认同了资本主义制度和资本主义国家，但

是，他们一向致力于推进资本主义国家制度的民主化。社会民主党认为
这是"自由、公正、互助"的价值观的要求和体现。社会民主党主张
设立一个社会结构，使每一个人都有权保护自己的尊严。社民党还认
为，保障公民的基本权利不仅应该保证个人在国家面前享有自由，而且
还应该使公民参与奠定国家的基础，使国家成为一个从各种社会力量中
吸取其内容并且为人的创造精神服务的文明国家。为达到这个目标，推
进国家向民主化发展，除了采取加强和扩大议会制民主、保证司法独立
等传统的措施外，还要与各种社会力量合作。战后的社会民主党通过与
社团、工会、和平运动、妇女运动、生态运动等新社会运动联手，在推
进国家民主化方面取得了重大成果。

　　社会民主党在推进国家民主的同时，还提出了与国家民主紧密联系
的公民社会问题。他们认为，一个积极的公民社会将强化社区的团结、
不断提高公民的素质、培育当地公民的主动性和参与政治的意识、保护
个人免受国家权力的侵害。同时还能对消除贫穷、减少犯罪和婚姻家庭
的解体发挥作用。国家和公民社会应该开展合作，同时每一方应该充当
另一方的协作者和监督者。国家与公民之间不存在固定不变的界限，根
据不同时期的需要，政府必须深入干预公民社会中的事务，而有时又必
须从公民社会中推出。在公民社会发展不完善的地区，政府必须帮助恢
复这些群体中的公共秩序，同时为公民社会的复兴提供援助。在国家和
公民社会之间，权力不能过分集中于国家，这样就有可能出现国家吞没
公民社会的现象，这在苏联及东欧的经济体系和政治体系中都出现过。
由于苏联和东欧的国家权利充斥着整个社会，使得那里不可能出现得到
充分发展的公共领域，最后，导致了国家基础的不牢固。但是，反过
来，不能把公民社会完全看作是秩序与和谐发展的源泉。公民社会中也
存在各种利益冲突，导致各种社会问题，国家必须对此作出判断，保护
公民的权益不因公民社会中的利益冲突而遭到危害。社会民主党还提
出，民主制度应当超越国家和地区的界限。在国际上，社民党人提出了
"全球治理"的观念，主张维护和平，缩小国家之间的贫富差距，促进
国际社会的民主化、进一步推进人类社会的和谐发展。在此观点的指导
下，执政的社会民主党提出了许多具体主张。如，扩展政府在公共领域
的作用，增加政府决策的透明度，建立切实的防治腐败的措施；提高政
府行政效率，防止政府失信于民。按照"最小的代价获得最大的收益"

的生态学原则不断调整政府结构；在政府和公民之间通过直接民主、电子投票、公民陪审等方式建立直接联系。

　　社会民主党在处理国家、政府和公民社会之间关系的实践中，提出了一系列理论、政策和主张。如，社民党的"文明国家"理念，"全球治理"理念以及"公民社会"的主张，虽然其最终目的是维护资本主义制度，但是，剥离这个最终目的的外衣后，其中的合理内核，值得正致力于发展社会主义民主政治的中国共产党借鉴。

　　总之，世界在变，政党在变。从本质上来说，当今世界所处的时代，是一个开放的、不断变革的时代。面对世界政党政治的大潮，义无返顾地走上了改革开放的道路的中国共产党必须顺应时代的潮流，加快自身改革和建设的步伐，把握政党执政规律，提高党的执政能力。不同的政党之间，可以通过比较、借鉴，从中获得有益的经验，这就要求中国共产党重新认识世界各类政党尤其是社会民主党的政党运作方式，用"世界眼光"和开放的胸怀对待人类的政治文明，对待各类政党尤其是社会民主党的治党治国经验。

第七章　准确认识和评价民主社会主义

　　纵观中国共产党认知民主社会主义的历程可以看出，改革开放前，中国不具备民主社会主义滋生的环境，中国共产党一方面受共产国际和苏联共产党对民主社会主义观点的影响，另一方面受冷战格局和冷战思维的制约，对民主社会主义持全盘否定的态度，把民主社会主义看成是工人贵族和资产阶级在工人运动中代理人的思想体系。改革开放后，中国共产党逐步克服了"左"的思想的束缚，对"什么是社会主义、怎样建设社会主义"进行了重新认识，对民主社会主义理论与实践的认知也随之发生重大变化，中国共产党同社会民主党的关系也由对抗走向了合作。在1991—1995年间，中国学术界出现了研究民主社会主义的一个小高潮，大量关于民主社会主义的论文和著作面世。此后直到2007年，学术界对民主社会主义的关注度有所降低，但对民主社会主义的研究一直没有停止过。近年来，中国学术界出现了全盘肯定民主社会主义的倾向，把民主社会主义的理论和实践看成是具有普世性的。2007年在全国范围内发生了一场关于民主社会主义道路的激烈争论，引起了广泛关注。这场争论说明，在改革开放和发展社会主义市场经济的新时期，中国共产党的主流意识形态面临着许多新考验。如果中国共产党的主流意识形态对此不能做出有力的回应，就很可能处于被动的境地，应对无策，竞争乏力，甚至削弱影响，丢失阵地。中国共产党的十七大提出要巩固马克思主义的指导地位，坚持不懈地用马克思主义中国化的最新成果武装全党、教育人民，用中国特色社会主义共同理想凝聚力量，用以爱国主义为核心的民族精神和以改革创新为核心的时代精神鼓舞斗志，用社会主义荣辱观引领风尚，巩固全党全国各族人民团结奋斗的共同思想基础。① 这就触及了加强和改进党的主流意识形态建设的问题。

---

　　① http：//news. xinhuanet. com/newscenter/2007 - 10/24/content_ 6938568_ 11. htm.

要达到这个目标，加强对冲击主流意识形态的各种思潮的研究，以提高中国共产党的主流意识形态同其他意识形态的竞争力是十分必要的。

一 承认并面对民主社会主义对中国特色社会主义构成的挑战

第二次世界大战后至社会党国际十三大前，民主社会主义的影响力主要限于西欧，有"白人国际"之称。1976 年 11 月社会党国际十三大通过了《关于国际经济团结互助的决议》。决议要求扩大社会党国际在中东、南部非洲和拉丁美洲等地的影响，使其成为一个名副其实的全球性组织，改变其影响力基本上限于欧洲的局面。大会取消了旧章程中带有歧视含义的"观察员"资格，简化了加入国际的手续以便更有成效地吸引、更加迅速地接纳来自发展中国家的政党。从此，社会党国际和民主社会主义思潮不仅在其传统的基地西欧获得发展，而且不断扩大其在发展中国家的影响，在亚洲、非洲和拉丁美洲都有长足的发展。在亚洲，主张实行民主社会主义的党主要有新加坡人民行动党、印度国大党、斯里兰卡自由党和统一国民党、菲律宾民主社会党、马来西亚民主行动党、巴基斯坦人民党、以色列工党和统一工人党等。亚洲信奉民主社会主义的政党深受西欧社会民主党的影响，并把民主社会主义作为自己的纲领口号。在非洲，民主社会主义现已是影响最大的社会主义流派，各国基本上都建立了民主社会主义性质的政党。塞内加尔是非洲民主社会主义的旗手和样板。该国的开国元勋桑戈尔领导塞内加尔人民率先走向民主社会主义道路，他领导的塞内加尔进步联盟早在 1976 年就加入了社会党国际，并改名为塞内加尔社会党。桑戈尔本人也被选为社会党国际副主席。1981 年，桑戈尔又同突尼斯的布尔吉巴一同倡议发起成立具有泛非组织性质的非洲社会党联盟，1988 年改称非洲民主政党联盟。该组织没有正式加入社会党国际，但以观察员身份出席社会党国际会议。拉丁美洲是民主社会主义渗透最深的地区，这与社会党国际长期不懈的支持和帮助有很大关系。1954 年，社会党国际敦促其仅有的两个拉丁美洲成员党即乌拉圭社会党和智利人民社会党建立了社会党国际拉美书记处，并以此为核心组建了一个协商委员会来吸引和团结其他一些拉美国家的社会党，但影响不大。20 世纪 80 年代后，社会党国际加大了对拉丁美洲的工作力度，且成效显著。截至 1989 年年底，社会党国际的拉美成员数量猛增至 20 个，占其正式成员党和咨询党总数的 1/3，占发展中国家成员党总数的 2/3。冷战后，民主社会主义在拉丁美洲的影响力仍然呈不断攀升之势。值得一提的是，苏东剧变后科学社会主义力量丢失的阵地，相当一部分被民主社会主义所占领。苏东剧变以来，民主社会主义虽然一度受到了冲击，但在总体上依然呈持续上升之势，队伍持续扩大，理论和组织更加完善，影响力持续增长。应该承认，当代的民主社会主义对科学社会主义已经构成了巨大的、现实的威胁，这是各国共产党必须应对的挑战。

　　如上文所述，在历史上，民主社会主义对中国革命影响甚微，一方面是由于民主社会主义理论和实践还很不成熟，另一方面是由于共产国际阻隔了民主社会主义对中国共产党和中国革命的影响，但更为关键的原因是中国不具备民主社会主义滋生和传播的土壤和条件。正如毛泽东所说，中国革命的敌人是异常强大的，敌人对于中国革命的镇压也是非常残酷的，"在这样的敌人面前，中国革命的主要方法，中国革命的主要形式，不能是和平的，而必须是武装的，也就决定了。因为我们的敌人不给中国人民以和平活动的可能，中国人民没有任何的政治上的自由权利。斯大林说：'在中国，是武装的革命反对武装的反革命方面，这是中国革命的特点之一，也是中国革命的优点之一。'这是完全正确的规定"①。

　　中国革命胜利后，中国共产党在社会主义建设的实践中遇到了许多问题。由于缺乏经验，自从 1957 年发生反右扩大化及 1958 年 "大跃进"、人民公社化运动等失误后，中国共产党对社会主义的探索开始出现失误。主要的失误有：一是经济建设急于求成，二是所有制结构急于求纯，三是阶级斗争扩大化。这些错误，给中国共产党、国家和人民带来的损失是巨大的。客观地说，中国共产党在社会主义建设过程中所犯的错误，是探索过程中发生的，有的在一定程度上是在所难免的。重新确立实事求是的思想路线后，中国共产党依靠自己的力量对所犯的错误进行了深刻剖析和全面纠正。十一届六中全会通过的《关于建国以来党的若干历史问题的决议》对中国共产党在领导中国人民进行社会主义建设过程中作出的成绩和犯过的错误作了科学的、客观的评价。《决议》

---

① 《毛泽东选集》第 2 卷，人民出版社 1991 年版，第 634—635 页。

指出："由于我们党领导社会主义事业的经验不多，党的领导对形势的分析和对国情的认识有主观主义偏差，'文化大革命'前就有把阶级斗争扩大化和经济建设上急躁冒进的错误。后来，又发生了'文化大革命'这样全局性的、长时间的严重错误。这就使得我们没有取得本来应该取得的更大成就。"忽视错误、掩盖错误是不允许的，但是"32年来我们取得的成就还是主要的，忽视或否认我们的成就，忽视或否认取得这些成就的成功经验，同样是严重的错误。我们的成就和成功的经验是党和人民创造性地运用马克思列宁主义的结果，是社会主义制度优越性的表现，是全党和全国各族人民继续前进的基础"①。这一评价是符合客观实际的，也是中国共产党和中国人民的共识。正是在这一共识的基础上，中国开始了拨乱反正、全面改革和探索社会主义建设新道路的时期。

拨乱反正、全面改革给中国的发展带来了历史机遇，但也为资本主义社会的各种思潮侵入中国提供了条件，民主社会主义也因此有可能以中国在建设中出现的失误为依托、以中国探索改革之路的困难为契机，乘虚而入，滋生蔓延。从苏东剧变的过程和结果可以看出，民主社会主义侵蚀社会主义国家主流意识形态的手段主要有两个突出特点，一是利用改革开放的大环境，以改革开放的拥护者和鼓吹者的姿态出现，在改革开放的旗号下，攻击污蔑共产党的历史和科学社会主义发展史，无限夸大社会主义国家以往的失误，利用社会主义国家与西方国家在经济科技发展水平上的差距大作文章，彻底否定共产党的领导和科学社会主义道路，企图将社会主义国家的改革开放引入歧途。二是利用社会主义国家在建设和改革中出现的失误、困难和问题，不断扩展自己的影响。社会主义国家在改革实践中存在的问题主要有：在政治领域，忽视一定范围内存在的阶级斗争，削弱了党的建设；在经济领域，新旧体制转换过程中出现的一些新的矛盾和问题没能及时解决，造成了经济发展的困难和群众生活水平的暂时下降；在思想文化领域，放松了社会主义精神文明建设，没能一以贯之地维护和巩固社会主义意识形态阵地，及时回击和批判各种反马克思主义的错误思潮。所有这些问题的存在，就给了民

---

① 《中国共产党中央委员会关于建国以来党的若干历史问题的决议》，人民出版社1981年版，第11页。

主社会主义思潮以可乘之机。改革开放以来，中国共产党从中国国情出发，把马克思主义普遍原理与中国实际相结合，不断推进马克思主义中国化，形成了中国特色社会主义理论体系。尽管中国共产党的主要领导人对中国主流意识形态建设工作一向非常重视，但很长一段时间以来，中国学术界和中国社会对"中国特色社会主义"存在着种种疑惑，甚至有人提出了"中国踏上了民主社会主义道路"、"民主社会主义救中国"的谬论。

在对社会主义国家进行和平演变的过程中，民主社会主义思潮和资产阶级自由化思潮总是相辅相成的。资产阶级自由化思潮的泛滥，促成民主社会主义思潮的蔓延；民主社会主义思潮的蔓延，又反过来促成资产阶级自由化思潮的泛滥。因为，对于共产党执政的社会主义国家而言，资产阶级自由化思潮与民主社会主义思潮的基本政治立场和原则是一致的，二者都反对无产阶级专政，主张多党制；都反对公有制，鼓吹私有化；都否定马克思主义的指导地位，宣扬多元化等等。这种政治立场的一致性，使得二者在社会主义国家产生的影响和作用具有互补性。苏东社会主义国家的演变，正是两种思潮共同把社会主义推向资本主义轨道。虽然不能将民主社会主义完全等同于资产阶级自由化思潮，但二者对社会主义国家进行和平演变的过程中所起的作用、所促成的结果是相同的。

总的来说，与中国革命时期不同，在中国改革时期，民主社会主义对中国共产党主流意识形态构成的威胁是现实的、长期的，对此，中国共产党既要勇于承认，也要敢于面对。胡锦涛同志深刻指出："20 世纪年代 80 末 90 年代初以来，我国面临的国际环境发生重大变化……社会主义和资本主义在意识形态领域中的较量和斗争依然是长期的、复杂的，有时甚至是非常尖锐的，西方国家加紧向全世界传播它们的价值观念。作为世界上最大的社会主义国家，我们将长期面对西方敌对势力西化、分化的政治图谋。"① 这是当代中国主流意识形态建构面临的一个最主要的严峻挑战。在全球化背景带来中国意识形态复杂性的同时，经济改革与社会转型又使中国社会意识呈现多样、价值取向呈现多元，人们思想活动的独立性、选择性、多变性、差异性明显增强，这给主流意识形态的整合带来新的问题。一方面，顺应时代发展潮流、符合改革发

① 王真：《改革开放与当代中国主流意识形态的创造性建构》，《大连日报》2008 年 9 月 1 日。

展要求的新思想、新观念已成为社会思想文化的主流；另一方面，开放的环境和市场经济的负面因素对社会意识的影响又不容忽视。在改革开放条件下，社会意识多元、多样、多变的特征日益明显，正确与错误的、先进与落后的思想观念相互交织，主流意识形态必须通过强有力的变革回应挑战，坚守和巩固自己的阵地。只有从战略的高度充分认识这一问题，并在实践中加强和改进主流意识形态建设，采取一整套抵御民主社会主义思潮侵袭的对策，才能卓有成效地全面贯彻中国共产党党在社会主义初级阶段的基本路线，真正筑起反和平演变的钢铁长城，不断推进建设有中国特色社会主义的宏伟事业，使中国特色社会主义的伟大旗帜在中国大地上永远飘扬。这就必须做到：

第一，廓清主流意识形态的内涵与外延，坚定地维护其主导地位。每个时代和社会都需要一种能为社会绝大多数成员普遍认同的意识形态和价值观，并以此作为人们行动的导向，去协调他们的行为，推动社会稳步发展。在价值多元纷呈，甚至彼此冲突的情况下，更需要有一种占主导地位的意识形态与价值观念，在多元价值之间保持合理张力，抑制各种价值主张之间的紧张，从而统一人们的思想、维护社会的稳定和发展。因此，在当今世界各种思想文化相互激荡的形势下，在错综复杂的意识形态领域斗争中，在全球化条件下西方思想文化、价值观念和生活方式的影响和民主社会主义的挑战面前，更要旗帜鲜明、理直气壮地坚持和强化主流意识形态的主导地位，以促进社会的稳定，经济的发展，文化的繁荣和人民生活水平的提高。

要维护主流意识形态的主导地位，首先必须廓清其内涵和外延。中国共产党十七大报告指出，中国特色社会主义包括中国特色社会主义道路和中国特色社会主义理论体系。所谓中国特色社会主义道路是在中国共产党的领导下，立足于基本国情，以经济建设为中心，坚持思想基本原则，坚持改革开放，解放和发展生产力，建设社会主义市场经济、社会主义民主政治、社会主义先进文化、社会主义和谐社会，为把我国建设成为富强、民主、文明、和谐的社会主义现代化国家而奋斗。所谓中国特色社会主义理论体系就是包括邓小平理论、"三个代表"重要思想、科学发展观等重大战略思想在内的科学理论体系。十七大报告对中国特色社会主义概念内涵和外延的明确界定，对于在中国共产党和中国各族人民中树立中国特色社会主义的共同理想，强化主流意识形态的地位，具有十分重要的意义。

第二，主流意识形态必须从生活实践中吸取营养。马克思主义来源于实践，并把实践作为自身哲学的基石。因此，主流意识形态应把丰富多彩、波澜壮阔、日新月异的生活实践当成取之不尽、用之不竭的源泉。生活实践发生了变化，主流意识形态也应随之作出相应的变化。不然，就会落后于生活实践，甚至被生活实践所抛弃。应该看到，中国以往的主流意识形态打上了明显的计划经济时代的烙印，当社会主义市场经济成为中国现实的经济基础时，主流意识形态必须与之相适应，必须改变一些不合时宜的观念和做法。实践证明，理论只要同生活保持着血肉联系，只要关注和回答现实问题，倾听和解决人民群众的心声与要求，它就变得鲜活，变得生机勃勃，就会被广大人民群众所理解和接受，就会显示出强大的威力。一种脱离实际、脱离生活、脱离群众的意识形态必然不能掌握群众。

第三，主流意识形态必须进行理论创新。中国共产党十六大报告指出："创新是一个民族进步的灵魂，是一个国家兴旺发达的不竭动力，也是一个政党永葆生机的源泉。世界在变化，我国改革开放和现代化建设在前进，人民群众的伟大实践在发展，迫切要求我们党以马克思主义的理论勇气，总结实践的新经验，借鉴当代人类文明的有益成果，在理论上不断扩展新视野，作出新概括。只有这样，党的思想理论才能引导和鼓舞全党和全国人民把中国特色社会主义事业不断推向前进。……创新就要不断解放思想、实事求是、与时俱进。实践没有止境，创新也没有止境。……我们一定要适应实践的发展，以实践来检验一切，自觉地把思想认识从那些不合时宜的观念、做法和体制的束缚中解放出来，从对马克思主义的错误的和教条式的理解中解放出来，从主观主义和形而上学的桎梏中解放出来。要坚持马克思主义基本原理，又要谱写新的理论篇章。"① 在把马克思主义基本原理同中国革命和建设的实际相结合的实践中，即把马克思主义中国化的过程中，诞生了毛泽东思想和中国特色社会主义理论体系，这是主流意识形态创新精神的集中体现。在今后的建设中国特色社会主义的实践中，中国共产党必将研究新情况，解决新问题，形成新认识，作出新概括，开辟新境界，为马克思主义的发

---

① http：//news. xinhuanet. com/newscenter/2002 – 11/17/content_ 632254. htm.

展注入新的活力。要使主流意识形态获得获得强大的生命力并实现它对人们的认识和实践的双重指导作用，就必须使其成为一个具有创新和自我超越能力的开放体系，不断应对和回答时代与实践的挑战。主流意识形态的不断创新，不仅将使自身充满活力，而且将带动整个社会思想文化的创新和发展。反之，如果主流意识形态封闭保守，那么，整个社会的思想文化也将万马齐喑，停滞不前。

第四。主流意识形态在确保自己的主导地位的同时，应善于借鉴、整合其他其他意识形态的有益内容。过去在极"左"路线指导下，中国共产党的主流意识形态对待其他意识形态常常采取排斥和斗争的方式，与其他意识形态长期处于剑拔弩张、你死我活的紧张状态。二者不仅不能进行真正意义上的对话和交流，而且也不能进行真正意义上的较量与竞争。这其实对主流意识形态的发展是不利的。目前在我国，多种意识形态成分的存在已是客观事实，它反映了中国社会进步和开放的程度。多种意识形态成分的出现，从在一定意义上说，并非完全是对主流意识形态的威胁。主流意识形态与多种意识形态的并存，有利于提升主流意识形态借鉴其他意识形态有益成分的气度和能力，进而有利于主流意识形态在竞争中发展壮大自己，使自己永远立于不败之地。这对于中国今后社会的稳定与发展将是十分重要的。与此相反，当主流意识形态失去了包容整合其他意识形态有益成分的能力，并人为地阻隔同其他意识形态和文化资源的联系时，将会导致自身越来越贫瘠，越来越枯竭，从而无法发展壮大。

二 准确把握民主社会主义的性质和历史地位

作为一种影响力持续上升的社会政治思潮，民主社会主义在世界各地包括中国都有其追随者。民主社会主义到底是资本主义还是社会主义，它为何有如此大的影响力？加强对这些问题的研究，对于澄清人们思想中的种种模糊认识，正确认识中国特色社会主义发展道路，具有非常重要的理论和实践意义。

民主社会主义到底是社会主义还是资本主义，学术界一向存在争论。否定者以周新城的著作《民主社会主义思潮评析》为代表，在书中，作者指出："民主社会主义不是社会主义的一种模式，在社会主义国家里，民主社会主义是从社会主义过渡到资本主义的桥梁。民主社会主义的实质是资本主义，只不过主张对资本主义作若干改良而已。有意思的是，提出'再认识'的人承认民主社会主义'对资本主义是认同的'，但却认为它是社会主义的一种模式、一个流派。认同资本主义制度，却是社会主义的一派，真不知道这些人的理论逻辑是什么！"①"民主社会主义反对社会主义的本质特征，攻击社会主义的基本制度，它维护资本主义的基本制度，只是要求对资本主义做若干改良，因而从根本性质来说，民主社会主义是资本主义的一种模式，社会党是资产阶级性质的政党。"②"民主社会主义不是社会主义的一种模式，它主张保留资本主义，只是要对资本主义做若干改良，因而是资本主义的一种模式、一个流派。标榜'社会主义'，不等于就是社会主义的一种模式、一个流派。"③"民主社会主义尽管打着'社会主义'旗号，但它反对无产阶级专政，赞成以议会民主、三权分立为形式的资本主义专政；反对公有制，要求实行私有化；反对马克思主义为指导，主张指导思想多元化。它否定的社会主义的本质特征。否定了社会主义的共性，不赞成社会主义的基本制度，怎么还会是社会主义的一种模式呢？"④

　　肯定者则提出了完全相反的观点。有的学者明确指出："民主社会主义也是社会主义的一种模式。"⑤ 有的学者提出："总的方面是不是可以说：西欧的社会民主主义运动是在寻找另一条通向社会主义的道路（和十月革命不同的道路）呢？或者说，是在资本主义胎盘内逐渐培育社会主义新因素以便渐进式地（由量的积累到部分质变再到最后质变）创造出一种社会主义社会新形态来呢？我看可以这样说。"⑥ 这种观点肯定把民主社会主义列为社会主义的一种模式和道路了。《炎黄春秋》2007年第2期登载的由谢韬撰写的《民主社会主义模式与中国前途》一文，也持这种观点。

---

① 周新城：《民主社会主义思潮评析》，社会科学文献出版社2008年版，第94页。

② 同上书，第88页。

③ 同上书，第92页。

④ 同上书，第24页。

⑤ 王占阳：《民主社会主义也是社会主义的一种模式》，载http://www.chinareform.net/2010/0116/9433.html。

⑥ 吴江：《读〈一篇迟到的考察纪要〉——评介瑞典"民主社会主义"模式》，《炎黄春秋》2007年第6期，第10页。

其实，这里存在着一个如何界定社会主义的问题。对于社会主义这个概念，不妨作一下广义和狭义之分。广义的社会主义，是按照"社会主义就是对资本主义进行批判的思潮和实践"来界定的。广义的社会主义不仅是一种制度，而且同时还是一种思想观念、一种社会心理、一种社会运动、一种社会关系、一种社会组织、一种生活方式和一种生活体验等等。狭义的社会主义，单指科学社会主义以及社会主义制度。在马克思、恩格斯的著作中，对社会主义的界定也有广义和狭义之分。在《共产党宣言》中，马克思对当时流行的各种社会主义思潮和实践进行了多维度的客观的分析。他首先以"对现存的资本主义社会进行批判的思潮和实践"为标准来衡量和划分"社会主义"，同时，他又以对"资本主义批判"的重点和角度不同，将当时的社会主义流派分为"反动的社会主义"、"保守的或资产阶级的社会主义"、"批判的空想的社会主义和共产主义"、"共产党人的共产主义"。对具体的社会主义流派的进步性或反动性，马克思进行了具体分析，肯定了其中值得肯定的地方，揭露了其中与历史发展方向不相适应的反动之处。比如，在分析"批判的空想的社会主义和共产主义"时，马克思采取了"两点论"的方法。马克思首先肯定了"批判的空想的社会主义和共产主义"的进步性。他指出："这些社会主义和共产主义的著作也含有批判的成分。这些著作抨击现存社会的全部基础。因此，它们提供了启发工人觉悟的极为宝贵的材料。"① 但是由于"批判的空想的社会主义和共产主义"产生于资本主义发展早期，无产阶级和资产阶级的对立还不十分明显和尖锐，无产阶级对自身阶级地位和历史作用的认识还模糊不清，只有将根除资本主义弊病的希望寄托于资产阶级对社会进行全面的改造。这就决定了"批判的空想的社会主义和共产主义"的历史局限性。马克思说："本来意义的社会主义和共产主义的体系，圣西门、傅里叶、欧文等人的体系，是在无产阶级和资产阶级之间的斗争还不发展的最初时期出现的。……诚然，这些体系的发明家看到了阶级的对立，以及占统治地位的社会本身中的瓦解因素的作用。但是，他们看不到无产阶级方面的任何历史主动性，看不到它所特有的任何政治运动。由于阶级对立的发展是同工业的发展步调一致的，所以这些发明家也不可能看到无产阶

---

① 《马克思恩格斯选集》第 1 卷，人民出版社 1995 年版，第 304 页。

级解放的物质条件，于是他们就去探求某种社会科学、社会规律，以便创造这些条件……他们总是不加区别地向整个社会呼吁，而且主要是向统治阶级呼吁……批判的空想的社会主义和共产主义的意义，是同历史的发展成反比的。阶级斗争越发展和越具有确定的形式，这种超乎阶级斗争的幻想，这种反对阶级斗争的幻想，就越失去任何实践意义和任何理论根据。"①《共产党宣言》还明确指出了"共产党人的共产主义"同其他社会主义有相同之处，但也有本质区别，同时表明了共产党人对其他社会主义的态度。马克思说："共产党人到处都支持一切反对现存社会制度和政治制度的革命运动。在所有这些运动中，他们都强调所有制问题是运动的基本问题，不管这个问题的发展程度怎样……他们的目的只有用暴力推翻全部现存的社会制度才能达到。"② 意即，在批判资本主义的社会制度和政治制度这一层面上，共产党人同其他社会主义者的思想理论是具有有限的一致性的。正由于"有限的一致性"的存在，"共产党人到处都努力争取全世界民主政党之间的团结和协调"③。但马克思同时也强调了共产主义同其他社会主义是有着根本分歧和本质区别的。其分歧和区别在于共产党人"强调所有制问题是运动的基本问题"，目的在于"推翻全部现存的社会制度"。马克思分析其他社会主义流派的观点和方法，对于中国学者准确认知当今世界民主社会主义的性质的和历史地位具有借鉴意义。

从广义的层面来看，对于民主社会主义可以这样界定，民主社会主义虽然没有消灭资本主义制度，但它限制了资本主义的剥削，对资本主义制度作出了局部的调整，生长出不少社会主义因素，属于社会主义的范畴。从当今世界民主社会主义的理论和实践来看，虽然它与科学社会主义有着原则差异，反对用革命的手段推翻资本主义，甚至反对用社会主义制度来代替资本主义制度，但是，民主社会主义在资本主义社会中高举改良的旗帜，对推动资本主义改良、促进人类文明进步，包括促进资本主义国家中进步因素的增长等方面起了积极作用，是对资本主义进行制约和批判的政治力量。诚然，民主社会主义者在承认资本主义依然

---

① 《马克思恩格斯选集》第 1 卷，人民出版社 1995 年版，第 304 页。
② 同上书，第 307 页。
③ 同上。

具有生命力和发展空间的前提下，放弃了对资本主义进行"制度替代"的目标，它们的改良在一定程度上缓和了资本主义社会的阶级矛盾，维护和推进了资本主义社会的稳定和发展。但仅因为这一点，就断言民主社会主义是彻底反动的，理由是不充分的。在当前和平与发展的历史条件下，在当代资本主义发展的政治经济态势下，在欧洲或者全世界发动一场立即推翻资本主义制度的"世界革命"，显然是不现实的。在革命前提不具备的情况下，全力推动在资本主义现有制度框架下有利于工农大众的改良，便具有积极的、进步的意义。马克思、恩格斯在晚年均发表过明确的言论肯定在资产阶级自由民主制较为健全的国家，通过合法的议会道路来改良资本主义的重要意义。这是马克思主义（科学社会主义）和民主社会主义的思想理论具有"有限的一致性"的表现之处。所不同的是，马克思主义者始终坚持用"革命的两手"对付"反革命的两手"，马克思主义者对暴力革命在历史关键环节的推动作用给予了充分肯定，而民主社会主义者则始终钟情于合法的议会斗争，对暴力革命持绝对的否定和拒绝态度。马克思主义者将改良看作是对资本主义进行"制度替代"的阶段性目标，而不会把资本主义制度看作是一种永恒的制度。

当然，认为民主社会主义找到了"另一条通向社会主义的道路"，创造出了"一种社会主义新形态"，未免有失偏颇。民主社会主义是在放弃对资本主义进行"制度替代"的前提下，主张对资本主义进行有限改良的政治思潮和政治运动，与资本主义具有共生性，离开了资本主义，民主社会主义便成了无源之水，无本之木。民主社会主义者努力追求的只不过是"更好的"资本主义，而不是社会主义制度。可以这样说，与科学社会主义相对应的是社会主义制度，与民主社会主义相对应的是资本主义制度。由于当今世界的资本主义还具有生命力和发展空间，从根本意义上决定了民主社会主义的生命力和发展空间，在当前"资强社弱"的大形势下，民主社会主义在当今世界的影响力呈持续增长之势。因此，根本谈不上民主社会主义会将当今世界的资本主义渐进地引向社会主义的问题。从狭义的层面来看，民主社会主义与科学社会主义是有原则区别的，在意识形态上对现实社会主义国家持敌对态度，属于资本主义社会中的政治思潮和政治运动。民主社会主义否认社会主义制度，反对社会主义国家，从未放弃对社会主义国家进行和平演变的企图，对现实社会主义国家的主流意识形态构成威胁。民主社会主义与资本主义存在着质的贯通性，而与社会主义制度存在质的差异性。在反对共产党执政、主张多党制，反对公有制、鼓吹私有化，否定马克思主义的一元指导地位、宣扬多元化等方面，民主社会主义和资本主义的立场是一致的。对于这一点，必须保持清醒头脑。

以瑞典社会民主党为例，瑞典社会民主党是执政时间最长，影响最大的政党之一，其思想体系是当代民主社会主义思想理论的重要代表。首先，在对待资本主义的问题上，瑞典社会民主党一直持比较鲜明的批判态度。瑞典社会民主党1897年首个党纲就指出："私人资本主义的生产方式是导致当今文明种种弊端的主要原因，这种方式消解了旧的小资产阶级的社会条件，将财富集中在少数人手中，并将社会化分为工人阶级和资产阶级。"[1] 1960年二十一大党纲认为："资本主义以另一种特权制度代替了过去的特权社会，这种制度仍然排斥大多数人的自由、平等和安全，在那里生产的增长和破坏性危机不时交替，这种危机使群众受到困难和痛苦。"[2] 2001年三十四大党纲宣称：以私有制为基础的资本主义生产秩序把利润置于其他所有利益之上，"除了大资本家以外，这种制度为其他人带来的只是桎梏。它在国家内和国际间制造了巨大的不公平和社会紧张，造成了对环境和自然资源的严重掠夺"[3]。其次，瑞典社会民主党的思想理论在一定程度上与一定范围内反映了社会中下层人民的利益与愿望，呈现出一定的合理性和进步性。比如瑞典社会民主党1944年党纲指出："社会民主党的宗旨在于改变资产阶级社会的经济结构，使支配生产的权力掌握在全体人民手中，使绝大多数人民从依附少数资本所有者的状态中解放出来，并以自由、平等为基础的公民合作的社会形态来代替以阶级斗争为基础的社会秩序。"[4]瑞典社会民主党1975年的纲领写道："社会保存着资本主义的许多原来的特征，存在着收入和财产的不平等，必须改造社会，以使人民享有最后决定权，由按

① Herbert Tingsten, *The Swedish Sicial Democrats*: *Their Ideological Development*, Bedminster Press, 1973, p. 119.

② 中共中央党校科研办公室：《社会党重要文件选编》，1985年，第450—451页。

③ 高锋译：《瑞典社会民主工人党党纲——2001年11月6日威斯特罗斯代表大会通过》，《当代世界社会主义问题》2003年第1期，第20页。

④ 中共中央党校科研办公室：《社会党重要文件选编》，1985年，第422页。

照自由平等原则进行合作的公民共同体，代替建立在阶级基础上的社会秩序。"① 2001 年党纲中又指出："在资本与劳动的冲突中，社会民主党始终代表劳动的利益。社会民主党现在是、而且永远是反对资本主义的政党，始终是资本对经济和社会进行统治的反对者。"② 瑞典社会民主党的这些思想在其各个历史阶段的政策措施中也都有充分表现。在 20 世纪 30 年代，社民党为了解决严重的经济危机和国内政治动荡问题提出的"人民之家"的理论政策，在改善民生，促进社会稳定方面取得了显著的成效，而这是维护中下层人民的利益为前提的。20 世纪 60 年代的"职能社会主义"主张利用"职能社会化"的方式在资本主义所有制结构内部进行改革，这对于改善人民生活，实现社会公平，削弱高度集中的私有制也是具有一定积极作用的。20 世纪 70 年代以来的"基金社会主义"理论和政策则已经把触角伸向了生产和所有制领域，试图通过夺取所有权、改造所有制，来解决依靠再分配所难以根治的弊端。从瑞典社会民主党的上述理论和政策取向看，民主社会主义对推动资本主义改良、促进人类文明进步，包括促进资本主义国家中进步因素的增长等诸多方面起了积极作用，是对资本主义进行制约和批判的政治力量。

如前文所述，民主社会主义者对资本主义的批判，是在"制度认同"前提下的批判，这就决定了民主社会主义与资本主义的"共生"关系。瑞典社会民主党前主席帕尔梅就曾表示："在一定程度上，我们社会党人确实是同资本主义共同生存的。"③ 瑞典社会民主党的另一位领导人英格瓦·卡尔松在其 1998 年所著的《什么是社会民主主义?》一书中回答"社会民主党是否认同资本主义?"这个问题时也指出："如果我们将'资本主义'定义为'私人所有制'，那么答案就是'认同'。"④ 在追溯资本主义社会种种弊病的根源时，瑞典社会民主党不把

① ［苏］弗·希什金娜、斯·希什金：《现代斯堪的纳维亚社会民主党的理论与实践》，毕克译，人民出版社 1985 年版，第 269 页。
② 高锋译：《瑞典社会民主工人党党纲——2001 年 11 月 6 日威斯特罗斯代表大会通过》，《当代世界社会主义问题》2003 年第 1 期，第 20 页。
③ ［德］维·勃兰特、［奥］布·克莱斯基、［瑞典］欧·帕尔梅：《社会民主与未来》，丁冬红、白伟译，重庆出版社 1990 年版，第 113 页。
④ Ingvar Carisson and Anne-Marie Lindgren. What is Social Democracy? Aip Sidverkstad, 1998, p. 46.

它归结为资本主义制度本身，而是归结为"自由、平等和团结"等基本价值未能充分实现，归结为资产阶级把所有权置于公民权之上。瑞典社会民主党人反对把社会主义理解为一种由于历史必然性而导致的历史时期和社会状态，进而否定了社会主义制度对资本主义制度的替代。在他们看来，"社会主义者力求建设这样一个社会，在那里，某些人的价值，将比资产阶级社会或资本主义社会中得到更好和更充分的保证"①。在这种社会里，"人人可以管理自己的生活，都可以通过平等的、团结的合作，对社会问题寻求符合共同利益的解决"②。这样，社会主义本身不再是替代资本主义社会的一定的经济、政治和社会制度，而是塑造未来社会所必须遵循的一个原则，这个原则的基础就是"自由、平等和团结"等基本价值。正如他们所指出的："自由、平等的人们生活在一个团结的社会里，是民主社会主义的目标。"③

在谈到现实的社会主义国家时，瑞典社会民主党指出，无论资本主义还是现实社会主义都没能给人类带来公正和保障，现实社会主义制度下的世界仍然是一个缺乏民主和专制的世界。瑞典社会民主党宣称："在共产党长期统治的国家，收入和社会等级方面存在很大差别。人们无论是作为公民、劳动生产者还是消费者，都不能自由地表达自己的观点和要求"，在这种国家里，"民主的价值没有发展的余地，而自由和平等却被窒息了"。并断言"以不同面目出现的共产主义制度正处于崩溃阶段"④。在它看来，现实的社会主义代表着一种已经僵化了的教条主义和官僚主义制度，尽管它"按照马克思主义的标准实行了生产资料的集体所有制，但是它却违背了社会主义的基本价值——自由、平等、团结和民主"⑤。因此，现实的社会主义"在实践中并未能兑现共产主义在理论上曾经许诺过的东西"⑥。鉴于现实的社会主义具有极大的不

① ［苏］弗·希什金娜、斯·希什金：《现代斯堪的纳维亚社会民主党的理论与实践》，毕克译，人民出版社1983年版，第60页。

② 高锋译：《瑞典社会民主工人党党纲——2001年11月6日威斯特罗斯代表大会通过》，《当代世界社会主义问题》2003年第1期。

③ 同上。

④ 《社会党国际和社会党重要文件选编》，中共中央党校出版社1993年版，第134页。

⑤ 张小劲、李天庆编译：《从职能社会主义到基金社会主义——瑞典社会民主党的社会主义理论与实践》，黑龙江人民出版社1989年版，第67页。

⑥ 同上书，第80页。

合理性，瑞典社会民主党指出："社会民主党人的任务只能是争取人类赞成除私人资本主义以及斯大林那种官僚主义的国家资本主义之外的另一条途径"①，这就是民主社会主义。在瑞典社会民主党看来，民主社会主义是他们在过去和现在存在的社会主义模式中挑选的"最合乎理想的模式"②。正是基于这样的思想，民主社会主义者成为促成苏东剧变的重要力量。在戈尔巴乔夫后期，苏联共产党的领导层曾对瑞典模式的社会主义极为推崇，主管意识形态的苏共高层干部纷纷去瑞典访问、取经，瑞典模式的社会主义也成为戈尔巴乔夫"人道的民主的社会主义"的直接来源。但是，瑞典模式的社会主义不仅没有给苏联人民带来真正的"人道和民主"，反而导致了亡党亡国，苏联共产党的教训应该牢牢汲取。

综上所述，对民主社会主义进行定性是一个复杂的问题。应该坚持马克思主义创始人的"两点论"观点——既要看到它在某一具体历史时期在某些具体问题上对资本主义的改良所起的进步作用，如推动资本主义国家的民主化进程和在一定程度上维护了工人阶级的利益，又要看到它对于社会主义制度和现实社会主义国家在理论上持否定态度的一面。在确定民主社会主义的性质时，力戒简单化、片面化，应力求全面客观。从广义的角度来说，与新自由主义不同，民主社会主义属于社会主义的范畴，在世界历史时代由资本主义向社会主义转变的过程中，民主社会主义对资本主义社会的改良，有利于资本主义社会进步因素的逐步积累，推进了资本主义向社会主义转化的进程。从狭义的角度来说，民主社会主义具有反对科学社会主义和现实社会主义国家的反动性，是对现实社会主义国家进行和平演变的重要推手，与资本主义社会具有质的贯通性。民主社会主义对资本主义社会所进行的"体制内"的保守的合法的改良，不可能将资本主义改造成社会主义，也不可能找到一条"和平长入社会主义"的道路。这一点，在资产阶级心目中也是承认的。美国前国家安全事务助理布热津斯基在《大失败——21世纪共产主义的兴亡》一书中说：他并不认为"民主社会主义或福利国家是传

---

① ［苏］弗·希什金娜、斯·希什金：《现代斯堪的纳维亚社会民主党的理论与实践》，毕克译，人民出版社1983年版，第88页。

② 同上书，第59页。

播共产主义的用心险恶的招牌。实际上，民主社会主义和福利国家常常是同共产主义学说的吸引力进行斗争和为共产主义模式提供另一种民主选择的最有效办法"①。在认识和评价民主社会主义时，布热津斯基的这个结论很值得参考。

三　民主社会主义在当今世界广泛传播的原因

民主社会主义虽然一直面对来自左、右翼政治力量的挑战，但仍然发展成为当今世界具有重要国际影响力的社会政治思潮之一。冷战后，民主社会主义在西欧的影响持续增长，在东欧地区正在抬头，从世界范围来说继续保持着增长的势头。

民主社会主义思潮广泛传播的原因，主要有以下三个方面：

第一，由于发达资本主义国家在世界政治经济体系中的优势地位，决定了其大众易于接受以改良主义为本质的民主社会主义，不易于接受以暴力革命为重要标志的科学社会主义。民主社会主义诞生于欧洲，尽管目前其影响力已遍及全球，但其大施拳脚的地方，主要还是欧洲。19世纪中叶，随着欧洲资本主义的发展，资产阶级打破了狭隘的民族国家的界限，开辟了"世界历史"时代。在"世界历史"时代，任何一个国家都不可能与世界隔绝。马克思说："资产阶级由于开拓了世界市场，使一切国家的生产和消费成为世界性的了……民族的片面性和局限性日益成为不可能，于是由许多种民族的和地方的文学形成了一种世界的文学（这里泛指科学、艺术、哲学、政治等——引者注）……资产阶级使农村屈服于城市的统治。它创立了巨大的城市，使城市人口比农村人口大大增加起来，因而使很大一部分居民逃离了农村生活的愚昧状态。正像它使农村从属于城市一样，它使未开化和半开化的国家从属于文明的国家，使农民的民族从属于资产阶级的民族，使东方从属于西方。"②西欧发达资本主义国家通过其"先发优势"及其产生的经济科技优势，使得这些国家可以从全球获得大量的超额利润，尽管发达国家的各个社

---

① ［美］布热津斯基：《大失败——21世纪共产主义的兴亡》，军事科学院外国军事研究部译，军事科学出版社1989年版，第11页。

② 《马克思恩格斯选集》第1卷，人民出版社1995年版，第277页。

会阶层从中受益程度不同，但大都或多或少地从中受益，这就造成了发达国家包括社会中下阶层在内的国民的优越感。这不可能不对这些国家的工人运动产生巨大影响。

恩格斯早在 1858 年 10 月 7 日给马克思的信中，就已经开始考虑英国无产阶级因该国在世界政治经济体系中上所处的优势地位以及这一地位对工人阶级政治态度所造成的影响。恩格斯在信中指出："英国无产阶级实际上日益资产阶级化了，因而这一所有民族中最资产阶级化的民族，看来想把事情最终弄到这样的地步，即除了资产阶级，它还要有资产阶级化的贵族和资产阶级化的无产阶级。自然，对一个剥削全世界的民族来说，这在某种程度上是有道理的。在这里，只有出现几个极坏的年头才能有所帮助（指造成新的革命形势——引者注），但是自从发现金矿以来，看来这样的年头已不再那么容易遇到了。"[1] 恩格斯在 1882 年 9 月 12 日给考茨基的信中就英国工人阶级对殖民政策的看法回复说："您问我：英国工人对殖民地政策的想法如何？这和他们对一般政策的想法一样，和资产者对它的想法一样。这里没有工人政党，有的只是保守党和自由激进党，而工人十分安然地同他们共享英国在世界市场上的垄断权和英国的殖民地垄断权。"[2] 1892 年，恩格斯在为《英国工人阶级状况》德文第二版所写的导言中进一步就英国在世界上所处的工业垄断地位对英国社会主义运动所产生的影响深刻地指出："真相是这样的：当英国工业垄断地位还保持着的时候，英国工人阶级在一定程度上也分沾过这一垄断地位的利益。这些利益在工人阶级中间分配得极不均匀：取得绝大部分的是享有特权的少数，但广大的群众至少有时也能沾到一点。而这就是自欧文主义灭绝以后，英国未曾有过社会主义的原因。"[3]

1916 年，列宁在《帝国主义和社会主义运动的分裂》一文中，在分析机会主义对欧洲工人运动取得胜利的原因时，大量引证了恩格斯的上述观点，并深入分析"资产阶级工人政党"在发达国家产生和存在的国际原因——发达国家的资产阶级通过世界殖民地垄断权及获取的超额利润来"收买本国工人，建立某种同盟"[4]，结果是"'资产阶级工人

① 《马克思恩格斯选集》第 4 卷，人民出版社 1995 年版，第 552 页。
② 同上书，第 648 页。
③ 同上书，第 430 页
④ 《列宁选集》第 2 卷，人民出版社 1995 年版，第 713 页。

政党'这种政治现象在一切先进资本主义国家里都已经形成了"①。

用"世界眼光"来看，由于西方发达国家和东方落后国家在世界经济政治体系中的所处的地位不同，即二者分别处于世界经济政治体系的优势地位和劣势地位（或者说主导地位和从属地位），因此二者社会变革力量的主观条件有很大差别。西方国家由于处于世界经济政治体系中的优势地位，通过新老殖民主义等侵略剥削形式，从处于世界经济政治体体系劣势地位的国家获取各种超额经济利润。这一客观现象不可避免地要对西方国家的大众心理、工人运动带来重大的影响。其一，由于超额利润的获取，资产阶级在国内的相互倾轧有所缓解，统治集团比较稳定；其二，由于它的剥削重心常常在国外，这不但会使资产阶级对本国工人阶级的剥削有所减轻，而且本国工人阶级还能从资产阶级在国外得来的超额利润中分沾到一定的好处。因此，西方发达国家在世界经济体系中所处的优势地位，会使这些国家的工人阶级"承认现存的社会秩序是唯一可行的秩序，而在政治上成为资本家阶级的尾巴"②。在这样的国家里，主张在资本主义的基本制度框架内作有限改良的民主社会主义，自然比主张暴力革命学说和制度替代前景的科学社会主义更容易被大众理解和接受。

第二，从世界历史由资本主义向社会主义过渡的大跨度来看，民主社会主义部分顺应了世界历史进步的潮流，推进了资本主义社会向社会主义社会的转化，在当今世界仍然具有发展的合理性。民主社会主义从萌芽之日起，就立足于争取资本主义社会中下阶层物质生活条件的改善。为了改善中下阶层的物质生活条件，民主社会主义者及其政党积极推动提高工人的工资、缩短工人工时、改善工人的工作和生活条件、为工人阶级提供各种社会保障的社会进步运动。尽管民主社会主义所推动的社会进步具有改良的性质，但是，民主社会主义者在资本主义社会内部为工人阶级所争取到的权益，也是马克思主义者努力为工人阶级争取的。社会中下层劳动者在民主社会主义运动中得到了实惠，成为支持民主社会主义的主要力量。

民主社会主义一向致力于反专制、反独裁，矢志于推动国家向自由

---

① 《列宁选集》第 2 卷，人民出版社 1995 年版，第 716 页。
② 《马克思恩格斯选集》第 4 卷，人民出版社 1995 年版，第 173 页。

化、民主化方向发展。争取成年人的普选权、言论自由和结社自由，是符合历史潮流的进步运动，马克思主义者对此也是表示赞成的。只不过马克思主义者认为，在私有制下，所谓的民主、自由和人权都还有很大的历史局限性，需要进一步向前推进。尽管如此，民主社会主义者及其政党在资产阶级民主共和国中所推动的自由、民主运动和人权保障事业大大提高了社会中下阶层的政治地位，因而得到社会中下层民众的拥护。"二战"以后，民主社会主义政党在推动"四大民主"——经济民主、政治民主、社会民主、国际民主的口号下，进一步推动资本主义国家民主事业的深化，也是符合历史潮流、符合社会中下层政治利益的进步运动，必然得到一些国家社会中下阶层民众的支持。"二战"以后，一些民主社会主义者及其政党还联合其他进步力量积极推动环保、世界和平、对欠发达国家的援助等人类进步事业，大大提高了其国际声誉。

民主社会主义部分地顺应了历史发展潮流，在资本主义社会中起到了一定的历史进步作用，推进了资本主义社会向社会主义社会的转化。如果把民主社会主义影响扩大解释为资本主义国家的工人阶级的政治觉悟不高，受了民主社会主义者及其政党的欺骗或蒙蔽，说服力是不够的。

第三，惧于暴力革命道路及"现实社会主义势力扩张"的巨大压力，资产阶级及其代表人物乐于与"温和"的民主社会主义政党"通融"并为其提供政治舞台。首先，如前文所述，社会民主党在其发展过程中，不仅在与老对手——右派政党的斗争中获得思想资源，而且也在与左翼阵营的共产党的冲突中获得养料。社会民主党对"苏联经验"的关注以及对"计划经济"手段的借鉴，便是明证。早在1941年，英国费边社领导人乔·柯尔就对苏联实行计划经济的绩效给予了充分肯定。他在《费边社会主义》一书中指出，苏联的计划经济首先提出的问题不是"生产这些货物合算吗"，而是"需要这些货物吗"？除了极少数变换工作岗位的特殊情况外，失业现象在苏联完全消失了。苏联的计划经济"不仅可以废弃刺激生产的利润动机而不招致灾难，而且没有这种刺激，在工业效率上比任何国家以前有过的前进速度还要快得多"[1]。他赞扬苏联在工业上所取得的成就，"是在不到一代人的时间里，在一个非常缺乏技术人员和

---

① ［英］乔·柯尔：《费边社会主义》，夏遇南、吴澜译，商务印书馆1984年版，第35页。

熟练工人的落后国家中，实际上还没有外援的情况下实现的。它是靠社会主义计划实现的。这种计划释放出了人民被压抑的能量，而不是因为怕'损害市场'而阻止这些能量发挥出来"①。他还充分肯定了苏联"正在对尽可能多的公民进行其所能达到的最高水平的教育，而不管被教育者的父母有多少财富和社会地位高低"②。从乔·柯尔多处提到的"苏联经验"来看，"苏联经验"对其"费边社会主义思想"产生了不小的影响，并进而影响了第二次世界大战时和战后英国工党的社会主义理论和实践。无独有偶，2007年6月13日，俄罗斯的一个民主社会主义政党——"公正俄罗斯"的党主席米罗诺夫在《论据与事实》周报上发表《新俄罗斯社会主义》一文，提出欧洲的经济发展模式建立在三个基石之上：向富人和大公司征收高额赋税，卓有成效的劳动立法和强大的工会组织，完善的社会保障体系、普遍的医疗保健和退休人员保障制度。他指出，这种制度在很大程度上是在苏联经济模式的影响下形成的。他写道："20—30年代的苏联是许多欧洲人追求的理想……欧洲出乎自己意料地按照俄罗斯的菜谱制作了菜肴。"③

　　其次，冷战时期，民主社会主义者成为美国冷战战略的伙伴，得到了资产阶级右翼势力在政治和经济上的大力扶持。第二次世界大战后，共产党执政的社会主义国家在一些发展中国家具有很高的政治声誉和国际影响力，美国为了"遏制共产主义的扩张"，发动了对共产党执政的社会主义国家的冷战。为了打赢这场"冷战"，资产阶级政治家以巨额的经济支援帮助社会民主党建设社会福利国家，提高了社会民主党在欧洲选民中的声望和地位，进而顺利地将社会民主党人拉上了反苏反共战车。1957年8月21日，肯尼迪在参议院就美国当时的对德政策发表看法时说："我虽然在很大程度上同意民主党和共和党两党政府拟订的我国政府对德国的政策，但是，我认为也还有一种危险，就是，这些政策所受到的一致支持使它们在对付欧洲政治中随时改变的潮流时显得过分僵硬。美国有充分的理由为阿登纳总理的政治家风度和他在形成新德国

---

① ［英］乔·柯尔：《费边社会主义》，夏遇南、吴澜译，商务印书馆1984年版，第35页。
② 同上书，第106页。
③ 李兴耕：《俄罗斯社会民主主义政党的新变化及其发展趋势》，《当代世界与社会主义》2007年第4期，第130页。

民主制度中的卓越领导而欢呼。但是我也认为，在对这种成就予以评价时，美国在其公开声明中或比较正式的实际外交工作中，都不适当地忽略了德国社会民主党这个民主的反对党所作出的贡献。这个党对共产主义的反抗是顽强的，而且有一天也许会成为将作为我国盟友的一个德国政府的一部分。特别是在东欧，把德国的社会民主党人当作流氓，总是同我们的利益不符的。"① 肯尼迪的看法，反证了第二次世界大战以后西方资产阶级政治家对民主社会主义的主流观点。冷战时期，民主社会主义政党也很好地扮演了美国的战略伙伴的角色。民主社会主义在第二次世界大战后获得长足发展的又一重要因素还在于，民主社会主义政党在社会党国际成立后明确放弃了制度替代的政治理想，保持自身同资本主义制度的共生性，不再对资本主义制度构成颠覆威胁，于是赢得了资产阶级右翼保守势力为其提供的发展空间。

再次，共产党执政国家由于复杂的历史和现实原因所经历的挫折、正在面临的困难和问题，成为民主社会主义诋毁共产党执政国家以扩大自身影响力的"口实"。

虽然共产党执政的国家在很多方面都取得了较大的进步，但由于共产党执政的国家，都是经济文化比较落后的国家，其建设社会主义的起点低，在较短的时间内难以赶超欧美发达资本主义国家。再加上共产党执政的国家由于经验不足，在建设过程中，都不同程度地犯过"左"的或右的错误，致使共产党执政国家在20世纪70年代以后与发达资本主义国家的差距进一步拉大。这就为民主社会主义者诋毁对社会主义国家以扩大自身影响力提供了口实，使得一些人对共产党执政的社会主义国家信心不足，转而信仰民主社会主义。

从世界历史由资本主义向社会主义过渡的大跨度来看，民主社会主义在当前和今后相当长的时期内，仍将是世界范围内一种有重要影响力的社会政治思潮。只有遇到共产党执政国家真正崛起后，民主社会主义影响力扩大的步伐才会有所遏制；只有到世界历史完全进入到社会主义时代，民主社会主义才会失去其存在与发展的合理性而退出历史舞台。在当今，必须用辩证的观点正确看待民主社会主义，以利求同存异，共

① ［美］阿兰·内文斯编：《和平战略——肯尼迪言论集》，北京编译社译，世界知识出版社1961年版，第154页。

谋进步。民主社会主义者在历史的各个时期与当代复杂的条件下，始终坚持对资本主义的改良，并将它与民主紧密结合在一起，作了长达一个多世纪的探索。应该承认，这种探索在实践中是有成效的，促进了资本主义国家发展，一定程度上缓解了社会矛盾。社会民主党的政策与理论、民主社会主义发展的曲折道路与经验教训，对于今天的社会主义国家和新世纪的中国来说，不乏借鉴意义。正如曾瑞明博士指出的那样："由民主社会主义引发的问题是我们观察分析当今世界的重要一面，是我们认识世界的主要内容之一，也是我们进一步拓宽中国特色社会主义的认识思路和实践思路的重要途径。在当前的历史条件下更加深入地研究民主社会主义，可以更加扩大中国特色社会主义的视野，进一步深化对'什么是社会主义、怎样建设社会主义'的理性认识。"① 同时通过探讨社会民主党的政策主张和执政经验对共产党治国理政的借鉴作用，对中国共产党当前探讨"建设什么样的党，怎样建党"、"实现什么样的发展，如何发展"以及建立和谐社会等问题，也不无裨益。

---

① 曾瑞明：《苏东剧变以来国内民主社会主义研究述评》，《当代世界与社会主义》2003年第5期，第130页。

参考文献

1. 《毛泽东选集》第 1—4 卷，人民出版社 1991 年版。

2. 《毛泽东文集》第 1—8 卷，人民出版社 1996 年版。

3. 《邓小平文选》第 1—3 卷，人民出版社 1994 年版。

4. 中共中央党史研究室编：《中国共产党新时期历史大事记》，中共党史出版社 2002 年版。

5. 《周恩来年谱》（1949—1976）上、中、下卷，中央文献出版社 1997 年版。

6. 《邓小平思想年谱》（1975—1997），中央文献出版社 1998 年版。

7. 《毛泽东外交文选》，中央文献出版社、实际知识出版社 1994 年版。

8. 宫力主编：《邓小平外交思想和实践》，黑龙江人民出版社 1996 年版。

9. 《江泽民论党的建设》，中央文献出版社 2001 年版。

10. 《新时期党的建设文献选编》，人民出版社 1991 年版。

11. 中共中央文献研究室编：《三中全会以来》（上、下），人民出版社 1982 年版。

12. 《十二大以来重要文献选编》（上、下），人民出版社 1986 年版。

13. 《十三大以来重要文献选编》（上、下），人民出版社 1991 年版。

14. 《十四大以来重要文献选编》（上、下），人民出版社 1996 年版。

15. 《江泽民在纪念中国共产党成立七十周年座谈会上的讲话》，

人民出版社 1999 年版。

16. 张玉良等：《党际关系的新发展》，解放军出版社 1989 年版。

17. 刘仁学、刘彤：《邓小平国际共运理论研究》，东北师范大学出版社 1995 年版。

18. 徐月梅：《建国后中国共产党外交理论研究》，中国社会科学出版社 2003 年版。

19. 当代世界出版社编辑组编：《历史瞬间的回潮：中国共产党对外交往纪实》，当代世界出版社 1997 年版。

20. 李健：《天堑通途，中国共产党对外交往纪实》，当代世界出版社 2001 年版。

21. 马启明：《国外邓小平理论研究论析》，山东人民出版社 1999 年版。

22. 蒋光化：《访问外国政党纪实》，世界知识出版社 1997 年版。

23. 戴德铮主编：《当代世界格局与国际关系》，武汉大学出版社 1999 年版。

24. 梅荣政等：《有中国特色社会主义的经济与政治》，山东人民出版社 1999 年版。

25. 中国人民大学马列主义研究所编：《毛泽东思想史》，中国人民大学出版社 1995 年版。

26. 中共中央对外联络部编辑组编：《和平、发展、进步》，当代世界出版社 2001 年版。

27. 谢益显主编：《中国外交史（1949—1979）》，河南人民出版社 1988 年版。

28. 石志夫主编：《中华人民共和国外交史 1949—1989》》，北京大学出版社 1994 年版。

29. 王泰平主编：《邓小平外交思想研究论文集》，世界知识出版社 1996 年版。

30. 滕藤主编：《邓小平理论与世纪之交的中国国际战略》，人民出版社 2001 年版。

31. 本书编写组：《邓小平外交思想学习纲要》，世界知识出版社 2000 年版。

32. 李少军：《国际安全警示录——21 世纪中国面临的安全挑战》，

金城出版社 1997 年版。

33. 俞正梁等著：《大国战略研究——未来世界的美、俄、日、欧（盟）和中国》，中央编译出版社 1998 年版。

34. 李爱华：《走出冷战——世界大势与中国对外战略》，济南出版社 1997 年版。

35. 高放主编：《当代世界社会主义新论》，云南人民出版社 1998 年版。

36. 肖枫主编：《社会主义向何处去》，当代世界出版社 1999 年版。

37. 肖枫：《两个主义一百年（社会主义、资本主义）》，当代世界出版社 2000 年版。

38. 陈学明编：《苏联东欧剧变后国外马克思主义取向》，中国人民大学出版社 2000 年版。

39. 张光明：《布尔什维主义与社会民主主义的历史分野》，中央编译出版社 1999 年版。

40. 赵明义主编：《当代社会主义》，山东大学出版社 2001 年版。

41. 方立：《多极化世界格局中的中国社会主义》，华文出版社 1998 年版。

42. 金重远：《战后西欧社会党》，上海人民出版社 1997 年版。

43. 姜琦、张月明主编：《国际共产主义运动中的党际关系史》，华东师范大学出版社 1991 年版。

44. 陶涛：《西欧社会党与欧洲一体化研究》，北京大学出版社 2001 年版。

45. 本书编辑组：《社会党国际文件集》，黑龙江人民出版社 1989 年版。

46. 李兴耕编：《当代西欧社会党的理论与实践》，黑龙江人民出版社 1988 年版。

47. 殷叙彝编：《当代西欧社会党人物传》，黑龙江人民出版社 1988 年版。

48. 姜士林等编：《当代社会民主党与民族主义政党论丛》，中国展望出版社 1986 年版。

49. 陈林登：《激进，温和，还是僭越》，中央编译出版社 1988 年版。

50. 黄宗良等编：《世界社会主义的历史和理论》，中央编译出版社1995年版。

51. 黄宗良、孔寒冰：《社会主义与资本主义的关系，理论、历史和评价》，北京大学出版社2002年版。

52. 黄宗良、林勋健主编：《共产党和社会党百年关系史》，北京大学出版社2002年版。

53. 黄宗良、林勋健主编：《冷战后的世界社会主义运动》，北京大学出版社2003年版。

54. 陈林、林德山主编：《第三条道路，世纪之交的西方政治变革》，当代世界出版社1999年版。

55. 北京市国际共产主义运动史学会编：《当前国际政治与社会主义发展》，世界知识出版社2002年版。

56. 曹长盛主编：《民主社会主义模式比较研究》，东北师范大学出版社1996年版。

57. 向文华：《斯堪的纳维亚民主社会主义研究》，中央编译出版社1999年版。

58. 王长江：《现代政党执政规律研究》，上海人民出版社2002年版。

59. 李宏等著：《另一种选择：欧洲民主社会主义研究》，法律出版社2003年版。

60. 张世鹏：《当代西欧工人阶级》，北京大学出版社2001年版。

61. 张月明：《民主社会主义在东欧》，上海人民出版社1999年版。

62. 靳辉明主编：《社会主义的历史、理论、前景》，社会科学文献出版社2004年版。

63. 中共中央对外联络部资料编辑中心编：《社会党国际和社会党重要文件选编》，中共中央党校出版社1993年版。

64. 林建华：《社会党国际论纲》，东北师范大学出版社1997年版。

65. 林建华、董权增著：《当代西欧社会民主党论纲》，中国工人出版社1995年版。

66. 舒新：《中国共产党对外交往的理论与实践——以西方社会民主党为例》，山东大学出版社2008年版。

67. 张传鹤：《全球视野下的民主社会主义研究》，中共中央党校出版社 2009 年版。

68. 罗云力：《西方国家的一种新治理方式》，重庆出版社 2003 年版。

69. 龚加成：《全球化背景下的新探索——冷战结束后社会党国际纲领与政策的演变》，中央编译出版社 2006 年版。

70. 殷叙彝编：《伯恩施坦读本》，中央编译出版社 2008 年版。

71. 殷叙彝：《民主社会主义论》，中央编译出版社 2007 年版。

72. 周新城：《民主社会主义思潮评析》，社会科学文献出版社 2008 年版。

73. 程恩富：《五个方面的本质区别》，《人民论坛》双周刊，2007/7B 总第 204 期。

74. 徐崇温：《中国特色社会主义与民主社会主义是两股道上跑的车》，《求是》2007 年第 13 期。

75. 高放：《百年来科学社会主义与民主社会主义关系的演变——兼谈"只有社会主义民主才能救中国"》，载《理论学刊》2007 年第 6 期。

76. 吴江：《读〈一篇迟到的考察纪要〉——评价瑞典的"民主社会主义模式"》，《炎黄春秋》2007 年第 6 期。

77. 程恩富、张飞岸：《中国特色社会主义与民主社会主义的本质区别》，《中国教育报》2007 年 6 月 12 日。

78. 徐崇温：《民主社会主义评析》，重庆出版社 1995 年版。

79. 林建华：《比较与借鉴：东西方社会主义的理论与实践》，山东大学出版社 2005 年版。

80. 高锋译：《瑞典社会民主工人党党纲——2001 年 11 月 6 日威斯特罗斯代表大会通过》，《当代世界社会主义问题》2003 年第 1 期。

81. 谢韬：《民主社会主义模式与中国前途》，《炎黄春秋》2007 年第 2 期。

82. 刘书林：《关于民主社会主义思潮起源的考察与论辩》，《马克思主义与现实》2003 年第 4 期。

83. 李兴耕：《苏联解体后的俄罗斯社会民主主义思潮和政党》，《当代世界》2007 年第 10 期。

84. ［美］理查德·波斯纳：《资本主义的失败——八大危机和经

济萧条的降临》，北京大学出版社 2009 年版。

85. ［美］约瑟夫·E. 斯蒂格利茨：《社会主义向何处去——经济体制转型的理论与证据》，吉林人民出版社 1998 年版。

86. ［苏］西比列夫：《社会党国际》，中国社会科学出版社 1983 年版。

87. ［苏］M. H. 费多谢耶夫等编：《什么是民主社会主义》，中国社会科学出版社 1984 年版。

88. ［苏］B. A. 尼基京：《民主社会主义思想体系批判》，中国人民大学出版社 1985 年版。

89. ［英］安东尼·吉登斯：《第三条道路及其批评》，中共中央党校出版社 2002 年版。

90. ［德］爱德华·伯恩施坦：《社会主义前提和社会民主党的任务》中文本，三联书店 1965 年版。

91. ［德］托玛斯·迈尔：《社会民主主义的转型》，北京大学出版社 2001 年版。

92. ［英］安东尼·吉登斯：《第三条道路，社会民主主义的复兴》，北京大学出版社、三联书店 2000 年版。

93. ［法］让·马雷 阿兰·乌鲁：《社会党历史——从乌托邦到今天》，商务印书馆 1999 年版。

参考网站

1. 社会党国际网站 http：//www. socialistinternational. org.
2. 世界社会主义网站 http：//www. wsws. org.
3. 世界马克思主义研究网站 http：//www. marxism. com.
4. 美国 Z 杂志网站 http：//www. zmag. org.
5. 欧洲社会党网站 http：//www. eurosocialists. org.
6. 山东大学当代世界社会主义研究所网站 http：//www. krics. sdu. edu. cn.
7. 各国共产党网站 http：//www. cqdx. gov. cn/wz/skwz/gggcd/gggcd. htm.
8. 各国政党网站 http：//lidicity. com/lieguo/lgcy. html.
9. 英国社会工人党网站 http：//www. swp. org. uk.

学术索引